エリア・スタディーズ 160

北京を知るための52章

櫻井澄夫
人見　豊
森田憲司
（編著）

明石書店

櫻井澄夫・人見　丰・森田宪司
『了解　北京历史、文化及生活的五十二章』
Sumio SAKURAI, Minoru HITOMI & Kenji MORITA
Discover Beijing: 52 Facts and Information on History and Culture

まえがき

本書の巻末にある「本書出版の経緯」にくわしく書かれているように、この本は、1980～90年代に北京で在留邦人向けに刊行されていた日本語誌『北京かわら版』、さらには、この雑誌を編集発行していた故根箭芳紀《ねやよしき》さんを原点とする。我々は根箭さんのご縁でつながり、この書物の編集にたどり着いた。あるいは、1990年代から続く、やはり邦文誌の『北京TOKOTOKO』にもかかわりがある。

戦前から中国あるいは北京の「旅行」記は無数と言っていいほどに書かれてきた。しかし、北京に「住む」人のために、あるいは「住む」人によって、書かれたものは多くはない。今回企画した各項目が取りあげた内容には新旧があるが、中国人の執筆者を含めて「住む」という視点が多くを占め、書いていただいた方には、北京に現に「住む」あるいはかつて「住んだ」人が少なくない。しかもその多くが研究者などではない、それぞれの必要から「暮らした」人々である。本書を構成する各編のテーマに一定のまとまりがあるわけではないが、その多くが、「住む」あるいは「住んだ」人の視線であることに、本書の特徴があろう。

編者が最近憂うるのは、親中はもとより嫌中ですらない、眼中に中国という存在すらない人が、我が国の、とくに若い世代の多くを占めるのではないかということである。現実的な問題としては、中国への駐在者数や、在中の日本人相手のあるいは日本関係の店舗数の減少、とうぜんのこととしての観光客数の減少、さらには、大学で中国語を選択する学生の激減としてそれはあらわれており、このことは、関係する方々の間では、強い危機感の対象となっている。

今や、多くの日本人が、北京ひいては中国にかかわって関心を示すのは、日中間に刺激的な話題が生じた時だけであり、日常の些事には興味を持たない。本書の各編が対象としているものの多くは、日中が近代的な関係を持つようになった19世紀半ばから始まり、今日の問題にまで至っているが、日中の戦後の本格的交流が始まった１９８０年代にかかわる文章が多いのも、現況を憂いての原点としてのこの時期への関心とかかわるのではないだろうか。そして、いわば日中の立場が「逆転」した今日、彼我のかかわりを過去をも含めてもう一度見直してみようとしているのではないか。その点では、本書に矢板氏が書かれた「様変わりする北京の日本人」の示唆するところは大きいと考える。

もちろん、本書が取りあげたのはこのような問題だけではない。古代から現代にまで至る北京、そのさまざまな箇所が対象となっていて、一種の北京ガイドとしての性格も併せ持っている。森田が書いているように、観光対象としての北京は、特定の史蹟への関心の集中＝他への無関心、リピーターの不足という問題を、以前から持つ。それに対する新しい「観光地」の発見がこの本でなされ、北京を訪れる人が増加することも祈っている。

編者

◎凡　例

本書では多数の執筆者がいるため、できるかぎり原文を尊重するようにした。

したがって、執筆者によって中国の現況に対するスタンスにも差がある。

また、編者としては各章・コラムの長さや体裁など、できるだけ統一を取るように努めたが、不十分なものとなったことを、ご寛恕いただきたい。

なお、写真・図版については、原則として出典を明記した。特記のないものは、筆者の撮影・作成による。

北京を知るための52章

目次

III 北京の歴史——史跡と町並み

Ⅳ　暮らし

V　食文化

VI 文化・芸能

VII 社会

CONTENTS

I

北京と日本人

Ⅰ

北京と日本人

1

明治初期

★北京の日本人①★

戦前に出ていた『書物展望《しょもつてんぼう》』という雑誌の1940年10月号に、本山桂川《もとやまけいせん》（1888〜1974）の「明時代前半期の大陸調査書及び紀行類」という文章が載っている。当節ではあまり知られてはいないだろうが、桂川は著名な文筆家でたくさんの紀行書を書いており、中国、とくにその民俗についての著作もある。この文章では、明治になって最初に大陸について書かれた書物、そしてその後、日清戦争のころまでに書かれた紀行類の紹介がテーマになっている。

話はさらにさかのぼるが、日本人で北京について記録を残した古い資料としては、『韃靼漂流《だったんひょうりゅう》記《き》』という、1644（順治元、寛永二十一）年に越前坂井の商人が松前を目指す途中で漂流し、奉天から北京へ転送されて、約一年間北京に滞在していたというものがある。おりしも、清朝が北京に入城してまもなくだということもあって、この記録は早くから注目され、園田一《そのだかず》亀《き》氏の訳注が平凡社の東洋文庫にも収められている。また、江戸時代には、琉球使節の北京訪問の記録が、程順則《ていじゅんそく》（1663〜1734）の『雪堂燕遊草』をはじめとして残っている。

徳川幕府末期に開国してからは、長崎奉行と上海道台とのかかわりで、日清はつながっており、江戸末期の上海紀行がいくつかある。『文久二年（1862）上海日記』として刊行された（1946）、納富介次郎《のうとみかいじろう》の『上海雑記』、日比野輝寛《ひびのきかん》の『贅肬録《ぜいようろく》・没鼻筆語《ぼつびひつご》』などはその代表で、大都市としての上海への感動が見られる。その他にも、有名人では高杉晋作、曽我祐準、五代方助（友厚）、岸田吟香なども、上海を訪れている。

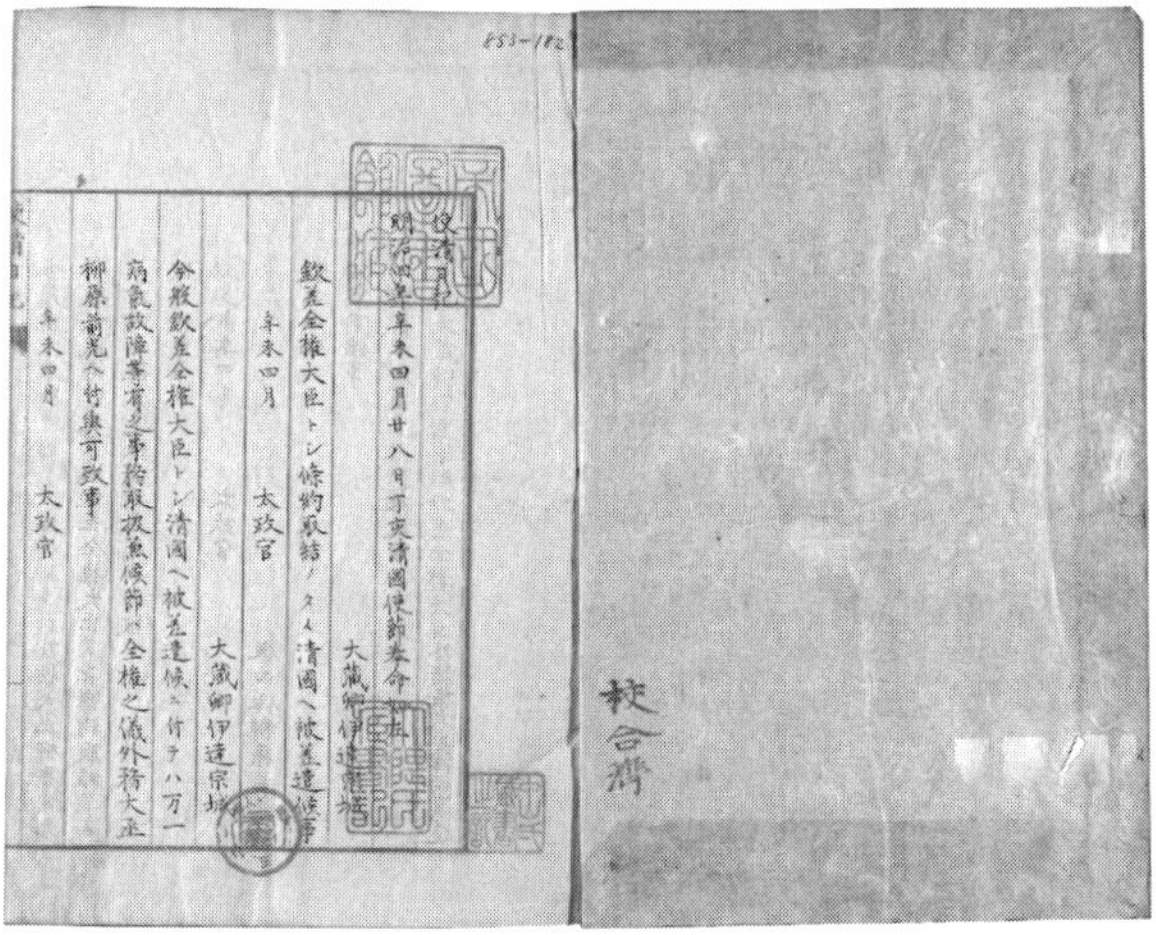
使清日記
明治四年辛未四月廿八日丁亥清國使節奉命
大蔵卿伊達宗城
欽差全権大臣トシ條約取結ノタメ清國ヘ被差遣候事
辛未四月　太政官
大蔵卿伊達宗城
今般欽差全権大臣トシ清國ヘ被差遣候ニ付テハ万一
病氣故障等有之事務取扱兼候節ハ全権之儀外務大丞
柳原前光ヘ付與可致事
辛未四月　太政官

伊達宗城『使清日記』（国立国会図書館デジタルコレクションより）

　さて、明治になってからのことだと、1870年7月に柳原前光《やなぎわらさきみつ》と花房義質《はなぶさよしもと》とが国交交渉に派遣され、1871年9月に「日清修好条規」が大蔵卿伊達宗城《だてむねき》と直隷総督（北洋通商大臣）李鴻章とが代表となって結ばれ、正式の外交関係が形成された。この時の報告書、『使清日記』を読むことができるが、若干は北京の街についての記述もある。公文書ではあるが、北京の街の光景を書いた明治最初の文献かもしれない。また、先ほどの桂川の文章にあるように、1872年に西郷隆盛が池《いけの》上四郎《うえしろう》（軍人）、武市正幹《たけちまさもと》（軍人）、彭城中平《さかきちゅうへい》（外務省）の三人を北中国に派遣し、その報告が「満洲

小来栖香頂著『喇嘛教沿革』

視察復命書」のタイトルで『西南記伝』（『明治百年史叢書』所収）に掲載されている。ただし、一行は上海から芝罘《チーフー》を経て営口に向かっていて、北京には赴いていない。

一方、日本初のチベット仏教紹介書として著名な『喇《ら》嘛《ま》教《きょう》沿革《えんかく》』の小栗栖《おぐるす》香頂《こうちょう》（１８３１〜１９０５、東本願寺の僧）に『北京紀游』という漢文の旅行記があることが、日中交流史の研究で有名な魚返《おがえり》善雄《よしお》氏によって紹介、活字化されている（同治末年留燕日記、『東京女子大論集』８―１、２　１９５７）。小栗栖は、１８７３年６月17日に出発し、上海、天津を経て、８月16日に北京に入り、南横街南堂字胡同《フートン》（現在で言うと、西城区法源寺のあたり）の清慈庵に住んだ。彼は、１８７４年７月８日に北京を発ち、８月18日上海発で帰国しているから、約一年間北京に滞在したこととなり、五台山へも巡礼している。写本の日記ではあるが、明治以降に書かれた最初のまとまった旅行記はこれではないかと思う。ちなみに、小栗栖は、上海では何人もの日本人と会い、天津でも日本人に会っているが、北京でそれ以前からいる日本人についての記事はない。

小栗栖によれば、１８７４年４月11日に在天津の芳野正常（彼との関係不明）の紹介で、派遣軍人の美代清元、中村義高、嶋弘毅と会い、北京で初めて会った日本人に感激している。ただ、彼らが小栗栖に郷里からの手紙を渡しているところを見ると、突然に起こった話ではないようだ。ところが、依頼を受けて、彼らの宿舎として法源寺の客房を紹介したところ、５月16日に寺と彼らの間にトラブルが発生し、小栗栖も帰国することとなる。６月にはあと四人が来京しているとあるが、以上、芳野を含めすべて派遣軍人である。ちなみに、軍人たちの帰朝は、１８７４年の10月のことだった。

なお、『小栗栖香頂の清末中国体験』（陳継東、山喜房佛書林、２０１６年）という本が最近刊行されて、『北京紀事』（小栗栖の北京滞在記、会話・単語の記録）のカラー影印をはじめ、多くの資料が掲載されているが、こちらにはこの事件に関連した記事はないようだ。同書によれば、小栗栖香頂については、まだ未公刊の資料があるようなので、今後も注目したい。

さて、北京六條胡同（現在の東四の北、東城区）に公使館が開設されたのは、１８７４年８月で、５月に上海領事館（１８７１年開設）に置かれたうえで移転してきている。以上の話は、それより以前の話なのだ。翌１８７５年に領事館書記官として竹添進一郎《たけぞえしんいちろう》（井井《せいせい》）が赴任し、１８７６年には陝西・四川を旅行し、初期の中国紀行として有名な『桟雲峡《さんうんきょう》雨《う》日記《にっき》』が書かれる（平凡社東洋文庫所収）。ただし、管見の限りでは、井井は北京について詩には詠んでいるが、文章は書いていない。

それから約十年後の１８８４年に南中国を舞台に清仏戦争が起こる。明治日本にとっては近隣で発生した最初の国際戦争でもあり、関係した軍人・外交官だけではなく、尾崎行雄《おざきゆきお》など多くの報道関係者が上海に集まった。その中には北京まで足を延ばすものもおり、おそらく最初の長城紀行であろう『第一遊清記』を書いた小室信介《こむろしんすけ》や、『観光紀遊』の岡千仞《おかせんじん》（鹿門《ろくもん》）などもその一人だった。それでも、宗方小太郎《むなかたこたろう》が当時を回憶して雑誌『燕塵《えんじん》』に書いた「二十三年前の北京」によれば、１８８７年ころでも北京在住の日本人は20名くらいだったという。

北京について日本人の書き残したもの、とくに住んだ人たちが書き残したものは、私の昔からの大きな関心対象で、清仏戦争から清末あたりのことは、『北京を見る読む集める』(大修館書店、2008年)にまとめている。おおざっぱに言えば、清仏戦争のころから北京への旅行者が増え、1900年の義和団事件を経て、20世紀に入ると、北京が、日本人が「住む」街になるということになるのだが、その前については、まだまだ不勉強で、桂川の文章に気づいたのも、つい先日に以前に買った雑誌を整理していてのことだった。この機会に、もしご存知のことがあればお教えをいただきたい。次の章では、大正時代の丸山昏迷《まるやまこんめい》、中野江漢《なかのこうかん》の北京紹介について取りあげる。

(森田憲司)

コラム1

明治の北京紀行を読む

森田憲司

　明治初期の北京での日本人の姿を書いてきたが、書き上げてみると、魚《お》返《がえり》善《よし》雄《お》氏の書かれたものの域を出ていない。氏は戦前からの日中交流史研究者だが、散在する文献の所在情報も十分ではなかったであろう時代に、個々の史料を積み上げて交流史を組み立てていかれた氏の努力を尊敬したい。私の世代でも、日本人の北京見聞を知ろうと思えば、古書展で文献を一つ一つ集めていかねばならなかったのだから。

　たしかに東京の国立国会図書館や東洋文庫には、まとまった収集があるし、例えば東洋文庫の『明治以降日本人の中国旅行記：解題』（1980年）のように、冊子のカタログも出ている。しかし、それらも十分な収集ではないことは、おそらくこの問題について最も詳細な研究を行った、アメリカの、**Joshua A. Fogel** の**"The literature of travel in the Japanese rediscovery of China, 1862-1945"**（**Stanford University Press, 1996**）に載せられた文献目録を見ても分かる。私の知る限り戦前の日本人中国紀行の最も詳しい書誌はこれである。**Fogel** は、日本に滞在して東洋文庫をはじめとする東京の公私の収集資料を丹念に見て回り、まさに足でかせいだと聞く。なお、対象を漢詩に限れば『幕末・明治海外体験詩集：海舟・敬宇より鴎外・漱石にいたる』（川口久雄編、大東文化大学東洋研究所、1984年）がある。

　しかし時代は変わった、まず第一に国会図書館所蔵の明治大正戦前の文献のかなりの部分は、「デジタルライブラリー」として、自宅のPCからでも閲覧、プリントアウトできるし、東京にいなくても、公共図書館のPCを通じてならもっと多数のものを見ることができる。また、国立公文書館、外務省外交史料館、防衛庁防衛研究所戦史センターなどの多数の官文書が、国立公文書館の管理する「アジア資料センター」という形で公開され、これも自宅のPCからでも、検索、閲覧、プリントアウトが可能だ。例えば、本編で触れた1871年の外交使節の記録、『使清日記』は、国会図書館のデジタルライブラリーやアジア資料センター（国立公文書館所蔵の本）で、自宅に居ながらに読むことができる。あるいは、書物の形でなら、『幕末明治中国見聞録集成』、『大正中国見聞録集成』、『近代中国都市案内集成』などに、多くの旅行記や案内書が復刻出版されている。また、『民国旅遊指南彙刊』というシリーズに、民国期の旅行指南88種類が、影印されていて、いまや文献を見ることはずいぶん容易になった。

ついでながら、こうした資料を利用した研究論文も増えてきたが、それらも各大学のサイトなどで閲覧可能なものが多い。

どうか、彼ら自身の文章で、北京に生きた先人たちの記録を読んでいただきたい。

2

丸山昏迷『北京』と中野江漢『北京繁昌記』

★北京の日本人②★

日本人が書いた北京案内書の中で最もすぐれたものは、戦前戦後を通じて、安藤更生《あんどうこうせい》編の『北京案内記』（新民印書館、1941年）だということは、この方面に関わる人ならだれでも感じることで、本書の中でもあちこちで言及されている。それにもう一つ加えるならば、その二十年ほど前に刊行された丸《まる》山昏迷《やまこんめい》編の『北京』（1921年）だろう。丸山の本は好評を得たと見えて、三回版を重ねている。二つはいずれも『近代中国都市案内集成』に収録されているし、丸山の本は国会図書館のデジタルライブラリーでも公開されているので、今では見やすくなった。

この二つの本に共通しているのは、まず名所旧跡の案内の詳細さ秀逸さだが（対象の選択について、昨今のガイドブックと比べれば分かる）、それだけではなく、北京事情、とくに北京に暮らす日本人を取り巻く諸事情について、さまざまな角度から書かれている点にある。つまり、「北京に暮らす」人のためのガイドブックなのだ。北京案内の本は多いが、「暮らす」ための本は少ない。

丸山昏迷についてまず紹介しておかねばなるまい。丸山については、山下恒夫のルポルタージュ「薄倖の先駆者・丸山昏迷」

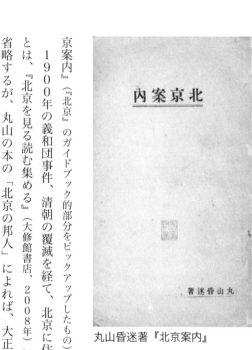

丸山昏迷著『北京案内』

（『思想の科学』第七次81～84、1986年）があるので、それも参照しつつ書くと、丸山は、本名幸一郎、1895年に長野県で生まれた。北京にわたって、同じ長野出身の藤原鎌兄《ふじわらかまえ》の『新支那』、『北京週報』などを舞台に執筆活動を続けるが、病を得て帰国し、1924年に亡くなった。著書には、『北京』のほかに、『北京勝景』（丸山幸一郎刊、1923年、写真集、未見）、『北京案内』（『北京』のガイドブック的部分をピックアップしたもの）がある。

1900年の義和団事件、清朝の覆滅を経て、北京に住む日本人の数は増えていく。この時期のことは、『北京を見る読む集める』（大修館書店、2008年）に収録した「『燕塵』の日々」で触れたので省略するが、丸山の本の「北京の邦人」によれば、大正九（1920）年の国勢調査では、一四九〇人とあり（台湾朝鮮籍を除く）、そこに掲載された在住人口統計を一部引用すれば、その変遷は次のようになる。（いずれも12月末）ちなみに、当時の北京在留邦人数は、雑誌『燕塵』や『新支那』にはたえず掲載されている。なお、同じ華北なら港のある天津の方が、ずっと邦人人口は多い。

明治三〇（1897）　二七人
明治三四（1901）　四五九人

明治三九（1906）　六八四人
明治四四（1911　辛亥革命）　七七一人
大正五（1916）　一一〇一人

このように、多くの日本人が住むようになった北京で、北京に「暮らす」ための案内書が出たのも必然だろうが、注目したいのは、丸山の本の序に協力者として謝辞を書かれている人々だ。（ ）内は本書での署名執筆箇所。

今関天彭《いまぜきてんぽう》、石橋丑雄《いしばしうしお》、西田畊一《にしだこういち》、脇川寿泉《わきかわじゅせん》、永野武馬（支那貨幣）、村田烏江《むらたうこう》（支那劇）、栗原誠《くりはらまこと》（文華殿読画記）、山川早水《やまかわそうすい》、藤原鎌兄《ふじわらかまえ》、佐藤政信、佐藤汎愛（支那旅行に対する注意）、木村荘八《きむらしょうはち》（大同石仏寺）、清水安三《しみずやすぞう》（北京に於ける耶蘇教）

これらの人々については、長くなるので別にコラムとして紹介したので、参照していただきたいが、報道関係はもとより、外交官、画家、宗教家など、幅広い分野が含まれている。日本で言えば大正、中国で言えば民国創生期の北京は、1919年には五・四運動が起こるなど、一方で新しい文化への動きが激しかった時期だが、それとともに、清朝の崩壊によって、多くの史蹟が開放され、古都北京にかかわる情報が拡大した時期でもあった。こうした時期に、新旧の「老北京《ラオベイジン》」たち（清朝時代から関わる人もいるし、敗戦後引き揚げてからも活動した人もいるが、北京に長く住む北京通の人たちをこう敬称する、中国一般なら「支那通」と呼ぶ）からの情報を集めて編纂されたところにこの本の意義がある。

大正期の北京案内としては、中野江漢《なかのこうかん》の『北京繁昌記』三冊もあげておきたい。この本について

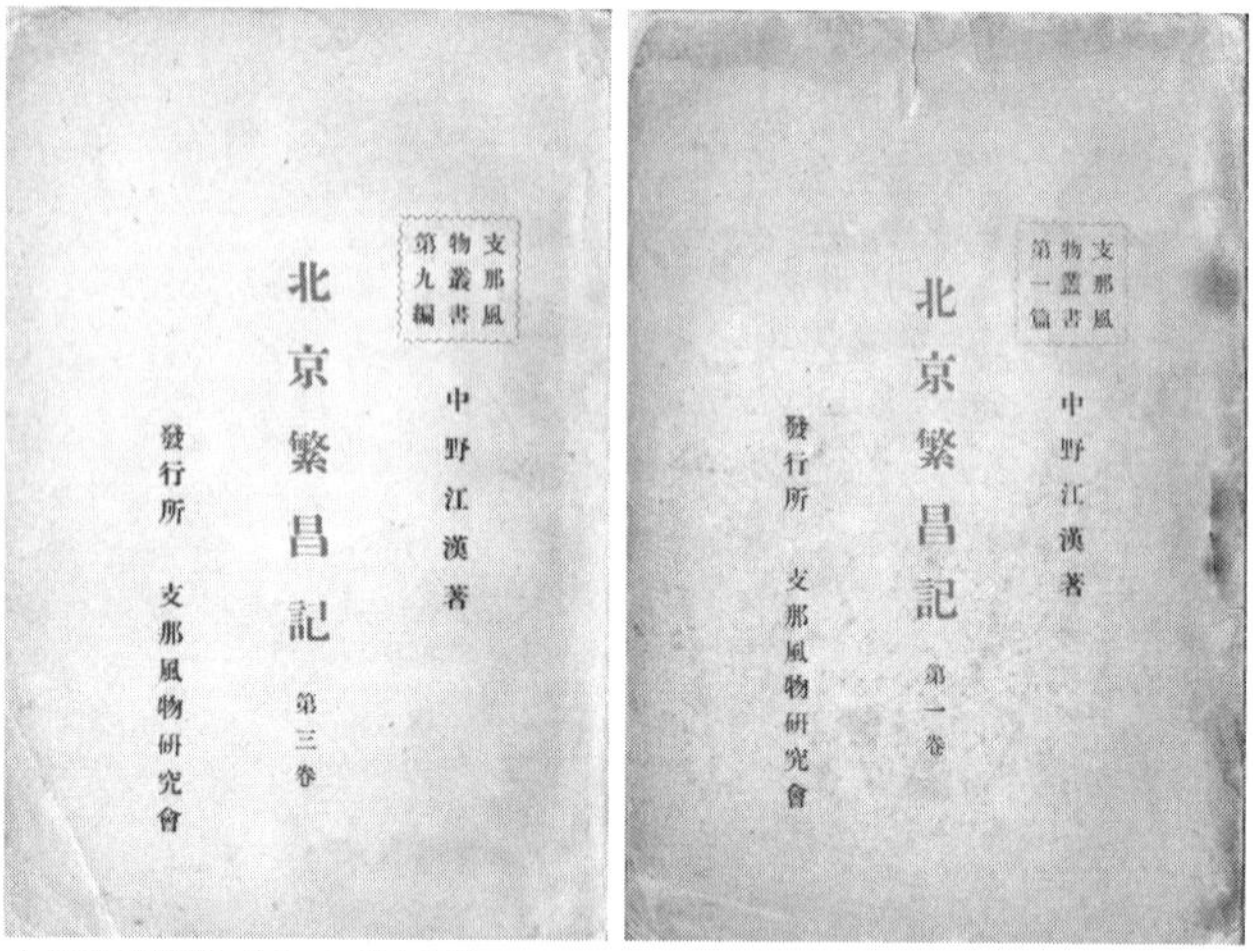

中野江漢著『北京繁昌記』

は、東方書店から1993年に出された新版の紹介を以前に雑誌『東方』に書いたが（訂補して、『北京を見る読む集める』に収録）、あらためて紹介しておく。江漢は本名吉三郎、1889年生まれ。1915年に北京に住み、以後、1919年に入社した、『京《けい》津日日新聞《しんにちにちしんぶん》』の北京支局主任として活躍し、そこに「京津（のち北京）繁昌記」というコラムを二八六回にわたって連載した。退社して支那風物研究会を組織した中野は、その事業の一つとして『支那風物叢書』というシリーズを刊行し、江漢のほかにも、辻《つじ》聴花《ちょうか》、橘樸《たちばなしらき》（京津日日の仲間）といった老北京が執筆して、10種13編の書物が刊行された。『北京繁昌記』はそのうちの三冊を占めている。構成は、①こそ雍和宮や景山、骨董などいくつかのテーマに触れているが、②が天壇をはじめとする七つの「壇」、③が孔子廟とそこにある石鼓を、一冊のテーマとする。つまり、一つ一つの史蹟について、大変くわしく書き込まれている点に特徴があり、現場に残る聯《れん》や文献の記載など多数の漢文を転載している。著者の子息の中野達《なかのとおる》氏が、この三冊をベースにいくつかを削除し、他の記事を増補したのが東方書店出版の本で、紫禁城に関する詳細な記述などは、これによって収録されたし、風物記的な記事もかなり採用されている。

中野江漢が関係した書物の広告によれば、会の事業は『支那風物叢書』にとどまらず、通俗支那学講座、雑誌、パンフレットの刊行、展覧会や講演会の開催などの企画があったようだ。江漢の関心は不老長生方向にも向かっていたようで、著書もある。江漢はやがて北京から日本に本拠を移し、中国についての著作活動を継続する。

このように、丸山や中野、その他の執筆陣も含めて、中国の文化、社会の細部への関心を持つ層が北京に形成されていたことが分かる。その一方で、この文章を書いて、つくづく思ったことがある。例えば、『近代日中関係史人名辞典』（東京堂、２０１０年）だが、私は中国に関係した人々について調べる際に、この辞典をまずあてにする。しかし、江漢関係の三人は有名だから項目が立てられているが、丸山の本の関係者のうち出てくるのは四人だけ。最近刊行の旅行記や案内書の復刻の解説でも状況は変わらない。むしろ、近年では中国人研究者の論考が目につく。一般的な関心が、政治家や軍人、メジャーな学者に偏しているとは感じていたが、今回はっきりした気がした。考えてみれば、老北京にしても、支那通にしても、民間の好事家というイメージがあって、ややもすれば揶揄的な表現として用いられがちである。現地に暮らし、多くの記録を残した彼らの仕事はもっと注目されていいだろう。

（森田憲司）

コラム2

丸山昏迷『北京』の人々

森田憲司

本文には紙数の関係で省略したが、丸山昏迷の『北京』（1921、大正十年）の序文に謝辞が述べられている人々について、簡単に紹介しておきたい。当時の老北京がどんな人々であったかを知っていただくことができよう。原文の順。文中「本書」とするのは丸山の『北京』、「辞典」とするのは『近代日中関係史人名辞典』。

今関天彭（1884～1970）　本名は寿麿、中国研究家、漢詩人。1918年北京に赴き、三井のバックで今関研究所を開いて活動。後、外務省顧問など。（辞典）

石橋丑雄（1892～1978）　北京、とくに古跡に詳しく、いくつもの案内書にかかわる。この時点では北京領事館警察巡査。長く北京市公署に在職し、最後は古北口公署。北京や清朝制度史関係の著書が、戦前戦後ともにある。第4章参照。

西田畊一　外交官。『燕塵』第三年第四号（1910年）に、「西田養稼君を送るの辞」があり、前半生がわかる。本書の時期は北京公使館一等通訳官。後に済南領事。

脇川寿泉　おそらく本書の『順天時報』（有名な在北京の日系中国文新聞、1901～30年）の項にある編輯長脇川文近であろう。寿泉には『北京名所案内』の書があるが、1921年版では、序文に「於順天時報社」とあり、印刷も順天時報社となっている。

永野武馬　不明。1905年から北京警務学堂教習、後に張作霖の顧問となった町野武馬という著名な軍人がいるが、この時期には北京を離れている。

村田烏江（?～1945）　ジャーナリスト。本名は村田孜郎。大阪毎日新聞社記者、上海支局長。1924年の芥川龍之介中国旅行の世話役、この時期のポストは不明、本書の新聞・通信社の項には名前が見えない。波多野乾一、辻聴花とともに劇通として有名。昭和期にはいると時局関係の著書多数。

栗原　誠　本書には、雑貨商加藤洋行、東京美術学校卒で親のあとを継ぐとある。加藤洋行は崇文門大街にあった。彼の「文華殿読画記」には、本書以外にいくつかの版がある。

山川早水（生没年不明）　ジャーナリスト。1905年四川地方を旅行し、『巴蜀』を書く。15年まで二松学舎講師の後、北京で『順天時報』の主筆。（辞典）　本書には名は見えない。

藤原鎌兄（1871～1953）　北京在住のジャーナリスト。1911渡航、『新支那』、ついで『北京週報』を創刊し、多くを執筆（辞典）。今日でも高く評価される。この時点では『新支那』主筆（本書）。

佐藤政信　不明

佐藤汎愛　本書や脇川の本に国際観光局北京支局主任とある。

木村荘八　著名な画家。1920年に中国旅行をしているので、その関係か。

清水安三（1891～1988）　宗教家、教育者。1917渡航、1919年に北京。宣教活動とともに、朝陽門外に中国人の貧窮女児のための崇貞学園を創立、運営。後、女学校となる。戦後は桜美林学園を設立、運営。（辞典）著書各種あり。

3

北京の古写真

★昔の北京を今に伝えるモノ★

最近、日本の書店の一角に古地図や古写真に関する書籍が並ぶようになった。テレビ番組の影響もあってか、そうした本を片手に街歩きをしている一団もよく見かける。北京市内の書店でも、古い写真を集めて出版した本が並ぶようになり、「老北京」の姿を思い起こさせてくれる古写真に、人々の関心が高まっていると見える。

現在、デジタルカメラや携帯電話の普及によって、枚数を気にすることなく撮影ができるようになり、写真は身近なものになった。しかし、一昔前はそうではなかった。

かつて写真はポリエステルやセルロイド製のロール式フィルムやガラス乾板を使用して撮影されていた。ガラス乾板とは、ガラスに感光材としてのゼラチン乳剤を塗布したものであり、日本では明治期に普及し、1950年代まで広く使われた。ガラス乾板を用いる場合、カメラそのものが大型であったことに加え、ガラス乾板自体も重く割れ易かったため、撮影とそれに伴う移動は容易なものではなかった。しかしながら、ガラス乾板から焼き付けた写真の画質は極めて精彩であり、とくに陰影の質感には思わず息を飲む。

しかも、かつての写真からは、一枚一枚緊張感が感じられる。フィルムやガラス乾板を利用する撮影では、構図に頭を悩ませ、なにより撮影で必要な充分な光源を得るため、撮影の時間帯や天気にまでも気を配らねばならなかった。まして撮り直しも容易でない以上、いまでは想像できないプレッシャーのもと、撮影者はシャッターを押したに違いない。

　ここではおよそ百年前――19世紀末から20世紀初頭、すなわち清代末期から中華民国初期――、中国に渡り北京を撮影した日本人写真師を紹介する。この頃アジアではまだカメラが一般に普及しておらず、限られた専門家によってのみ扱われるものであった。この時期の日本人写真師として、小川一《おがわかず》眞《まさ》、山本讃七郎《やまもとさんしちろう》と息子の明《あきら》、そして讃七郎の弟子であった岩田秀則《いわたひでのり》が知られている。

　小川一眞（１８６０〜１９２９）は、１９０１年に、東京帝国大学助教授であった伊東忠太らの北京調査に同行し、撮影を行った。当時はまだ清朝が存続していたとはいえ、華北に起こった義和団事件の終結直後の混乱期にあたり、光緒帝《こうちょてい》や西太后らは西安に逃れていた。北京は日本・イギリス・アメリカ等の八カ国連合軍の占領下にあり、小川は主のいない紫禁城で建物の撮影を行った。この時に撮影された写真は『清国北京皇城写真帖』（小川一眞出版部、１９０６年）としてまとめられる。のちに『支那北京城建築』（建築工芸出版所、１９２５年）として再刊され、近年になっても『老北京皇家絵建築典蔵』（広西師範大学出版社、２００８年）、『清代北京皇城写真帖』（学苑出版社、２００９年）として出版された。中国においてしばしば出版されていることからも、本書に対する関心の高さがうかがえる。

　山本讃七郎（１８５５〜１９４３）は１８９７年に北京に赴き、霞《か》公府（現在の北京飯店の裏側）にあった住居を拠点として、北京の写真を撮り始め、のちに『北京名勝』（山本照相舘、１８９９年）として刊行された。小川の写真が紫禁城の様子を撮影したものであるのに対し、『北京名勝』は北京城内の風景のみならず、住民の姿にもレンズが向けられており、当時のファッションをうかがう風俗資料としての価値も高い。

１９０１年、讃七郎は霞公府において山本照像館（写真館）を開業した。【図１】は広く知られた西太后の写真であるが、これは讃七郎によって１９０４年に撮影されたものである。当時の北京における、讃七郎の写真家としての評判の高さを裏づける。

そののち、山本照像館は甥の素朴を経て長男の明に受け継がれた。明の時代に照像館は王府井大街二十六号（現在の首都劇場の南側）に移転する。稀覯本に属するが、明には『震旦《しんたん》旧蹟《きゅうせき》図彙《ずい》――北京及其附近』（山本明写真場、１９３３年）と題する、写真帖がある。明の帰国後、山本照像館は讃七郎の弟子であった岩田秀則（１８５５〜１９６２）に継承される。

図１　西太后肖像（日向康三郎著「北京・山本照像館――西太后写真と日本人写真師」雄山閣、2015年、口絵2頁目）

山本照像館では、写真の販売やスタジオでの撮影も行っていた。我が国東洋学の創始者の一人である内藤湖南、作家の木下杢太郎《きのしたもくたろう》、斎藤茂吉、魯迅等が山本照像館を訪れ、風景や石仏等の写真を購入していたことが明らかになっている。かさばらないうえ、物珍しさもあってか、北京で購入した写真は良い土産物になったのであろう。

また、依頼による出張撮影も行っていた。北京を訪問した研究者は、山本照像館に立ち寄り、写真師を伴って調査に向かったと見られている。照像館としてもそうした要望に応えられるよう、研究者の関心を引きそうな場所に出張しては撮影を行い、写真を撮り貯めて在庫を増やし、それを販売していった。

こうして得られた写真の一部は、関野貞《せきのただし》・常盤大定《ときわだいじょう》『支那文化史蹟』（法蔵館、１９３９～４１年）や、水野清一・長廣敏雄《ながひろとしお》『雲岡石窟――西暦五世紀における仏教寺院の考古学的調査報告』（京都大学人文科学研究所、１９５１～５６年）等に利用された。現在、東京大学・京都大学・東北大学に所蔵されている山本写真館に関係するガラス乾板の整理が進められつつある。

なお、本章では触れられなかった戦後の北京の古い写真や絵葉書に関しては、本書の編者である森田憲司氏の『北京を見る読む集める』（大修館書店、２００８年）に詳しい。さらなる関心を持たれた方はぜひそちらも参照されたい。

次の「コラム」ではＷＥＢ上で閲覧できる北京の古写真を扱うサイトを紹介してある。もしも北京を訪れる機会があれば、こうした古写真を片手に北京の街を散策してみてはいかがであろうか。

（渡辺健哉）

コラム3

古写真について

渡辺健哉

かつての北京の面影を視覚的に知りたければ、古い写真を貼付した写真帖、古写真が掲載された書籍、そして戦前の日本で数多く作られたグラフ雑誌を見るのが手っ取り早い。近年、こうしたものがデータベース化され、自宅のパソコンやスマートフォンから閲覧することが可能になった。ここでは、そうしたサイトをいくつか紹介したい。

まず、「国立国会図書館　デジタルコレクション」、「東京国立博物館所蔵　古写真データベース」、「国立情報学研究所　ディジタル・シルクロード・プロジェクト」、「財団法人東洋文庫　現代中国研究資料室・デジタルライブラリー集」を挙げておく。

例えば、「国立情報学研究所ディジタル・シルクロード・プロジェクト」内の「古都北京デジタルマップ」→「今昔写真」は、北京の観光名所の古写真と現況を比較対照させており、二枚の写真を見比べているだけでも楽しい。また、「財団法人東洋文庫　現代中国研究資料室・デジタルライブラリー集」には、『亜東印画輯《あとういんがしゅう》』と『亜細亜大観《あじあたいかん》』とが公開されている。前者は、大連にあった亜東印画協会が1924年から1944年頃まで、後者も、大連にあった亜細亜写真大観社が1926年から1940年頃まで発行していた写真帖である。写真一枚ごとに解説が付されている。

なお、さきに紹介した、小川一眞『清国北京皇城写真帖』は「国立国会図書館　デジタルコレクション」で、山本讃七郎『北京名勝』は「国立情報学研究所　ディジタル・シルクロード・プロジェクト」で、それぞれ閲覧できる。

また、東京大学東洋文化研究所の「東洋文化研究所所蔵アジア写真資料集成データベース」にある「東洋文化研究所所蔵山本讃七郎写真ガラス乾板写真データ・ベース」、学習院大学東洋文化研究所の「東アジア学バーチャルミュージアム」、一橋大学機関リポジトリ**HERMES-IR**にある「戦前期アジア諸国写真コレクション」でも、戦前の北京の写真や絵葉書を閲覧することができる。

このなかからいくつか写真を見てみよう。

まず、『清国北京皇城写真帖』の中から紹介する。【図1】は19世紀末期の故宮太和殿である。廃墟のようにすっかり荒れ果てた様子に驚きつつ、よく見ると、広場を歩く宦官と思しき人物の姿まで確認できる（【図2】）。【図3】は天壇である。やはり雑草が生い茂る向こうに、天を祭る圜丘《えんきゅう》が見える。

街中の写真は、乗り物、人々の服装、商売の様子、建物の状況などが確認でき、社会史資料としての価値も高い。【図4】は正陽門を写し

図1

図2

図3

た写真。人力車や馬車、そして歩行者を確認できる。

次に『北京名勝』を見てみよう。【図5】は外側から城壁を撮影している（場所は不明）。城壁の巨大さを際立たせ、あたかも砂漠を悠然と進むキャラバンのイメージを強調させるため、意図的にこうした構図になっているのではなかろうか。『北京名勝』には人物を撮影した写真も収められ（【図6】）、当時の服飾を知る上でも興味深い。

最近になってようやく写真の資料的価値が認識されるようになってきた。こういった形でWEB上で閲覧できる古写真がこれから増えていくことを期待したい。

図4

図5

図6

4

北京と日本人

★北京で活動した日本人の足跡★

よく知られているように、江戸時代の日本では寛永《かんえい》十（1633）年から相次いで出された鎖国令によって日本人の海外渡航ならびに海外居住者の帰国が禁止され、海外に強い関心があっても自由に渡航することは許されなかった。日本における海外渡航の禁は幕末ぎりぎりまで続き、慶応《けいおう》二（1866）年になってようやく緩和された。その二年後の1868年には砂糖の植え付けを目的とするハワイへの移民が始まっている。この年は改めて言うまでもなく、明治維新の政治変革を経て日本が新たな国家体制の確立にむけての大きな転換点となった年であり、中国では清朝末期の同治《どうち》七年に重なる。世界史の中で19世紀末から20世紀初めにかけては帝国主義の全盛期であり、アジアで長い歴史を誇る大国はその帝国主義諸国に領土分割される危機に直面することになった。日本も日清戦争から日露戦争にかけての変遷に裏打ちされる軍事力の拡大・強化を図り、ヨーロッパ型の富国強兵を目指す国策に邁進した。こうした日本の状況を背景に、日本人の間ではヨーロッパ、アメリカ、カナダ等の欧米文化諸国圏に渡航する者が急増することになった。とはいえ、帝国主義諸国間におけるアジア侵略の競い合いに対して自国の立ち位置や権利を主張した日本としては、好くも悪くもアジア諸国に対する関心が衰えることはなかった。とりわけ清末以降の中国に対する日本の政治動向が大きく影響したこともあり、中国と日本との相互を行き来する渡航滞在者の数は増加する流れの中にあった。ことに中国の場合、租界などの特別な地域に限られることなく、民間人同士の付き合いは長く続くことになる。

このうち北京はどのようであったのだろうか。一例として日本の敗戦四年前にあたる昭和《しょうわ》十六（1941）年11月20日に発行された『北京案内記』（安藤更生編輯）の再版を見ると、北京に滞在する多数の日本人にとって初めての適切な案内書として考案されたことを伝える序の冒頭に、「北京は悠久千年の古都であると共に、今次事變以後は急激に近代都市としての変貌を呈して來た。北京はもはや單なる觀光都市ではない。決然として立ち上った興亞の最主要基地である。在留日本人の數は既に十萬と報ぜられる。觸手ある都會はつひに古く堅固な城壁を打開して西郊新市街の計畫を實行せしめるまでに發展した。かかる永住者乃至半永住者以外にも、官用、調査、留學、商用、視察、慰問等の目的を以て此地に來往する邦人の數は實に夥しいものがある。」とある。直後の12月8日には真珠湾攻撃によって太平洋戦争に突入する時期のことで、中国における軍事行動の拡大した1930年代から続く戦時中のことでもあるから、その点を考慮するべきとは心得ている。しかしその内容は驚くほど戦時色がない。現在から見れば時代錯誤と思える記載もないわけではないが、全体としてはあたかも平和時における良質なガイドブックの体裁であり、ことさら日本人の立場を美化したりはしていない。ちなみに「第一　觀光篇」から始まっているが、これは計156頁の詳細な史跡案内（当時の北京特別市公署観光科専員であった祖父・石橋丑雄による）で、その記載内容の価値は現在もまだ失われていないようである。

時代を民国時代の1910年代に遡りたい。北京と日本人のことに触れるうえで忘れてはならない事項があったことによる。第一次世界大戦中の1915年に日本が中国につきつけた「二十一カ条要求」、その対応をめぐる国際情勢を背景に起こった1919年の「五・四運動」、そしてその後に続く排日運動である。「五・四運動」の切っ掛けとして知られることになる5月4日に起きた北京のデモ行進に外務省領事館巡査として立ち会った石橋丑雄はその生前、「そこにいた日本人が特に攻撃対象になったわけでもなく、日本人のなかにも学生らによるデモに理解を示す者が少なからずいて、一緒に歩いていた。」と孫の私に語ったことがあった。その際、日本製品が山と積まれて燃やされた場所が天壇の円丘であったこと、内容は異なるがあたかも史料の伝える義和団事件（北清事変）時の外国軍による蛮行を思い起こさせるような光景であったことなどにも触れていたことを想い出す。排日運動については「五四運動の回想」（『比治山女子短期大学研究紀要』第二号）を残し、

昭和16年ころの北京で家の門前に立つ石橋丑雄

頤和園での石橋丑雄・秀雄・昭雄・多津子・美智子（左から）

その中で「因みに当時北京に在留した日本人の数を見ると、大正十四年十二月末の人口は一、四一四人で、その後昭和七年の満洲事変頃までは大体にこの位の数を上下していたが、」と記しているほか、「排日運動が始まると北京の在留日本人の人口も急速に減少して、一、〇〇〇人から八〇〇人位に減少したこともあったし、」とも触れている。当時就いていた職から考えるとこうした北京に在留した日本人の数に大きな誤りはないように思える。そうであれば、昭和七年から昭和十六年にかけて北京在留日本人が急増した変遷については、戦時であることも併せ、さまざまな要因に留意しなければならないであろう。

北京に在留した多くの日本人がいるなか、鈴《すず》江《え》言一《げんいち》と中江《なかえ》丑吉《うしきち》の両氏は別格の存在であろう。鈴江氏については江藤瀋吉・許淑真著『鈴江言一伝――中国革命にかけた一日本人』（東京大学出版会、1984年）に詳しいが、鈴江氏の残した数多い著作の中でも昭和四年に旧満鉄庶務部調査課が満鉄調査資料第百九編として極秘扱で印行した『中國無産階級運動史』（のちにこれを底本に中國解放闘争史と改題されて昭和二十八年に石崎書店から刊行）や昭和六年に王樞之の名で著した『孫文伝』（偉人傳全集第二十二巻、改造社）は今も燦然と後人の研究者に道を照らす金字塔である。この鈴江氏と深い交友のあったことで知られる中江氏は、中江兆民（篤介）の長男で、大正三（1916）年に袁世凱の顧問として招聘された有賀長雄氏の秘書として同行し、北京に赴任した。以降、北京に在留し、老北京として中国古代政治思想の研究に従事した。ところで、鈴江言一氏が24歳にして北京に渡航したのは大正八（1919）年のことで、その際、北京に着いて最初に訪ねて宿にしたのが、石橋丑雄の家であった。同郷の機縁でと記述される場合も見られるが、共に同じく島根県出身の縁でというのが正確のようで、本籍がかなり離れていることを考えると日本国内におけるこれ以前からの知己というわけではなかったようである。今となっては確かめる術のないことが悔やまれる。以後、中江氏とともに丑雄もまた機会あるごとに鈴江氏を援助していたときく。丑雄は北京在留中の『北平の薩満教に就て』に加えて戦後に『天壇』を公刊し、丑雄の長男である父・秀雄が満洲語文献に基く清朝史研究に従事したほか、次男の叔父昭雄も鈴江氏のことや北京を中心とする歴史資料の研究を行って北史明の別名による『王枢之攷』（王枢之は鈴江言一の別名）や青龍子の別名による『旧京私記（北平外史）』を公刊したが、皆、鬼籍に入り、今は石橋の家系についてまとめている末弟の叔父義雄を訪ねて一緒に偲ぶことしかできなくなった。

（石橋崇雄）

II

北京と日本人
70～90年代そして今

5

「日僑飯店」の日々

★多くの事情を学べた★

1．「文革」前の北京

大学で中国語を学んで商社マンとなり、1964年5～11月、「城壁のある都・北京」に初めて滞在した。東京五輪が開催された年であり、中国は不参加だが、開会式の六日後、初の原爆実験を行った。

「長崎国旗事件」で中断していた日中貿易が、1960年8月から政治・貿易三原則を支持して、「友好商社」に指定されたところだけが参加できる「友好貿易」として再開されていた。

多くを学べた「日僑飯店の日々」

商社代表はみな東交民巷の新僑飯店に宿泊しており、日本人ばかりなので「日僑飯店」と呼ばれるほどであった。

他社の代表と仕事を離れてお付き合いの出来る日々は楽しく、有意義なものであった。夜や週末には、間もなく禁止となるマージャンを楽しみ、六階の撞球コーナーは、ドリンク、歓談のサロンと化していた。外食にも一緒に出掛けて、食べ歩きを通じても業界の先輩から中国事情の多くを学ぶことが出来た。東安市場には、解放後初の日本料理屋「和風」もあった。

飯店南窓から、64年当時残っていた内城城壁と崇文門が眺められた

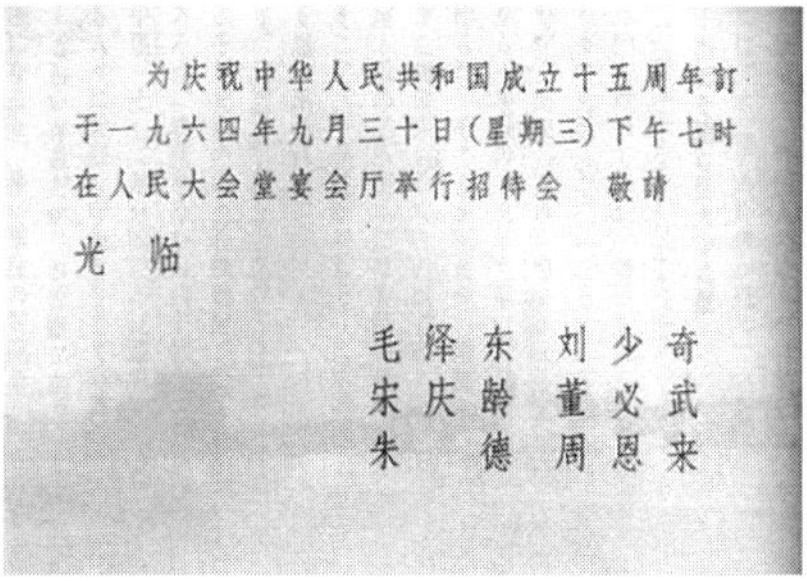
为庆祝中华人民共和国成立十五周年订
于一九六四年九月三十日（星期三）下午七时
在人民大会堂宴会厅举行招待会　敬请
光临

毛泽东　刘少奇
宋庆龄　董必武
朱德　周恩来

建国15周年国宴招待状

国慶節パレード参観と国宴出席

忘れ難いのは、国慶節パレードを天安門脇の「観礼台」から参観出来たこと。毛沢東《もうたくとう》主席、劉少奇《りゅうしょうき》国家主席、宋慶齢《そうけいれい》副主席、董必武《とうひつぶ》副主席、朱徳《しゅとく》委員長、周恩来《しゅうおんらい》総理等の国家指導者の姿を、肉眼で見ることができた。前夜の人民大会堂では、この6名共催の建国十五周年国宴が開催され、記念すべきその連名の招待状を大切に保存している。

2.「文革」の北京

韶山《シャオシャン》を参観し、「日僑飯店」に再び滞在

1967年5月広州より北上する途中に、毛主席の故郷・韶山を参観した。毛主席の生まれた寝台の前で、女性ガイドが声高らかに紹介した。「ここから『全世界革命人民の心の中の赤い太陽』が昇りました」。

5～12月、「日僑飯店」に再び滞在した。1966年夏、「文革」が発動され、紅衛兵による赤色テロが中国全土を席捲していた。商談は行われていたが、混乱のため秋季交易会が史上初めて一カ月遅れて開催されるほどであり、終生忘れ難い異常な体験をすることになった。

商店、公園は閉鎖、至るところに「大字報《ダーツーバオ》」

北京は「文革」の奔流で荒廃してしまった。殆どの商店、北海公園、頤和園等の公園、博物館も閉鎖された。紅衛兵だけが街中を闊歩し、「反革命分子」を摘発し、血みどろな「武闘」を繰り広げていた。街中至るところに「大字報」(壁新聞)がベタベタに貼られた。

常時必携の「毛主席語録」をどんな風に学習したのか？

商談は午前中だけで、午後は内部の学習会だと言われた。商談に行くために「日僑飯店」前でタクシーに乗ると、運転手が声を掛けてくる。

「先生！　毛主席語録の学習を致しましょう。第157頁を開いて下さい」

「決意を固め、犠牲を恐れず、万難を排し、勝利を勝ち取ろう」

運転手のリードで、一緒に朗読し、二〜三回繰り返してから、やっとタクシーが走り出す。

公司に到着後も、商談相手と朗読を繰り返す。「毛主席語録」の一節は、今でもスラスラと述べることが出来る。

日中共催の「革命集会」では、毛主席の「万寿無疆《ワンショウウージアン》」(皇帝のご長寿を祝う言葉)と林彪副主席の「永《ユン》遠《ユアン》健《ジエン》康《カン》」を声高らかに何回もお祈りし、「大海航行《ダーハイハンシン》」、「東方紅《ドンファンホン》」等の革命歌を次々と合唱した。「永遠健康」を祈られた林副主席は「毛主席暗殺計画」が発覚して、1971年9月モンゴルで墜死してしまう。

身辺にも緊迫した危機感

紅衛兵が英国とインドネシア大使館へ乱入した。「日僑飯店」内でも血みどろな「武闘」が頻発し、夜更けに悲鳴や絶叫が聞こえて来た。

ある日商談から戻ると、ホテルのロビーは何十人という紅衛兵でいっぱいだった。歴史に残る「一通事件」の発生であった。別途逮捕・投獄された商社マンも計7名にのぼった。『赤旗』記者が国外追放され、新聞記者も次々と国外退去・逮捕された。

3．「四つの現代化」と「改革開放」の北京

1982年から四年間、所長として駐在した。オフィスと住まいは北京飯店東楼。1985年からはオフィスをCITIC国際大厦へ、住まいは合弁ホテル・建国飯店へ移した。それまでの「中国式ホテル」と異なり、設備やサービスも「香港スタイル」をエンジョイできた。一階には「元銀座の美人ママ」がやっている本格的な日本割烹「中鉢」もオープンしていた。

1992年から三年間も所長として、1995年から四年間はスズキから招かれて初代所長として駐在した。オフィスは発展大厦、住まいは自社合弁「万泉公寓」とシェラトン長城飯店。

1983年以降は第二次中国フィーバーと言われ、駐在員は日本から押し寄せる代表団や出張客と共に、商談、技術交流、宴会に忙殺される日々を過ごしていた。「北京に遊んで、長城に行かないのは好漢にあらず、北京ダックを食べないのは遺憾」と宣伝する「全聚徳」（1864年創業）での宴会を、連日昼夜開催せざるを得なかったので、「もう結構」というほど北京ダックを食べたのも、懐かしい

思い出となった。

ある日、建国飯店から「外国からのお客さんが増えたので、常駐客は他のホテルへ移りなさい」という通達を受け取った。ホテル代をちゃんと払っているのだから、常駐客を優先すべきなのに、とんでもない通達だと、総経理室を訪れた。総経理は女性で、なんと広州羊城賓館のウエートレスだったKさんで、二十年振りの再会だった。彼女も「食事当番」をしていた私を良く覚えており、〝老朋友〟だからとホテルを移らずに済んだ。

高級ホテルの天井が突然落下

1993年9月21日午前9時頃、五星ホテル・長城飯店で、玄関テラスの天井10メートル四方が突然落下して、真下にいた外人客等十数名とタクシー三台が押しつぶされた。重傷者四名、負傷者十数名だったようだが、ロビーで待ち合わせた日本からのN社社長一行に会うため、玄関に入ろうとした直前の落下だったので、私は難を逃れることが出来た。「報《バオ》喜《シー》不《プー》報《バオ》憂《ヨウ》」（望ましいことは報道し、不都合なことは伏せておく）のお国柄だけに、人災なのに事件は短く報じられただけ。

惨殺された元部下の色白美人のL小姐

元部下の色白美人の悲劇

1997年夏、商社時代の部下だったL小姐が惨殺された。優しい気性の23歳の色白美人で、仕事を終えてアパートに戻ったら、後ろから付けてきた近くに住む15歳の男子中学生に二本のナイフで滅多斬りにされた。犯人は背丈がなんと

183センチメートルの一人っ子。マイカーを持つ外資勤務のお姉さんに対して〝憧れ〟と〝憎しみ〟を同時に抱いた結果らしい。

「社交ダンス講習会」を開催

中国では社交ダンスが盛んだ。「大男大女《ダーナンダーニュィ》舞踏会」と呼ばれる〝婚活〟パーティが北京飯店でも度々開催されていた。近年、社交ダンスなどやれない日本人が多いが、北京でも宴席のあとで、ダンスに移ることがふえた。得意先の女性から「踊って頂けませんか？」と誘われたが、「私は踊れません」では、情けないし恥ずかしい。

そこで、1998年年初に駐在員に対して「ダンス講習会を開催する」と呼び掛けた。やはり「踊れないのを悩む同志」が多く、東方歌舞団から男女講師を招いての講習会は盛況となった。「女性が足りないのでは？」と心配されたので、日本からの女子留学生に呼び掛けたところ、やはり熱心に参加してくれる留学生が多く、その心配はなくなった。

商社マン、外務省の女性、元女子留学生十数名から「講習会へ参加させて頂き、助かりました」と帰国後感謝されており、良いことをしたと喜んでいる。

「対外開放の深化」で、ゴルフ場が急増

北京近郊のゴルフ場も急増し、白い柳絮が一面漂う中でのプレイでは、〝北京風情〟を楽しめる。「文革」で「毛主席語録」を日夜学習した体験者にとって、同じ大地の上で、中国の人々がゴルフをエンジョイするとは、夢のようとしかいいようがない。

1985年夏、十三陵、順義のゴルフ場が次々とオープンするので、香港からゴルフ・セットを持ち込んだところ、北京税関で「ゴルフとは何人でやるスポーツ？」と聞かれたことが、今では懐かしい。見たことのない道具を見て、ホッケーのようなスポーツと考えたのであろう。

おわりに

１９６４～９９年まで三十五年に亘り何度も北京に滞在した。しかし、中国事情を学んだ原点は、１９６０年代の「日僑飯店の日々」であった。

「一衣帯水」の隣国・中国とのお付合いは難しい。中国は多くの矛盾や問題を抱えながらも、存在感を増している。経済・貿易面での相互依存による共存共栄が両国の国益であると信じて、中国観は十人十色あってよいので、「複眼思考」で見守って行きたい。

（内山宏男）

6

北京在住の日本人女性の就職・子育て今昔

★子供好き社会に甘えてきた私のケース★

雇用機会——転職天国から地獄へ

まだ北京が発展する前の1995年頃、数ある外国語の中からわざわざ中国語を選び、さらに日本での安定した結婚&就職を求めずに北京という都市で働きたい物好きな女性は10人を数えるほどしかいなかった。そんな時代でも、駐在員事務所や日本食レストランでは、ある程度中国語も出来て、現地になじみ、阿吽の呼吸で上司の意図を把握する日本人女性を雇いたい要望は絶えず存在した。そしてこのような転職環境を指して「椅子を減らさない椅子盗りゲーム」と呼んでいた。つまりより良い条件で働いている女性が辞めると順繰りに座る位置が変わる、ほとんど競争の無い、なれあい転職天国。学力が無くてもある程度の常識があって「よく気の回る、かゆいところに手が届く」日本人女性なら、誰でも口コミだけで就職できた時代だった。

しかし、今の北京は語学留学生を一番たくさん抱えていて、卒業後も残留したい希望者はたくさん居るのに日本人求人案件が少なく、条件も悪く、職探しの難しい街となってしまった。さらに追い討ちをかけるように「該当職種において二年以上の経験要」という新卒学生がことごとく就業ビザを取れなくなるような新ルールが出来てしまい、高卒や短大卒ではズルをしない限りビザがもらえない状況の下、北京に残って働けるのはごく一部のラッキーな大卒社会人留学生だけである。そして昨今は日本への留学ブームの影響で中国人帰国者の数が増え、日本の文化も分るし二カ国語総合力も格段に上で、頭の出来もいい彼らが数少ない要職の需要を満たしてしまい、より一層ただ日本人であるだけでは就職できない時代になってしまった。中国語に加えて英語ができるとか、法律・財務資格を持っているとか何か武器がないと条件の良い就職はできない。

大きな田舎「北京」も今や都会　日本人女性も多数在住

一方、北京の生活環境が良くなるにつれ、日本の本社から駐在員として派遣されてくる正社員の女性も増えた。そこに、中国人男性と結婚して定住し、なおかつ能力を生かして働き続けている人を含めると、今、北京中の働く日本女性を集めたら二百〜三百人ぐらいにはなると思われる。その中には、数は少ないものの、自分で事業を立ち上げ、女社長として雑誌や単行本に載るような有名人もでてきている。中国人は押しなべて起業を目指す傾向が強いので、この風潮の中に居ると、日本人女性もその影響を受けて商機に対して大胆に「乗っかっていく」勇気が出るのかもしれない。そうした女性の中では、飲食店を経営している方が一番多いが、皆が皆、日本にいたら思いつかないような、サラリーマンならばしないでも済んだであろう大小様々な苦労を乗り越えて、たくましくお店を切り盛りされている。

ワーキングマザーが甘えられる北京の社会

私はずっとホテルや教育機関などに転職を繰り返しながら、常に人に雇われるサラリーマン生活をかれこれ二十二年ぐらい続けている。その間シングルマザーとなって一人で子育てなんかもしたので、声を大きくして言えるのは、中国には日本が逆立ちしたってかなわない子育て女性に対する職場や同僚からの温かいまなざしがあることだ。

妊娠中にバスに乗りこんだとたん、車掌さんが「はい、そこの若者、この妊婦さんに席を譲りなさい」とマイクを通して命令して私を座らしてくれるほど北京は「子供を産む人、連れている人」に筋金入りで優しい街だ。出産後も大概の子供関連のお願いには融通が利き、突然のシフトなどでお手伝いさんの都合がつかないときは子連れ出勤もOK、会社の福利厚生の旅行宴会などにもどんどん子供を連れて行けた。乳母車を担ぐ、子供をあやす、抱っこする、写真を撮る、などなど何とかして子供に構いたい同僚達が四六時中ちやほやしてくれ、日本で感じる「他の大人への気兼ね」など毛ほども感じることがなかった。「子供中心型」職場環境は多分一人に掛かる仕事の負担が軽いせいもあるのだろうが、キャビンアテンダントに至るまで仕事の合間に他人の子に構いたがるのは中国人の特徴だ。中国系のキャリアに搭乗した時、疲れた素振りを見せていたら、キャビンアテンダントさんが子供を「私たちが見ていてあげる」と言って連れて行き、3時間弱経って降下のためシートベルト着用になるまでずっと私を昼寝させてくれたという珍しい経験もした。老若男女、こと子供のことになると皆眉尻が下がり、すべてに「甘い」のである。

女の役割要求レベルは低めなのか

一度職場で子育ての話をしていて、「私は平日24時間お手伝いさんを雇って自分はたまに手が空いている時だけ育児している、ほとんど休日だけの母なんですよ」と自己否定的に語ったら「私たちは自分の親（または保育所）に預けっぱなしで子供に会うのは金曜の夜から日曜の午後までだよ、それだけでも大変なのに毎日見ているあなたは偉い」と褒められ、驚いたことがあった。みんながみんなではないが、毎日外食をしていたとしても、それを責める人はいないし、家事育児が面倒になったらお手伝いさんを雇う。女性の家事遂行に対して要求レベルが高く、「暗黙の掟」にがんじがらめに縛られた日本における、女性を苦しめる環境とは正反対だ。北京では低賃金で単純労働をアウトソース出来る状況が都市化した今もなお続いていて、家事の嫌いな私にはありがたいことだ。中国の「ワーキングマザー」達の時間と心の余裕は日本の何十倍だ。母親でも仕事等の自己実現に掛かりきってのびのび生きていても誰からも後ろ指は指されない。

日本より整備されている妊娠出産関係の法律環境

昨今都市化が進んで北京と言えども堅苦しい職場が増えてきているが、スタート地点が日本とは違うため、まだまだ女性の妊娠出産育児には甘い。法律でも「妊娠が分った女性は出産休暇が終わるまで解雇できない」「出産前後六カ月の有給休暇」「数割支給の準有給育児休暇の延長を会社が認める義務」など、日本より女性に優しいルールがいっぱいある。同僚も妊娠している若い職員に冷たい視線を向けるどころか、反対にあれこれと気配りをし、世話を焼く。北京のおばさんたちは自信満々で他人の子育てにうるさいほど口を出す。日本ではたった一人で奮闘するママが多いと聞くが、私はそういった孤独とは全く対極の「過干渉」の中で、街の人々の力を借りながら、仕事と家庭の両立という大変な時期をストレスなく乗り切ってしまった。

北京生活が長いと性格がきつくなる？

最後にこれは書いていいのか悪いのか判断しかねるが、中国人と働くことに慣れきってしまうと、日本社会に戻る前に少しばかり性格リハビリが必要だ。とくに北京は男よりも女の方が有能な中間管理職以下の地位にある人が断然多く、女性ががんがん男を言い負かすことが日常茶飯事。女性同士でも言いたい事をはっきり言って、けんかになっても次の日けろっとしている状況をよく見かける。北方女性の特徴らしいが、カーとなってつい口をついてしまうが後に引かない気性の人が多いらしい。いつも人にどう思われるか気にして控えめに振舞う日本とは正反対だ。私だけではなくこの社会に深く突っ込んで生活上の苦労を味わっているたくましい系の日本人女性たちは少なからず「かなりはっきりした性格」に変わっている。そしてもう一つ。中国人は何かと物事を決めるのが早いので、日本でみなが空気を読んで先に進まないサドンデス状況に遭遇するとついイラッときていつのまにか自分が仕切ってしまう「ちょっと出すぎた性格」になる傾向もある。こういう日本では身につかなかった自己表現傾向が出てきたらすごく北京生活に適応している証拠で仕事も長続きする。でも日本に帰ってからそれが人生のプラスに働くことはまずないのでリハビリをお奨めする。

（大上智子）

7

1970年代の北京放送局

——★「リュー・コーメイ」として青年期を日本と中国のはざまで働いて★——

北京の中心街である長安街を車で西に行き、西二環路の復興門に差しかかるといつも思い出すのは、四十年近く前のこのあたりでの仕事と出来事だ。今では放送局は西の八宝山の近くの十五階建てビルへ移転してしまい、私が勤務していたビルは、現在は「放送映画総局ビル」と名前を変えているが、私が初めて北京を訪れ、ここにあった北京放送局（中国国際放送）日本語組に勤めるようなったのは1975年の6月、23歳の時だった。

文化大革命の嵐が中国全土を吹き荒れていた1969年8月、17歳の時、縁あって就職のため、東京から、貨客船で初めて中国上海の岸壁に降り立った。しかし当初の予定に反して、のちに北京放送局に配属されるまで、「思想改造」という名目で、北京とは反対方向の南方の福建省福州の農村、そして工場へと「配属」されてしまった。福州では山の中の小屋に一人住み、毎日歩いて片道一時間あまりの土地の開墾をやらされた。そして6年、反党集団とされる「四人組」が撲滅されるや否や、北京放送局への転勤通達が届き、ようやく、待望の首都北京での生活が日の目を見ることになる。

列車で丸二日間かけて一人北京駅に降り立つと、駅には日本語組組長の方さん（今は引退され、奥さんの郷里千葉で過ごされている）が迎えに来ていた。駅の前には私には身分不相応の黒塗りの高級車のソ連製（ジーム）が用意されており、乗り込む際緊張したことを覚えている。そして車は、自転車の大洪水の天安門広場を抜け、西長安街の先、南礼士路にある放送局の単身者用宿舎に到着した。ここは殺風景なビルで、私にあてがわれたのは、五階の一室四人用の部屋であった（今では、あたりは開発で高層ビル群となっている）。

文化大革命時の北京のある家族の肖像（ご家族提供）

私より一時代前の1953年に東京から北京にやってきた、北京放送の大先輩で、のちに局の幹部（方さんの次の組長）や政協委員になった、当時20歳の李順然さんは、前門にあった（旧）北京駅から輪タクで復興門の北京放送局にカバン一つで到着したそうだ。

翌日は放送局への初出勤の日となり、緊張したことは言うまでもない。ビルはソ連式の七階建てビルで、重厚そのものであった。天井が高いため、暑い夏でも空調は必要のないくらいビル内はひんやりとしている。正面玄関には、拳銃を腰に付けた二人の人民解放軍兵士が番人然として構える中、大門をくぐり、日本語組のある二階へと向かった。当時、日本語組は、アナウンサー組の他、取材された記事や新華社から配信されるニュースなどの翻訳をする翻訳組、リスナーからのお便りを整理するお便り組に、取材組と四つの組に分かれていた。総勢約五十人ほどだったと思われる。アナウンサー組は十人ほどいたであろうか。当時の放送はすべて予め録音する方式であり、アナウンサーに求められるのは、ただ「正確な棒読み」だけであった。よって、アクセント、抑揚、起承転結などのテクニックが重要となり、毎朝「あいうえお」の発声練習から新劇の台詞の朗読、NHK放送を聞いてのレッスンと訓練が続いた。こういった日々を重ね、半年後にやっと「一人前」としてニュースの「朗読」を任されるようになった。「こちらは北京放送局です」で始まる北京放送であり、裃を着たときのような個性がない独特な口調のアナウンスを、昔、ラジオで聞いた記憶がある読者もおられるかもしれない。今では本当に味気のないものだったと、おかしくなるくらいである。政治に関する重要放送がある時などは、とくに緊張した。いくら録音といえども、一字の読み間違えも許されず、録音はいつも、読む担当と録音担当の二人一組とされていて、読む方もそうだが、録音する方は、聞き漏らさないように、全身を耳にして録音をしたものである。こういった放送形式が徐々に緩和され、たぶん1978年頃からだったと記憶しているが、ただ読むということから、ある程度、話し口調で独自のスタイルでマイクに向かえるようになってきた。そしてこれまでニュースや時事解説、お便りの朗読など、硬派一本槍の番組だけだったのが、有名人との対談、中国の風俗習慣などの紹介、中国流行曲「あの歌、この歌」、お便りへの返信などなど軟派の番組が登場し始め、対談などでの笑いもそのまま流すようになっていった。しかし生放送だけは技術的な事情もあったのだが、主に政治的な判断から、残念ながら、私が1980年に放送局を離れるまで実現には至らなかった。有名人との対談コーナーでは、常に周囲にアンテナを張ったが、その努力の甲斐あって、多数の著名人との対談または取材が可能となり、例えば司馬遼太郎、陳舜臣、裏千家家元、小沢征爾、さだまさし、栗原小巻、最後の皇帝溥儀の弟の傅傑など、出演者は多士済々となり、おかげでリスナーからは、これまでにない反響を頂けたのである。さらに年末にはNHK紅白歌合戦に倣って、「紅白歌比べ」と

銘打って、各部からの出し物を番組仕立てにして流したのもこの頃である（上の写真は著者がギターの弾き語りをした時の模様）。これがまた評判になり、たくさんのファンレターを頂くばかりか、わざわざ北京まで会いにくるリスナーが出たほどである。北京放送は日本でも聞けるが、中国国内にも日本語の学習などの目的で多数のリスナーがいた。しかし、当時は一種の秘密主義で、まだ実名でアナウンスはできず、ペンネームのような偽名が使われていた。僕の場合は「リュー・コーメイ」という名で、「コーメイさんに合いたい」という中国人のリスナーは、自慢ではないが少なく無かった。そんな中、宿舎に直接尋ねてきた見知らぬモダンで魅力的な「美女」とは、誘惑に負けて、誘われるまま、当時、放送局のホールや、三里河の煤炭工業部、民族文化宮、高級幹部の自宅など、市内各所で開催されていた「公式の」ダンスパーティーに

毎週出かけ、「合法的に」ほっそりとした腰を抱き寄せ、チークダンスに心躍らせ、よく自宅に呼ばれ、小学校の校長をしていたお母さんの作った餃子をご馳走になったものだった。当時は男女が付き合うということは結婚を前提としていた。機会がなかったわけではないが、私は文革の陰影が頭をかすめ、思いとどまったと言うべき状態だった。

職場での食事は、ビル内の食堂でとったが、食券を一カ月分購入し、毎日、焼きナス、チンジャオ・ロースーなど三～四品のおかずを選び、ご飯、マントー、肉まんなどの主食、そして大きなバケツのような容器に入ったスープを自由に汲むというものだった。福州での「思想改造」期間中の食事に引き比べて、遥かに恵まれて「文明的な」メニューだった。

１９８０年10月、私は十一年を過ごした中国を離れて香港へ行くことになる。僅か五年間の北京放送局での勤務だったが、生活自体けっして豊かではなかったものの、充実した五年間であった。今でも毎月のように北京に行く。ＰＭ２・５が猛威を振るおうと、北京独特の空気や人情はやはり昔のままだ。

現在、北京放送を聞いておられる方も少なくないだろうが、この放送にもこんな「過去」や「歴史」があったのだ。

（林　為明）

8

1980年代の北京留学

★毎日が異文化体験、懐かしの留学生活★

私が初めて北京に留学したのは１９８４年の夏のことだった。留学先は北方工業大学。北京の西の五環路の近くにあるその大学周辺は今でこそ住宅地や商店が立ち並ぶ便利な場所となったが、１９８４年当時は北京の市街地図にも載っておらず、当時一路線だけあった地下鉄の終点「苹果園《へいかえん》」からさらに三三六番バスで三つ目の「西黄村《せいこうそん》」という辺鄙な場所にあった。

留学生は招待所という学校が運営している簡易ホテルのような場所に住んでいたが、部屋は二人部屋でもちろんバス、トイレはなく、ベッドが二台と物入れ、机、洗面器しかなかった。

当時、北京市では電力不足を補うため週に一日停電日が設けられていた。朝の8時ごろから夕方の5時ごろまで停電した。停電すると断水もするので、停電日の時は朝起きるとまずは洗面器に水を汲みに行き、ポットにお湯を入れにいった。それで夕方までを過ごすのだ。トイレは一応水洗だったので、できるだけ断水の前に用を足すようにしていた。予定されていた停電日以外にも月に数回は突然停電することがあった。夜に停電すると文字通り真っ暗なので各自ろうそくを用意していた。ほかにすることもないので、一部屋に集まって電気がつくまでおしゃべりをした。困ったのはシャワーを浴びているときに停電することだ。シャワーは各階に一つしかなく夜の11時までと決められていて、11時ピッタリまたは数分前に突然お湯が水に変わったが、停電になるとその水も出なくなるので、頭や体を洗っている最中に停電した場合は、とにかく水が出る数分の間にせっけんやシャンプーを洗い流し、体を拭かなければならない。洗濯中に停電した場合もかなり困ったことになった。招待所にただ一つあった洗濯機（ただぐるぐる回るだけで脱水機能はない）はアメリカ人留学生が靴を洗ったため、火を噴いて壊れてしまい、洗濯は手洗いとなっていた。すすぎの前に断水してしまえば、その日は洗濯をあきらめるしかなかった。

日本から小包を送ってもらう場合は、郵便局まで取りにいかなければならなかった。友達に付き合って、学校からバスで三駅のところにある郵便局まで取りに行き、インスタント食品や缶詰などのおこぼれに預かった。当時は日本の食品などはほとんど手に入らなかったので、日本から荷物が届くことは私たち留学生には一大イベントでいそいそと郵便局まで取りにいったものだ。雑誌なども送ってもらったが、水着の写真などは切り取られている場合があり、そのページには「健全な内容ではないので切り取った」と書いたメモが入っていることがあった。それでも、男子留学生は中国人の男子学生に見せると大変喜ばれるので、雑誌の『プレイボーイ』などを日本からよく送ってもらっていた。

中国人学生の寮の不便さは私たちの招待所の比ではなかった。男子は8名、女子は6名一室で、二段ベッドの他には一部屋一つの共通の机しかなかったので、学生たちは部屋にはあまりおらず、大抵は図書館か教室、校庭のベンチなどで勉強していた。風呂は一週間に二回程度と決められていたようだ（チケット制だったと思う）。薄暗い廊下の上にはロープが張られていて、きちんと絞っていない洗濯ものから水がポタポタとたれるので、いつ行ってもジメジメとしていた。

食事は招待所の食堂で食べていたが、昼食は授業が終わってから行くとほとんどなくなっていた。留学して一週間目の頃、昼食のため長蛇の列に並び、ようやく自分の番になったのでおかずを選ぼうとしたら、すでにどの入れ物（洗面器のような容器におかずが入っていた）も汁しかなかった。食堂のおねえさんはその洗面器を一つにまとめ、お玉でぐるぐると回してご飯の上にかけてくれた。私は、どうしてこんな豚のえさみたいな残飯を食べなければならないのかと思って涙が出てきたが、直にそれにも慣れた。当時、八カ月の留学で男子は大体痩せて帰国したが、女子はほとんどが肥って帰国した。

娯楽は今ほど豊富ではなく、校庭でスポーツをやる人が多かった。教職員はバドミントンをやる人が多く、学生はぼろぼろのコートでバスケをやっていた。夜は大体週に一度は映画が見られた。一回5元だったと思う。冷房がないので夏は汗まみれになりながら見ていた。停電になると最悪だった。そのほか、体育館の地下では社交ダンスもやっていた。私も誘われて行ったが、社交ダンスが難しかったのと、核シェルター用に作られた地下室に行くにはいくつものコンクリートの分厚いドアを通らなければならず、少し怖かったので直にいかなくなった。

娯楽で一番楽しいのは何と言ってもおしゃべりである。招待所の服務員さんたちは自分たちと年齢が近い人も多かったので、夜勤の時などよく部屋に遊びに行き、ヒマワリの種を食べながらおしゃべりをした。冬は女性は大抵セーターを編んでいた。私も彼女たちからセーターの編み方を教わって一緒にセーターを編んだ。中国の歌も彼女たちから教えてもらった。学校の中に住んでいる先生方も多く、ご飯に呼んでくれたり、テレビを見せてくれたりした。当時、日本の「おしん」を北京で放映し

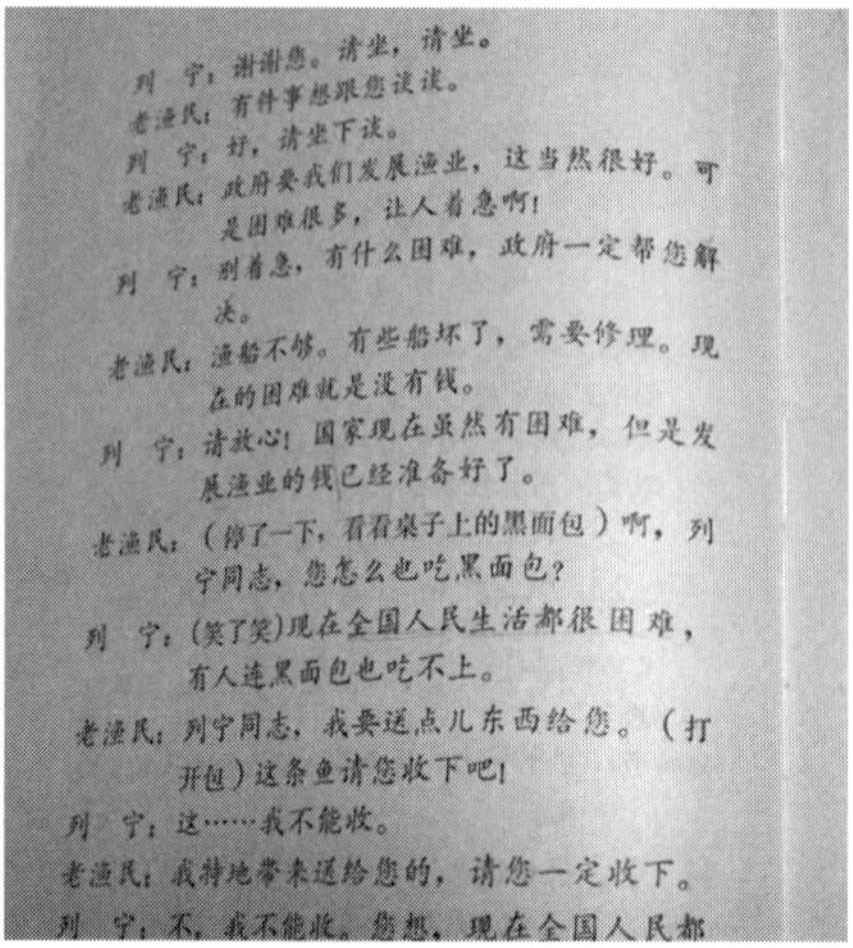
谢谢您。请坐，请坐。
列　宁：有件事想跟您谈谈。
老渔民：好，请坐下谈。
列　宁：政府要我们发展渔业，这当然很好。可
老渔民：是困难很多，让人着急啊！
列　宁：别着急，有什么困难，政府一定帮您解决。
老渔民：渔船不够。有些船坏了，需要修理。现在的困难就是没有钱。
列　宁：请放心！国家现在虽然有困难，但是发展渔业的钱已经准备好了。
老渔民：（停了一下，看看桌子上的黑面包）啊，列宁同志，您怎么也吃黑面包？
列　宁：（笑了笑）现在全国人民生活都很困难，有人连黑面包也吃不上。
老渔民：列宁同志，我要送点儿东西给您。（打开包）这条鱼请您收下吧！
列　宁：这……我不能收。
老渔民：我特地带来送给您的，请您一定收下。
列　宁：不，我不能收。您想，现在全国人民都

当時使っていた講読の教科書の表紙（左）と「レーニン同志と黒パン」のページ

ていて、「おしん」の時間になると街から人がいなくなるというほど流行っていて、よく「おしん」に関する質問を受けた。「おしん」の旦那さんへの批判が多かったと思う。そのほかには山口百恵に関することもよく話題になった。「赤い疑惑」（中国語題は〝血疑〟）も放映されていたことがあり、山口百恵は大人気だった。

授業は共産主義や共産党を褒め称える内容が多かった。私が覚えているのは「列寧同志和黒面包（レーニン同志と黒パン）」という講読の授業の本文だ。レーニンはソ連で指導者になった後も贅沢をせず、質の悪い小麦粉で作った黒パンを食べていたというものだ。これは寸劇仕立てになっていて、セリフを覚えさせられて教室で演じたのを覚えている。その他、周恩来は電気代を節約するためにワイシャツの襟に生涯アイロンをかけなかったという内容もあったと思う。社会科の先生は、授業中しきりに「按労《アンラオ》分配《フェンペイ》（労働に基づき分配する）」という言葉を使って

いたので、私たちは陰で「按労分配」と呼んでいた。社会主義では「按労分配（労働に基づき分配する）」だが、社会が進歩し共産主義が実現した時には「按需分配（必要に基づき分配する）」になるそうだ。「按労分配」も「按需分配」も今では死語になってしまったのではないだろうか。

現在、私は大学で中国語を教え、学生を北京に留学させる側となっている。数年前、北方工業大学に日本人留学生を訪ねたことがある。パソコン教室での現代的な授業、生活面ではテレビ、エアコン、インターネットと、留学生を巡る環境はこの三十年間で驚くほど変化していたが、その本質はあまり変わっていないように感じた。文化や価値観の違いに戸惑いながらも、先生、学生、学校で働く人々と知り合い、友情を深めていく。中国語のレベルが上がるに従って、周りの状況も理解できるようになり、学校側とも様々なことを交渉できるようになる。住環境もそれに伴って快適になっていく。その一つ一つが自分たちにとってはかけがえのない経験であり、勉強だった。

今の学生も留学から帰ってくると見違えるようにたくましく成長している。そして、北京に留学した学生はみな例外なく北京が大好きになって帰ってくるのである。

（関口美幸）

9

北京奇譚

★北京ビジネス往来35年★

中国では古来、日本の「雨月物語」へと脱化したとされる「聊斎志異」に見られるような怪異が多く語られているが、以下に紹介するのは、北京往来三十五年になる筆者が、ビジネスの現場で実体験した出来事である。三十五年ともなると色々なことを体験する。

1981年より私は勤めていた会社のビジネスで北京との間を頻繁に往復していた。今から二十二年前の1994年に最初の日中合弁食品工場を朝陽区に立ち上げ、時代の趨勢もあり順調に業績を伸ばしていた。その後1999年既存工場が手狭になったこともあり、北京市内に第二工場を設置することになった。翌年通州区の窰上村（当時は通県の徐辛荘と呼ばれていた）に、土地の所有権者と借地権購入契約を結び工場建設の準備に取り掛かった。

先ず最初は工場建設の前段階で起る。現場の敷地には我々が入手する前、鋳物工場があったと聞かされていた。当時敷地内には旧工場の残骸、鉄骨の柱や骨組み、崩れ落ちた窓枠や格子、そして厄介なことに鉄製の煙突が四方からのケーブルに支えられてそのまま放置されていた。勿論これらをすべて片付けなければ次の作業に入れないのだが何せカネはかけたくない。問題の煙突も含めてそれを解体して片付けるだけで屑鉄の売却代金を上回ってしまう。そこにうまい具合に屑鉄屋が飛び込んで来た。そこでこの屑鉄業者に「全部自分達で撤去してくれれば金物はただで持って行っていい」と言ったら即座にＯＫした。そこで全作業をその業者に任せたのだが、プロであるはずの彼等の作業員がケーブルを切断しようとして煙突に上ったところ、あろうことか十数メートルの高所から転落してしまった。幸い一命は取りとめたが重傷を負い病院に担ぎ込まれた。これが始まりだった。

次の事態はより深刻だった。工場敷地の整備も何とか終了し基礎工事を始めたばかりのときに事は起きた。北京では基礎に鉄棒を固定してレンガを積み上げ、その間をセメントで固めて行く工法が一般的であるが、まさにその工事の最中、積み上げたばかりのレンガ壁の前を工事作業員の一人が通りかかった時、何の前触れもなく突然レンガ壁の一部があろうことか作業員側に崩落して来て圧死してしまった。即死ではなかったが作業員は病院で息を引き取る。現場はレンガが崩れて来て人が亡くなる等ということは凡そ想像し難い場所だ。

取り壊す前の旧工場　正面に件の鉄製煙突が

その後もさらに奇怪な事件が続く。やがて工場建家は竣工し、新工員のトレーニング等初期作業

道路補修前の風景　工場を背に前方正面が国道

を進めていた矢先のこと、将来の工場長を嘱望されていた当時未だ三十前の青年が、夜半の午前0時過ぎ（当時工場は未稼働で、まして夜勤等もない）一人宿舎から抜け出し、工場を出て国道を、夜間でも開いている商店が少しはあった方向とは逆の真暗な何もない方向へと歩いて行った。国道は、通県の県庁から工場の前を通って環状幹線道路とを結ぶ、四車線の車道と端には歩道のある幅の広い道路だ。この道路を逆方向から来た車が彼をはねた。即死だった。当時、当然地元公安も調査したのだが、この時彼をはねた車は未だに分って居らず、また面妖なことに彼が誰にも告げず一人何のために工場を出て何処に行こうとしていたのかも未だに分っていない。

短期間のうちにこれだけの奇怪な事件が起り、我々は胸騒ぎが治まらない。そこで河北省から風水師を招いて工場をつぶさに検分してもらうことになった。風水師は土地の方位等を見るため、直径20センチメートル程の大きな指南針磁石を持参して来た。怪しいことに磁石盤上の針は一定の方向を指して止まらず、我々の眼前でくるくると回転してしまう。我々は地磁気のせいかと考えたのだが、当の風水師の顔は曇っていた。一通り見終えると彼は我々がここにやって来る以前の情況について尋ねた。我々は土地所有者から「以前ここには鋳物工場があり、商売がうまく行かず契約の途中で工場を止めて去った」と聞かされていた通りのことを答えた。すると彼は「そんな簡単な話ではないだろう、もし生きて退去出来たのなら彼等は運がよい」などと言った。そして我々に工場の方位方角、不整地の問題とその対処方法、工場施設の配置、水（井戸）の位置、火（ボイラー）の位置、植樹すべき場所等々細かく指示してくれた。

同時並行して工場では出入口とトレーラー搬入路の拡幅工事を進めていた。丁度その場所に土饅頭が当時は狭い畑の畦道に7～8基点在して居り、これに立退料を払って移転してもらっていたのだが、整地発掘作業を進めて行くと最後に骨壺ではない大きな木棺が土中から出て来た。一般に筆者が北京で知人などの葬儀に参列して目にする火葬用の柩は合板製で薄いが、この時出て来たものは杉材で造られて居り、やはり筆者が雲南省の楚雄の農家で見た、子供が親の生前に贈り家の中に安置しておくような厚さ5～6センチメートルはあろうかという立派な土葬棺だ。作業員が蓋を開けると中からナイロンフィルムに巻かれた未だそう古くない（後で聞いた話では七年前に埋葬された）老人の遺骸が出て来た。腐乱して居り、作業員は数日間食事がとれなかった。１９８５年公布の国務院「殯葬《ひんそう》管理規定」によれば、この辺りでは土葬は禁止されている

最近の工場　正面入り口付近と補修後のコンクリート道路

はずなのだが、何故か我々の工場入口の真ん前から土葬棺が出て来た。我々は知らずにその上を歩いて工場を出入りしていたことになる。

これはいよいよ只事ではないと考えた我々は、紹介者を経て北京にある古刹の高僧を現場に招いた。無論加持をお願いするためだ。何せ上記したすべてのことは、極めて短期間のうちに現場及び周辺のごく狭いエリアで起きている。大師は現場をつぶさに見て回ると、我々工場幹部に対して戒めを説き、更に問題の所在とその対処方法を教えてくれた。不思議なことに風水に関しては、先の河北省から招いた風水師と全く同じことを指摘した。大師には徒弟を伴って二度も御光来頂き、加持、焼香、読経をして頂いた。筆者はこれを縁に大師とは今もお付き合いさせて頂いている。

結果、この通州区の工場は今年で既に十六年になるが、その後、人身事故等訳の分からない事件はぴたりと止み、今日に至るまでただの一度も起きていない。また幸運に恵まれ事業も発展を遂げ、今では当初の工場の外、順義にも工場が出来て生産が行われている。北京でのビジネス三十五年間ともなると色々なことを体験する。

（増田隆充）

10

様変わりする北京の日本人

★日中間の立場が逆転★

1990年代末から2002年ごろまで、北京にある中国社会科学院の大学院に約三年間留学した。その後、2007年春から新聞社の特派員として約十年間も北京に駐在している。二十年近くの北京の変化を目の当たりにしてきた。道路が広くなり、高層ビルが多くつくられ、町並みが世界的な大都会となったほか、中国人の生活も豊かになり、価値観も大きく変わった。それに伴い、北京で生活する日本人も様変わりしている。

◇

勤め先の産経新聞中国総局から車で北東へ約20分の所に、駐中国日本大使館がある。近くには日本料理店街があり、仕事の終わりに仲間と一杯やりにいく。最近、どの店に入っても「いらっしゃいませ」と流暢な日本語で迎えられるようになった。日本人留学生の店員が急増したからだ。

物価の上昇で貯金や家の仕送りだけではやっていけなくなった彼らは、午前中に大学へ行き、午後から夜にかけてアルバイトをする。週五回も働けば毎月2～3千元は(1元≒15円)稼げる。贅沢しなければ一カ月分の家賃と食費は賄える。給料は中国人スタッフより少々高いが、日本語が話せて素直で働き者が多いので、店側も彼らを好んで雇う。

しかし問題もある。留学ビザで中国に来ている彼らは、本当は働いてはいけない。千葉県出身のある男子大学生が耳打ちしてくれた。「当局に見つかったら、店は罰金、自分たちは日本に強制送還されるかもしれない」と。

多くの日本の若者がアルバイトをしている北京の繁華街。日本料理店が集中している

筆者が大学生だった二十数年前のことを思い出した。あの頃、東京の中華料理店には中国人留学生の店員が多かった。今の中国同様「留学生は就労してはいけない」という話を聞いたことがある。

◇

最近、このような日中間の立場が逆転する現象がほかでも起きている。三十年ぶりに北京駐在となった大手企業の幹部からこんな話を聞いた。

前回駐在の１９８０年代は、中国の友人をよく高級レストランに招待した。一回の食事代は中国人一カ月分の給料を超えるが、日本人にしてみれば、一週間のタバコ代程度だった。中国人はお返しとして日本人を家に呼び、水ギョーザなどをご馳走してくれたという。

しかし今回の赴任では、中国人が食事代を支払うことが多くなった。高級レストランでは2万元を越える事もある。「お返しする予算がないので中国人を自宅に招き、妻が作った巻き寿司を振る舞った」と、この幹部は言った。「三十年前の貧乏中国人の気持ちが良くわかった」と悔しそうだった。

◇

中国の名目GDP（ドルベース）は2010年に日本を上回り、米国に次ぐ世界第二位に浮上した。14年には約11・0兆ドルと、世界第一位の米国（17・9兆ドル）の0・6倍、世界第三位の日本（4・1兆ドル）の2・7倍になった。

経済面で中国に追い越されたことに、多くの日本人はショックを覚えているようだ。しかし悪いことばかりではないような気がする。

1990年代までに中国で生活した日本人は、企業から派遣されたいわゆるエリートサラリーマンが多かった。中国人と比べて遙かに裕福な生活を送っていた。職場で上から目線で中国人と接することが多い。高級レストランやナイトクラブで贅沢三昧な生活を送り、日本に妻子がいるにもかかわらず、中国人の若い女性を愛人にするなど、中国人の間で評判が良くない人もいる。

しかし、最近の北京には、こうした〝貴族日本人〟は激減した。美容師や料理人、歯科医師などいわゆる中国人を相手に商売する日本の職人が急増した。高級マンションではなく、中国人と同じようなアパートに住み、中国人と対等に付き合う〝普通の人〟が多くなった。2012年以降、尖閣や歴史認識問題などをめぐり、日中関係は悪化したけれど、北京に住む日本人の評判は逆によくなったようだ。

例えば、北京市東部にある複数の日本人が経営する美容室がある。当初は北京在駐の日本人を相手にしていたが、「センスがよい。接客態度が丁寧」などを理由に、中国人の間で評判が広がり、人気を集めている。こうして、北京在駐する日本人を通じて、日本人の良さが徐々に中国人に理解してもらうようになった。

中国の大学に留学する日本人の考え方も大きく変化した。二十年前は、三国志に魅了され、または、漢方薬の知識、墨絵の技法を身につけたいために渡ってくる人が多かった。しかし最近、中国の文化に対する興味よりも、高度成長する中国でビジネスチャンスを摑むために留学してくる人が増えた。「将来は中国で音楽関係の仕事をしたい」「日中交流のイベント会社を創りたい」といった目的意識を持った人が多い。

◇

ここ数年、北京で出会った十人以上の日本の若者と交流したが、とても素直で、中国のことを一生懸命勉強し中国社会に溶け込んでいる。中国語の会話力は、中国在住の日本人では20代が最もレベルは高い。その次は30代、40代と年齢が上になるに従って下がって行く。数十年間も中国と関わる仕事をしてきた60代以上の方の中にも、日常会話すら出来ない人もいる。日本人が重宝されていた時代は、中国側で通訳を用意していたので中国語を勉強する必要はなかった。

面白いことに、中国人の日本語レベルは逆だ。日本と関わる仕事をする人の中で、60代、70代の中国人の日本語が最もうまい。年齢が下がれば下がるほど日本語ができず、日本に関する知識も少なくなる。「英語が出来れば十分だ」と公言する中国外務省の日本担当の若手官僚もいる。彼らは、上から目線で日本を見ていることを隠そうとすらしない。

「謙虚使人進歩」（謙虚さは人を進歩させる）という中国のことわざがある。改革開放初期の中国人は、何でも日本から学ぼうという姿勢があった。今日の成功を導いた理由の一つと言えよう。しかし、経済成長とともに、中国人からこうした態度が失われつつある。

逆に、謙虚さと素直さを保ちながら、良いものを一所懸命吸収しようとする日本人が北京で増えた。このような姿勢を保ち続ければ、中国を再逆転のチャンスはあるかもしれない。


（矢板明夫）

III

北京の歴史
―史跡と町並み

11

北京以前

★北京の歴史①★

ここでは北京の歴史の、いわば前史にあたる部分を書いておきたい。

ご存知の方も多いと思うが、「北京」という語には、いくつかの枠組みが重なり合っている。故宮や天安門を中軸にし、1960年代まで城壁に囲まれていた（現在では地下鉄や二環路に囲まれている）「北京城内」とでも呼ぶべき空間。次に、現在の都市としての北京。城外への都市部分の浸出は、すでに清朝時代から始まっていたが、最近の地図を見るとずいぶん周辺まで都市空間が広がり、城壁を踏襲した二環路《にかんろ》から始まって、現在では六環にまで環状道路は拡がっているし、ずいぶん郊外まで地下鉄も伸びた。そして、行政区画としての北京特別市。これは四国くらいの面積を持つ。

このうち、北京城の都市プランは元の大都城に始まり、その前史としての金の中都城を考えても、我々が日常的に北京という単語でイメージする空間に都市が築かれてから、八百六十年あまりが経過している。では、もう少し広い範囲、北京城を取り巻く平原地帯には、どのような歴史が興亡したのだろうか。

西郊房山の周口店の北京原人とその遺跡で知られるように、

第11章 北京以前

旧石器時代にはこの土地にヒトは居住していたし、新石器時代の遺跡もあるが、それらは略して、歴史時代の「北京」（ここでは以下、広い北京を指す）での興亡のあとを見ていきたい。

となると、北京の西郊外にある琉璃河《るりが》遺跡から話を始めることとなる。

前11世紀、周が王朝を開くと、黄帝の子孫を薊《けい》に、建国者武王の弟である召公奭《しょうこうせき》を燕に、それぞれ封じた。この燕国の都のあとが、北京の西南、大石河に面した琉璃河の遺跡である。琉璃河遺跡からは、城壁に囲まれた都市と宮殿、墓葬などが多くの遺物を伴って発見されている。勢力を増した燕国は、薊国を滅ぼし、薊城にその都を遷した。場所は、北京城の西南部分にあたる。この「燕」が、北京の別名として今日まで用いられている。燕は南の強国斉《せい》に攻め込まれ危うい時期もあったが、昭王（前３１２〜２７９）の時代に回復し、光明皇后の「楽毅論」で有名な名将楽毅《がくき》のもとで前3世紀の前半には、列国と共同して斉の都の臨淄《りんし》にまで攻め込んでいる。しかし、昭王の死後国力は衰亡し、西方で勢力を強大化した秦によって、前２２６年に薊城が落とされ、前２２２年に燕国は滅亡した。

前２２１年に天下を統一した秦は、全国を36の郡に分け、現在の北京一帯は、広陽郡に属したが、郡の首都は薊城に置かれた。また、次の漢では、この地域は、天下十三州の一つ幽州となったが、やはり薊城が中心都市で、北方の中心都市としての北京の位置は変わらなかった。ちなみに、現在北京に残る最古の石刻は、後漢一〇五年の「幽州《ゆうしゅう》書佐《しょさ》秦君神道闕《しんくんしんどうけつ》」（北京石刻芸術博物館）である。

話は隋唐時代に飛ぶ。いくつかの大きな事件が、この地域をめぐって発生した。

後漢王朝の崩壊後天下は分裂と結合をくりかえすが、南北両朝に分かれた天下を、５８９年に再び統一したのは隋の文帝だった。隋では琢州《たくしゅう》、唐では幽州とこの地域は呼ばれ、薊城は幽州城と呼ばれるようになった。最初の大きな事件は、東北にいた高句麗《こうくり》との戦いの前線基地としての幽州であった。隋の文帝、煬帝、唐の太宗はいずれも、東北地方から朝鮮にかけて勢力を有していた高句麗への派兵をおこなったが、幽州はその後方兵站基地としての役割を担った。

とくに、煬帝によって建設された大運河は、当時すでに生産力の重心が遷っていた江南の富を政治の中心である北中国へ輸送する役割を持っていた。永済渠は黄河から天津を結ぶ、大運河の最北部分だが、薊城の近くを通っていて、この都市が、兵站の中心として機能した。しかし、いずれの遠征も失敗した。644年に親征から帰国した唐太宗は、陣没した将兵のために、幽州城の東南部分に寺院を建立する。これが憫忠寺《びんちゅうじ》で、名前はのちに法源寺と変わるが、今日でも唐代の文物を伝えている（地下鉄四号線陶然亭駅から徒歩）。

幽州は742年に范陽郡《はんようぐん》と改名されるが、そこを根拠地とした范陽軍節度使に任命されたのが、安禄山だった。はじめは玄宗皇帝に寵愛されていた安禄山だが、756年に兵を起こした。安禄山の死後も後継者の史思明、史朝義と継がれ、763年まで反乱は続く。彼らの名乗った国名は大燕で、范陽を燕京と名付けた。なお、史思明の墓に納められた石冊が出土している（首都博物館に展示）。

ところで、広義の北京にとって重要な事業が隋代に始まっていることを付記しておきたい。それが「房山石経」の大事業である。北京西郊の房山区、周口店からもそれほど遠くないところに、雲居寺という古寺がある。遼代の塔（東西両塔のうち一方は日本軍の爆撃で消滅した）などでも知られる寺だが、最も有名なのは、隋の僧静琬《じょうおん》によって始められた石経事業である。仏教の全経典を石に刻して後世に残そうとするこの事業は、それから千年以上かかって、1万4728枚の石板として達成され、今日に伝わる。

10世紀、唐王朝の滅亡後には、劉守光《りゅうしゅこう》がこの地に大燕国を建てて独立したが、やがて後唐《こうとう》に吸収される。そして、後唐を滅ぼして後晋《こうしん》を建てようとした石敬瑭《せきけいとう》は、９３８年、北方の大国契丹＝遼の協力を得るために、国境線の16の州を引き渡すこととなり、北京の地もそれに含まれた。以後、北京は遼の領域となる。じつは、これ以降約千年間、明の三百年間を除いて、北京は非漢民族の支配者をいただくこととなる。北京の街としての個性は、この長期の異民族支配とかかわるという意見はよく聞く。

幽州を割譲された遼は、ここを陪都《ばいと》とし、南京《なんけい》幽都と名付けた（のち、南京析津府《なんけいせきしんふ》）。遼を滅ぼして、北中国の支配者となったのは金王朝で、１１５３年に当時の金の支配者、海陵王完顔亮《かいりょうおうかんがんりょう》は北方のハルビンあたりにあった上京会寧府からの遷都を決行した。彼自身は間もなく殺されるが、北京はそのまま都であり続けた。中国の国都としての北京はこの時に始まるとされる。２００３年には、建都八百五十年祭が祝われた。以下、次章の担当者に引き継ぎたい。

『北京市中学郷土教材　北京歴史』

少し古いが、１９８０年代に北京で購入した、「北京市中学郷土教材（試用）」の『北京歴史』という本がある。日本風に言えば、中学1、2年生を対象とした「郷土の歴史」の教科書だが、この章で対象とした時代を見ていくと、社会経済的な項目以外は、大項目はほぼ重なっているようなので、必要最小限の歴史は概説できたのではないかと思う。

最後に。

この後の時代も含めて、北京の歴史を知るには、実物を見るにしくはない。地下鉄一号線軍事博物館駅から遠くない首都博物館には豊富な資料による北京通史の展示がある（常設展示無料）。機会があれば一度立ち寄られることをおすすめする。もう一つ、日本語で書かれた簡便な北京通史として、『地球の歩きかた　北京』の北京の歴史の部分がある。これは、ある東洋史の大家が書かれたもので、要を得た概説である。

（森田憲司）

12

元の大都から北京へ

★北京の歴史②★

北京が歴史の表舞台に踊り出るのは、前章でも触れられた、契丹族による契丹〔遼〕の南京、女真族による金の中都、そして本項で触れるモンゴルによる元の大都の時代ということになる。かれらは「征服王朝」とも称され、これまでは漢族王朝との対立図式で捉えられがちであった。しかしながら近年では、こうした見方に修正が迫られつつあり、むしろ遊牧民を中心に据えた視点から理解されるようになってきた。北部や西部から中華世界への侵入が繰り返されたとはいえ、この時代は北の遊牧世界と南の農耕世界とでそれぞれ別個に統治が行われたことにより、むしろ混乱の解消された、長い中国史の中でも比較的安定した時代であったとも言える。北京は、遊牧世界と農耕世界とが拮抗する接点に位置したため、契丹〔遼〕・金・元代になって脚光を浴びることになった。

1153年の海陵王《かいりょうおう》の遷都によって燕京《えんけい》が中都となり、北京が政権の所在地となる。海陵王遷都を北京の首都としての第一歩とみなすことは前章で触れられた通りである。

現在、北京市の西南角にあたる豊台区《ほうだいく》鳳凰嘴村《ほうおうしそん》には金代の城

図1　北京遼金城垣博物館

壁の一部が残されている。また同じく豊台区には北京遼金城垣博物館がある（【図1】）。館内には遼金時代の墓誌をはじめとする出土品が数多く展示されているのに加え、地下一階の広大な空間には金代の水関《すいかん》（城内の水を城外に排水する施設）の遺構がそのまま保存されている。金の中都の痕跡が北京市西南部に残されていることに注目したい。

1206年、モンゴル高原の各地に割拠していた遊牧民族の中から、テムジンが他の部族を糾合し、クリルタイと呼ばれる族長会議において、君主に推された。かれはカンの称号を得て、以後はチンギス・カンと名乗る。

チンギス・カンがモンゴル諸部族を統一したのち、彼の子供や孫たちがイラン・南ロシア・中央アジア・中国など、ユーラシア大陸のほぼ全域を支配した。このモンゴル帝国は、そののち帝位の継承をめぐって分裂していく。

第五代カンのクビライは1260年に中統《ちゅうとう》という元号を建て、国号を「元」と定め、中華世界の本格的支配に乗り出す。1276年、杭州《こうしゅう》を攻略し、南宋を実質的に滅ぼしたことにより、中華世界が久々に統一された。中国史上初めて北方遊牧民族が江南まで領有したことになる。クビライの手によって、遼の南京・金の中都の東北に新たに建設されたのが、元の大都である。史料上、前者は「南城」「旧城」、後者は「北城」「新城」と区別されるが、南城にも元末まで人々が居住していたため、城壁で囲まれた二つの空間を広域の大都とみなさなければならない。この広域の大都がその後の明清北京城の骨格となり、現今の北京につながっていく。

大都の建設工事は1267年に開始される。まず、西郊の山地から木材等の建築資材を搬入するための運河の開削工事から始められた。皇帝が起居するための宮城は、金代の離宮の置かれた太液池《たいえきち》附近に定められ、その周辺を取り囲むように整備も始まる。そして、北にある積水潭《せきすいたん》も含めて水系を都城内に取り入れた形となり、北京は水資源の豊富な都市となる。

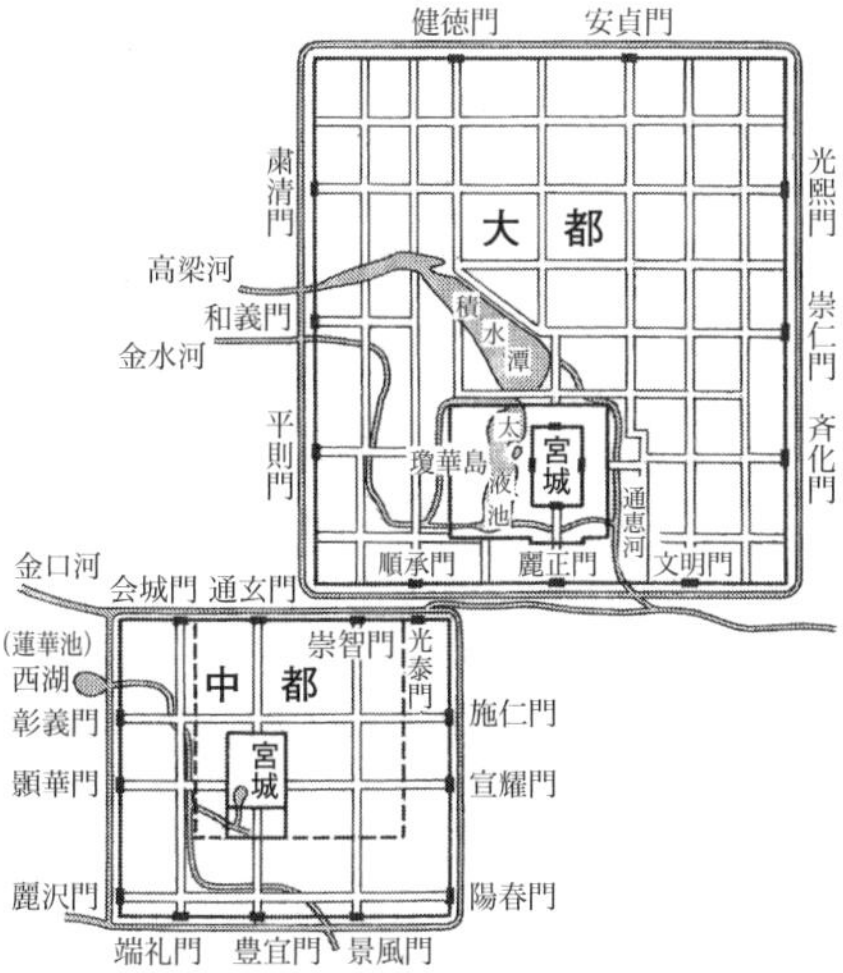

図2　金の中都と元の大都（林田愼之助著『北京物語――黄金の甍と朱楼の都』講談社学術文庫、2005年、59頁）

その結果、1921年に北京を訪問した芥川龍之介が「甍《いらか》の黄色い紫禁城を繞《めぐ》つた合歓《ねむ》や槐《えんじゅ》の大森林――誰だ、この森林を都会だなどと言うのは？」（『芥川竜之介紀行文集』岩波文庫、2017年所収「雑信一束」）と評するように、都市に注ぐ水が「森林」と見紛うほどの豊かな緑をもたらした。

1273年、宮殿の主要な部分が完成する。

大都は宮城・皇城・外城の三重構造となっ

ており（【図2】）、外城の周囲は約28キロメートルである。街路が城内を碁盤目状に区切ってはいるものの、前述のように、皇帝・皇族の居住空間である皇城と積水潭が中心部を占めていたため、場所によってT字路や斜めの街路も発生した。

１２８５年には旧城から新城への移住規定が公布される。しかしながら、一定の財産を有し、かつ官庁に勤務している人間を優先する、制限付きの移住であった。したがって、旧城＝南城は庶民の住む、新城の住人にとっての行楽地と化していく。

江南を含めた中華世界の新たな国都となった大都には、多くの官員や軍士が雑居する。突如として出現した巨大消費地を維持するにあたって、北京やその周辺の物資だけではまかないきれなかった。それゆえ、物資の供給は江南に頼らざるを得ず、元朝政府にとって、江南の物資を大都に運び入れることが喫緊の課題となった。元朝政府は二つの施策によってこの課題を乗り越えようと試みる。

まず商人に対する優遇政策を行った。具体的には、物品の販売に課せられる税金を他の地域よりも低額に設定し、かつ商人が安全に往来できるように配慮した。

もう一つはインフラの整備である。なかでも特筆しなければならないのは、１２９３年に完成を迎えた通恵河《つうけいが》――通州と大都を結ぶ50キロメートルに及ぶ運河――の開削工事である。課題は高低差37メートルの克服であったが、閘門式《こうもんしき》の導入によってそれを乗り越えた。こうして海路によって運ばれた江南の物資は通恵河を経て直接積水潭に届いた。積水潭に運び込まれた物資は、その近隣で売買されたので、現在の鼓楼《ころう》・鐘楼《しょうろう》の周辺に商業空間が現出した。

ただし、通恵河は土砂の堆積がしばしば生じた。従って、依然として陸路も重要なルートとして利

図3　元大都城垣遺址公園のクビライとチャブイの立像

用され、なおかつ大都の北部を通流していた壩河《はが》という漕運河も利用された。

14世紀半ばになると、自然災害の頻発、加えて疫病の流行などによる社会不安が急速に高まり、中国全土が混乱するなか、江南を統治した朱元璋が華北の攻略に向かう。順帝はモンゴル高原に北帰し、大都としての命脈は尽き、北京の支配は次章で触れられる明朝に引き継がれていく。

現在の北京で元の大都の痕跡を探ることはそれほど困難なことではない。地下鉄十号線に沿って大都の城壁が保護されており、東西全長9キロメートルにわたる帯状の「元大都《げんだいと》城垣遺址公園《じょうえんいしこうえん》」として整備されている。城壁はレンガを積み上げたものではなく、版築《はんちく》と呼ばれた土を固めた土城である。元の時代ではその城壁を葦で覆うことで、雨水の浸透による城壁の崩壊を防ぐ工夫を施した。公園内には数多くのモニュメントも設置されており、なかにはクビライと、彼に寄り添う皇后チャブイの巨大な立像もある（【図3】）。

（渡辺健哉）

13

明代の北京城

★近世東アジアの百万都市★

命名の始まりと遷都

北京は五朝一千年の古都と言われる。この都市が本書のタイトルでもある「北京」と呼ばれることが決まったのは、明の永楽元（1403）年正月のことであるから、すでに六百年の歴史がある。明王朝は、洪武元（1368）年8月、モンゴル勢力を北方に追いやると、元朝の都の大都を北平と改め、地方都市に格下げした。しかし、ここに王府を与えられた燕王朱棣《しゅてい》（のちの永楽帝）は靖難の役を起こして建文帝から帝位を奪うと、新たに北京と命名した。

当初は洪武以来の首都南京に対する副都に過ぎなかった。永楽帝は、三次にわたる巡幸と宮城や陵墓（長陵）の造営を経て、ようやく永楽十九年正月に北京への遷都を断行した。永楽遷都は、中国本土の南北一体化にとどまらず、中華と夷狄を統合する「華夷一統」の実現を目指すものであり、元朝時代に格段に広がった中華世界を継承しようとするものであった。とはいえ、永楽帝による五度のモンゴル親征の結末からも明らかなように、その実現は容易ではなかった。土木の変以降は、オイラト部やタタール部の侵攻に悩まされて、長城修築に終始するなど漢族王朝としての性格を強めていった。

さて、遷都から数カ月後、完成したばかりの奉天殿が落雷によって焼失した。そのため首都となったばかり北京の地位は揺らいでしまう。永楽帝の死後、あとを嗣いだ息子の洪熙帝《こうきてい》は、洪熙元（1425）年南京に都をもどし北京を「行在《あんざい》」と称することを決めたものの、南京への還都《かんと》を実現できずに病気で亡くなった。

奉天殿が再建されて行在の名称を取り外し名実ともに首都の地位を回復するのは、永楽帝から数えて三代のちの英宗正統六（1441）年11月のことである（新宮『北京遷都の研究』汲古書院、2004年）。以来、民国期に一時的に北平の名称に戻ることはあったものの、現在まで一貫してこの名で呼ばれてきた。

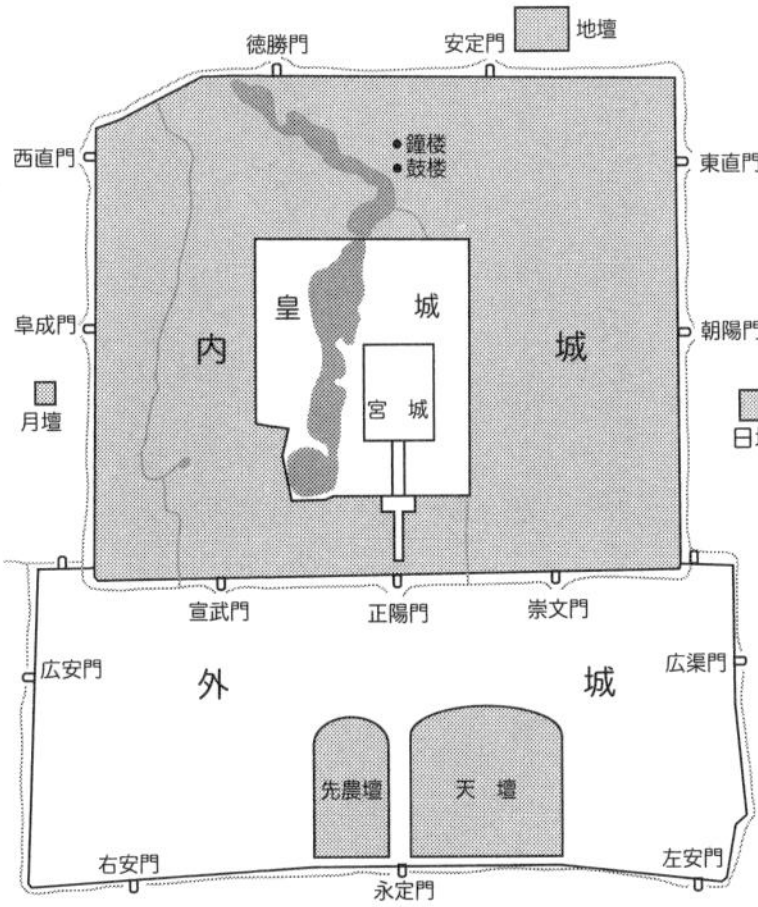

図1　四重壁の明北京城

四重壁からなる城郭都市

明の北京は、宮城・皇城・内城・外城の四重の城壁で囲まれた、典型な城郭都市である（図1参照）。宮城はいわゆる紫禁城である。遷都に先立って完成したその空間は面積約72万平方メートルで、現代に至るまでほぼそのままに保存されている。1987年、ユネスコの世界遺産にも登録され、故宮博物院

図2　明皇城東安門遺址

として国内外の観光客に開放されている。

宮城の外側を囲む皇城も、永楽十年代に大都の蕭《しょう》墻《しょう》（俗に紅門闌《らん》馬《ば》墻《しょう》と呼ばれた）部分を南側に拡張していったん出来上がっていた。遷都後の宣徳七（1432）年6月に、皇城の東側を玉河の東岸まで拡張する工事が行われた。その面積は約6・9平方キロメートルで、宮城の十倍近い広さがあった。

皇城は、明朝では宮城と同様に皇帝とその家族のみが占有する、禁地であった。清朝では、順治帝の摂政、睿親王《えいしんのう》ドルゴンも皇城内に居宅を持つなど、その禁地としての性格が薄まった。民国期になって皇城墻のほとんどが撤去され、皇城の東城墻にあたる東皇城根《こうじょうこん》北街・南街や西城墻の西皇城根北街・南街など、わずかにその名をとどめるだけであった。今世紀に入って、その城墻遺址の周辺が緑地化され皇城根遺址公園として整備された（図2参照）。皇城の禁地としての性格は、現在では共産党中央の要人が住む中南海《ちゅうなんかい》（かつての太液《たいえき》池《ち》）の西岸と府右街に挟まれた地区にわずかに受け継がれていると言えよう。

内城は庶民が住む空間で、面積36・6平方キロメートル。後述する外城部分が整備されるまでは、たんに「京城」と呼ばれていた。洪武初年から永楽遷都までのあいだに整備された。明朝は大都城を接収すると、ただちに人家の少ない北側部分を縮小し、北城壁から南に約2・5キロメートルのところに新たに城壁を築いた。これにより、明初の城内の面積は三分の二に減少していたが、遷都の準備が進められた永楽十三年に南城壁の拡張工事が行われ、南城壁を1キロメートルほど南に移し、より正方形に近づいた。南北に比べると東西にやや長い。

外城の面積は25・4平方キロメートルである。外城壁は、明後期の嘉靖三十二（1553）年に新たに築城された。外城壁建設の提案は以前にも為されていたが、アルタン・ハーン率いるモンゴル軍が北京城を六日間にわたって包囲した庚戌《こうじゅつ》の変（1550）以後に、嘉靖帝のイニシアチヴで実現した。当初は、内城全体を囲む四面重城として計画されたが、財政的理由から正陽門（前門《チエンメン》）外に溢れた人家と天壇や山川壇を含む南側部分を取り囲んだだけで終わった。北を上にすれば凸型の形状を呈するようになったが、天子南面の視線を共有していた老北京人《ラオペイジンレン》は、最後に付け加えれたことから外城を「帽子《マオツ》」とも呼んでいた。

東アジア世界の中心都市

北京が近世東アジア世界の中でいかなる位置を占めていたかについて、わが国から遣明船の副使として当地を訪れた五山僧の策彦周良《さくげんしゅうりょう》の詩文を手がかりに考えてみたい。

南北朝合一を果たした室町幕府の将軍足利義満は、応永八（1401）年に使者を明朝に派遣し、建文帝より「日本国王」に冊封《さくほう》された。一方、永楽帝は帝位を簒奪した経緯から政権の正統性を強化すべく即位当初より外国の首長に朝貢と臣礼を求めた。義満の答礼の使者は、永楽帝の即位を慶賀するものとなり、以後、勘合を賜与した定期的な朝貢を許されて日明貿易による莫大な利益を獲得した。しかし政権の弱体化に伴い、15世紀後半になると貿易の主導権は、大内氏や細川氏など有力守護大名の手に移っていた。

天文七（1538）年、大内氏によって派遣された使節の副使に選ばれたのが、策彦であった。一行は翌年4月寧波《ニンポー》に上陸し、江南運河沿いの杭州や蘇州を経て揚子江を渡り、揚州・淮安・臨清と大運河を北上して、通州張家湾から陸路で北京に向った。嘉靖十九（1540）年3月2日、京城の東南にある崇文門をくぐり玉河館（会同南館）に着いた。そこには、朝鮮や琉球、それにモンゴルからの使節も滞在していた。策彦らがたまたま一緒になったこれらの国々は、いずれも明朝と緊密な朝貢関係を結んでいた。

策彦ら一行は、18日早朝には玉河の東南にある会同館で茶飯のもてなしを受けた。館内には、「万国来同」の扁額が掲げられていた。おそらくこの北京滞在中のことであろう、策彦は「会同館」と題する次のような七言絶句を残している。「四海九州より会同（館）に来たる。土宜の献納は各《おのおの》の功を旌《あらわ》す。吾何ぞ轍《わだち》もて天下に行くを求めんや。今日親しく率土《そっと》の雄に逢えたり」（『謙齋南遊集』）。タイトルには、「北京順天府内に在る館である。万邦の正貢はここに聚まる」という注記がある。

策彦が詠ったように、北京にある会同館は四方から集まってきた天下の雄俊たちに逢える所であり、明朝との朝貢関係によって出来上がっていた中華世界の広がりを実感できる場であった。北京はまさに東アジア世界の中心として機能していたのである。

近世の百万都市

17世紀初頭、明末の北京は、百万人を超える人口を抱えた過密都市になっていた。これは、都の治安維持を担当する五城兵馬司が把握していた天啓元（1621）年の保甲統計をもとに推算したものである（新宮「明代の首都北京の都市人口について」『山形大学史学論集』11、1991年）。前述した内城と外城を併せた62平方キロメートルに城壁の周辺部分を加えても100平方キロメートルに満たない都市空間に百万人以上の人口が存在していたことになる。その賑わいの様子は、万暦年間に描かれた無名氏絵『皇都積勝図巻』（中国国家博物館蔵）からも窺うことができる（図3参照）。わが国の江戸が百万都市として登場するのは、江戸中期、18世紀になってからのことだ。当時の北京は、人口規模においても間違いなく東アジア世界の頂点に位置していたのである。

（新宮　学）

図3　正陽門外護城河周辺の賑わい（『皇都積勝図巻』（部分）首都博物館等編『回望大明——走近万暦朝』北京美術攝影出版社、2011年）

14

清から民国期に北京にいた満洲族

★八旗がつくった古都北京★

明朝は1644年に李自成《りじせい》の乱で滅びるが、その天下は長くは続かなかった。紫禁城の玉座の新たな、そして最後の主となったのは、漢人ではなく、辮髪《べんぱつ》をぶら下げた満洲人《マンジュ》であった。彼らが満洲（マンチュリア）の地に建国した清《しん》（大清《ダイチン》）は、明滅亡の報を聞くや、万里の長城を越えて李自成を逐い、北京の主となったのである（山海関《さんかいかん》を越えて入京したので、入関という）。

満洲人は、12世紀に金を建てた女真《じょしん》（女直《じょちょく》）人の後身である。彼らは遊牧民ではなく、集落をつくって畑作農耕と牧畜・狩猟を営んだが、一方でモンゴル人と同様に、馬上からの弓射を得意とし、文化面でも、漢字ではなく、モンゴル文字を改良した満洲文字を用いた。現在も紫禁城の門額などに見られるのが、この満洲文字である。このように満洲人は、都市・集落での生活になじみつつも、モンゴルに通じる質実・尚武の気風を持つ人々であった。その彼らが、国を挙げて北京とその一帯に移り住んできたのである。

一見して変わったのは、住民の姿である。寒冷な満洲に住まってきた満洲人の服装は、体温が逃げず乗馬に適した筒袖・ズボンにブーツというもので、和服と似た漢人の衣服とは全く異なっていた。しかも敵味方の識別のために、漢人も辮髪・満洲服に変えさせたのである。このため、新来・在来ともども、住民のいでたちは一変した。

北京に入った清は、習俗面だけでなく、都市空間のあり方を政策的に設計し直した。清は領土分封を行わず、王族・大臣・将兵を首都に集住させてきたが、北京入城後もこの方針を堅持し、内城の住民を立ち退かせて、軍隊に区画を割り当てて居住区としたのである。清の軍隊は八旗《はっき》といい、そこに属する将兵は旗人と呼ばれた。八旗とは八つの軍団からなり、各軍団は黄・白・紅・藍四色の縁取りのない旗（正）・ある旗（鑲《じょう》）の計八種類の軍旗によって呼称されたので、八旗と呼ばれるのである。

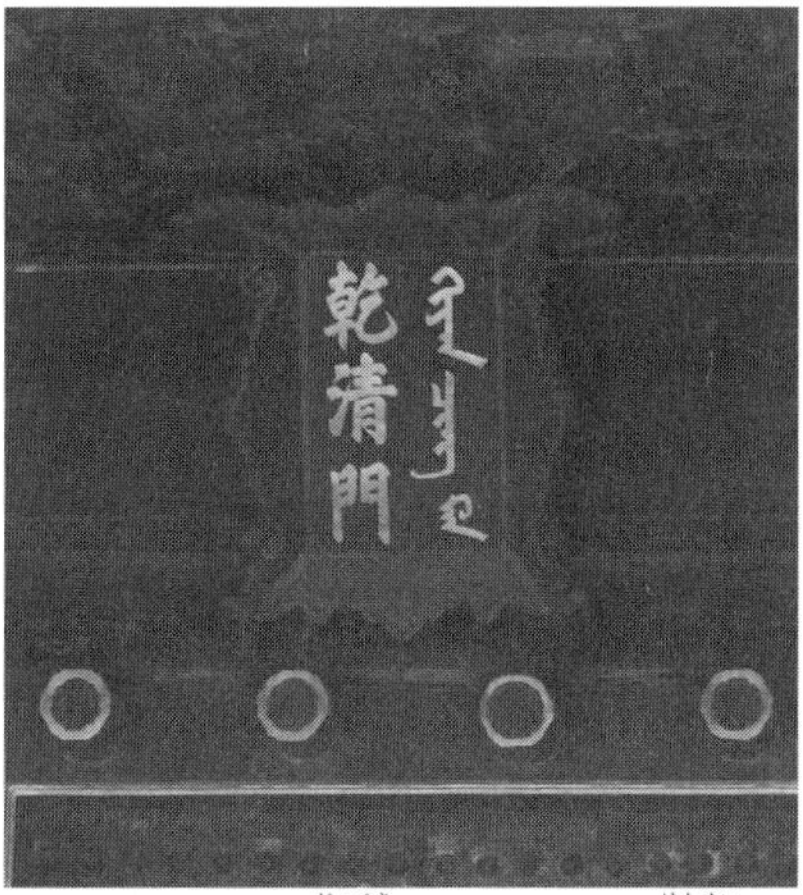

満洲文字・漢字の合壁《がっぺき》門額（紫禁城・乾清《けんせい》門）

このうち、鑲黄《じょうこう》・正黄・正白の三軍団は上三旗《じょうさんき》といって皇帝に直属し、それ以外の五旗は王族が統率した。八旗は軍事組織であると同時に、旗人たちの家族や奉公人・奴僕も含む社会組織でもあったので、彼らが大挙して移住してきた結果、内城は数十万人の旗人とその家族が兵舎生活を送る軍営都市となったのである。

内城の居住区は、紫禁城を中央として、北面に皇帝直属の両黄旗、東面に両白旗、西面に両紅旗、そして南面に両藍旗が割り当てられた。八旗は鑲黄・正白・鑲白・正藍の左翼四旗と正黄・正紅・鑲紅・鑲藍の右翼四旗（南に向って左・右というので、東・西に当る）とに

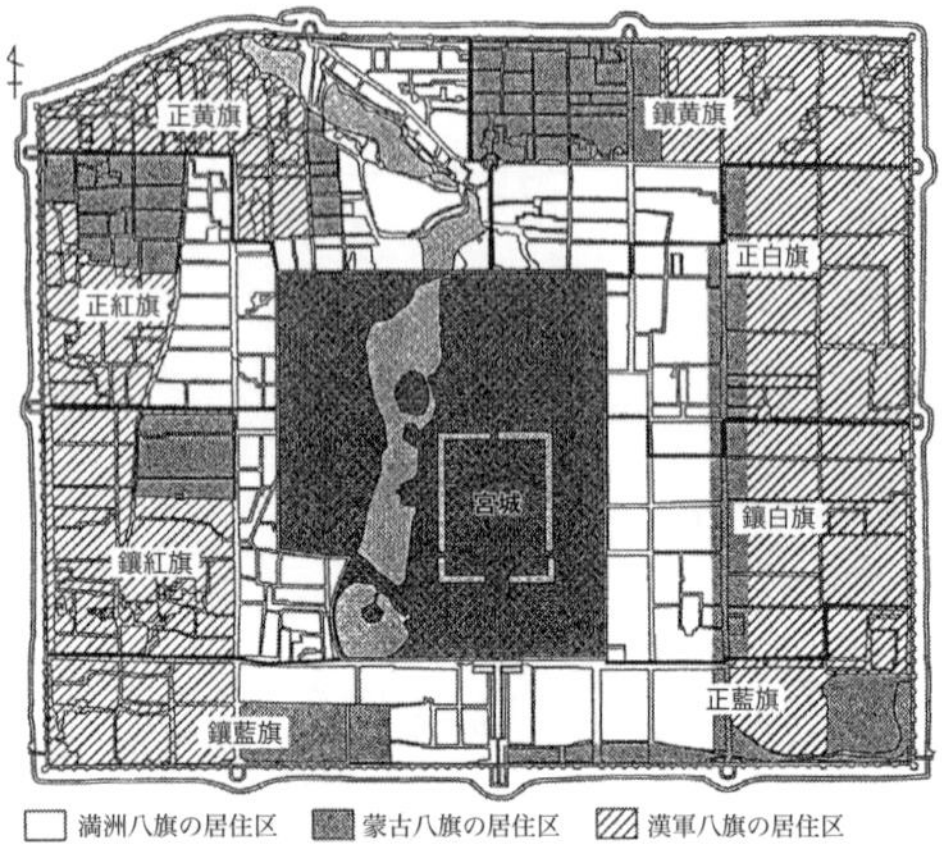

北京内城の八旗居住区（岡田英弘編『清朝とは何か』藤原書店、2009年、64頁）

分れており、この配置こそ、両翼の首位たる両黄旗を要《かなめ》として北側に据え、南に向って両翼端の両藍旗が合わさって翼を閉じた形にほかならない。つまり、内城の居住区配置は、巻狩りの陣形をそのまま当てはめたものなのであり、彼ら満洲人の狩猟社会的性格が現れている。また、八旗は主力の満洲のほか、蒙古（モンゴル兵）・漢軍（漢人砲兵）からなっていたが、各旗居住区においては、紫禁城に近い側から順に満洲・蒙古・漢軍が割り当てられていて、譜代から順に中央を固めるよう配置されていた。

北京の旧観として知られる四合院住宅の並ぶ胡同《フートン》は、今やほとんど姿を消しつつあるが、清代、その住人はこれら移住してきた旗人とその家族であった。彼らには入関時に接収した家屋が官舎として割り当てられ、四合院一軒に数家族の旗人が住まうのが一般的だった。清末に生を享けた作家の老舎《ろうしゃ》（１８９９〜１９６６）もその一人で、正紅旗満洲の近衛軍人の子としてその一角で育った。

彼ら旗人は軍人であるので、北京内外の警備も当然彼らが担った。紫禁城の警備は近衛部隊（侍衛・護軍）、市内は歩兵部隊（歩軍）が担当した。城内には、汛《じん》という警備単位が八百箇所以上設けられて歩軍の兵員が十数名ずつ配置され、巡回などを行うとともに、各管内の柵欄《さくらん》と呼ばれる木戸を管理した。名店街として有名な大柵欄《だいさくらん》も、そのような木戸に由来する。城門や木戸は夜間は閉じられ、治安維持や防火に格段の注意が払われていた。

内城の各所にはまた、王族たちの邸宅（王府）が散在し、政治・文化活動の拠点となっていた。王府には小宮廷が営まれ、麾下の旗人が伺候するとともに、王族同士や有力旗人・文人の交流の場ともなった。現在、庭園が観光に公開されている恭王府《きょうおうふ》はその一つで、清末政界の重鎮だった恭親王奕訢《えききん》（咸豊《かんぽう》帝の弟）の邸宅である。

このように、内城が八旗の世界となったのに対し、在来の漢人住民（特権階層の旗人に対し、民人と呼ばれる）は南部の外城に移らされ、「旗民分居」が清一代を通しての原則とされた。ヨーロッパ人は、このようなさまを描写して、内城を「満城《タタル・シティ》」、外城を「漢城《チャイニーズ・シティ》」と呼んでいる。外城では、正陽門・崇文門外地区が商業地として栄えたのに対し、士人層が集まった西側の宣武門外では、漢文化が成熟していった。瑠璃廠の書画骨董、宣南地域の戯曲文化はよく知られており、たびたびの禁令にもかかわらず、旗人たちも足繁く通った。

旗人は日本の武士と同様に農工商業への従事を禁じられていたので、外城地区の民人の商人が行商や御用聞きの形で浸透することは必至であり、やがて商人への借金など、旗人の経済苦が問題化していった。また、官舎の私物化が次第に進み、旗人相互や民人との間で又貸しや質入れ、さらには売買までが広く行われるようになった。このため、18世紀に入ると内城内にも民人の商店や住宅が進出するようになり、規制がくり返されたにもかかわらず、旗民雑居が進行していった。

とはいえ、内城が旗人の生活世界であったことは清末まで変わらなかった。そのため、中国文化や北京の生活文化には、旗人の習俗・文化が基層となっているものが少なくない。例えば現代の標準漢語（普通話《プゥトンフワ》、国語《グオユ》）は、内城の旗人が話していた言葉である北京官話を基礎としてつくられたものである。また、旗人の女性は纏足《てんそく》をせず、両把頭《りょうはとう》などと呼ばれる大ぶりの結い髪をし、ワンピースの上衣を着用していたが、そのファッションを基にして近代に新たにつくられたのがチャイナドレスである。これを漢語で「旗袍《チーパオ》」というのは、旗人女性の満洲服がベースとなっているからである。

京劇に代表される演芸文化との関わりも忘れてはならない。西太后の京劇愛好は有名であるが、早く18世紀から、宮廷だけでなく、王族や旗人たちにも芝居好きの習が広がっており、観客としてはもちろん、たびたびの禁令にもかかわらず、俳優や劇作家として活躍する者まで続出した。また、伴奏つきで唱われる、満洲語・漢語ちゃんぽんの語り物である「子弟書《していしょ》」という旗人文芸が流行し、それらを通して、「阿哥《アゲ》（兄さん）」など、満洲語の単語が北京の口語に入ることになった。

私たちが中国の伝統文化や古都北京の風俗と思っていることには、満洲人が遺していったものや、満洲文化を基にして形づくられたものが意外に多いのである。

（杉山清彦）

15

盧溝橋の謎

★石獅子のみぞ知る★

盧溝橋と七

中国では7はあまり好まれる数字ではない。欧米では7は幸運の数、日本でも七福神・七五三・虹の七色と多用される。ところが中国の記憶では7と言えば、1937年7月7日が最優先する。日中戦争(抗日戦争)が盧溝橋で勃発した日だからである。

この盧溝橋事件を中国では七七事変と言い、毎年想起され、記念集会が催される。因みに七月七日を嫌う心情は夙に『紅楼夢』にも見え、この日の誕生日を厭うくだりがある。中国で歓迎されるのは7ではなく、6・8・9で、それぞれ禄・発・久に通じる類音であることから、とりわけ好まれて人気があり、電話番号やナンバープレートは高値となる。

盧溝橋の形の謎

七七という負の歴史を担わされた盧溝橋であるが、その橋も名も当初のものではない。かつては木橋が架けられており、石橋の盧溝橋が完成したのは1192年(1189年着工)で、初名は勅賜により広利橋と呼ばれた。盧溝橋の称謂は元代でも後のことである。

元代の盧溝運筏図（『中国国家博物館館蔵文物研究叢書』上海古籍出版社、2007年）

まず、その石橋の形状から見てゆく。現在の盧溝橋と元代の絵画：盧溝運筏図《ろこううんばつず》（1963年に歴史博物館にて発見）を比較すると大きな違いが判る。現在ほぼ平坦な橋桁となっているのに対し、盧溝運筏図の橋は中央が高い太鼓橋になっており、中央に行くに従って、橋面とアーチ面との間隔が広くなってゆく。通説では現在の橋は創建時のままとされるが、両者の橋姿の差は大きい。元代にこの橋を詠んだ王旭の詩句に「鼇背《ごうはい》の橋は高く馬蹄滑らかなり」（『蘭軒集』）とあり、大亀の甲羅のように高くなっていて、馬の蹄が滑りやすいとある。マルコ・ポーロの記述にも上下差のあることが示されている。このことは創建当時に太鼓橋であったものが、のちに改築されて平坦に改められたからではないだろうか。明代に大きな修理が二度加えられ、殊に清代の1698年には洪水で破壊されたのを大規模に修築したとある。この間に現在のような平坦な盧溝橋に改築された可能性がある。

盧溝橋の名称の由来

盧溝橋は、盧溝河という川に架かる橋であることから、元代において盧溝橋と呼ばれるようになっ

現在の盧溝橋

た。その盧溝河の流れは、かつて上流を桑乾河《そうかんが》、下流を清泉河といった（『水経注』）。のち隋・唐代に清泉河が盧溝河と呼ばれるようになる。その理由は森林伐採による土砂の流出で川の水が黒く濁っていたことから、黒を意味する盧の字を用いたとする説や、隋代に盧卓錫という仏師が住んでいた盧師山が近くにあることから盧の字を使ったとの説がある。その川は氾濫が多く、沈静するのを願って、永定河と改名されている。清代のことである。今日では上流に官庁ダムがあり、水量が調整され、安定を保っている。

ところで盧の文字の表記についてであるが、明代になると蘆あるいは簡略体の芦とも記されるようになり、表記は混在化する。もちろん盧を用いたものもあり、現在、橋の東端に立つ清朝乾隆帝の石碑に大書されている「盧溝暁月《ろこうぎょうげつ》」はその代表である。燕京八景《えんけいはっけい》の一つに数えられる。のちに１９３７年７月７日に日中の戦端が開かれたことを報ずる新聞は日中ともに蘆（芦）溝橋と記している。それが盧の字に正式に改められるのは、１９８７年７月26日の『人民日報』で、それを受けて日本でも同年８月１日に改定されることになる。ただしそれより先、現地の文物管理所は１９８１年にすでに盧とし、さらに早くは『北京晩報』では１９６０年代に盧の字を用いている。葦や芦は次第に本来の盧に改められていくことになる。

マルコ・ポーロの謎

ところで、マルコ・ポーロ（1254年頃〜1324年）は元代の盧溝橋について詳細な記述を残しているが、世界でも比類の無い美しい橋と称えていることから、欧米ではマルコ・ポーロブリッジと愛称される。その記述は、橋の外形として、石柱上に獅子があり、欄板を設け、アーチ架橋を呈するなど一致しているが、その数字には疑問点が見うけられる。橋の全長は300パッソ（450メートル）または400パッソ（600メートル）とあり、現況橋の266メートルと比べても差が大きすぎる。獅子の数については1200個とする稿本があり、現在確認されている486個とかなり相違する。また細かな数字では、アーチの数が24個とされ、現況橋と運筏図の11と食い違い、橋の幅8パッソ（12メートル）は現況橋の7・5メートルと大きな開きがある。アーチ数は両面を数えれば、やや近くなり、幅は両端部分とすればやや広がっているので差は少なくなる。あるいは誤記によるものかもしれず、別の時期の橋姿であったとも考えられなくはない。形状についての記述を見れば、実見によるものと推測され、数字の面では疑問を禁じがたい。マルコ・ポーロの記述については、多方面の研究がなされてきている今日でも、例えばフビライに仕えた史料が未確認など、依然として「大いなる謎の書」（19世紀の研究者ユールの言）のままであり（高田英樹訳『世界の記』名古屋大学出版会、2013年）、この盧溝橋の部分に関しても永遠の謎となっている。因みにマルコ・ポーロの記述では、盧溝橋の川をプリサンギンとしているが、これはペルシャ語で石（プリ）の橋（サンギン）を意味するもので、盧溝橋の別名ともされる。一方、この川の古名である桑乾（Sanggan）河の橋（プリ）の意味とするとの説もある。これもまた決着しがたいことではある。橋の石材について、灰色の大理石とあるのは、この地で産する漢白玉石をさすものであろう。

宛平城と抗日戦争記念館

今日、盧溝橋と言えば、マルコ・ポーロの麗しき思い出よりも、戦争記念の場所として記憶に深く刻まれている。その傷跡を今に残すのが盧溝橋の傍らに佇む宛平城の城壁である。その城壁に近づいて見ると、旧日本軍による弾丸の跡が数多く残り、戦争の痕跡を今に留めている。負の歴史の証拠である。

中国人民抗日戦争記念館

また1987年（七七事変五十周年）には盧溝橋の河畔に中国人民抗日戦争記念館が建てられ、館内には戦時のジオラマや多数の戦時遺品が展示されており、日本の政治家による訪問もなされ、反省に基づいて不戦の誓いをしている。中国各地には旧日本軍による戦争の傷跡が残っており、過ちを繰り返さぬ努力を続ける必要がある。

数えきれないものとは

最後に盧溝橋に関わる有名な諺を記しておく。盧溝橋の獅子とかけて、数えきれないものと解く。そのこころは、橋には獅子が沢山あって数えきれない、という表現である。原文は「盧溝橋的獅子、数不清」で、盧溝橋の各々の柱には各様の石獅子の彫刻が飾られて、

橋柱にある石獅子

親子のように数体がまとまっているものもある。それらのうち創建時の遺物と推測される獅子も残る。その獅子の総数は確認が難しく、また1980年には川の中から欠落した一個が再発見されている。現在の公表では486個とされる。今後発見されることも考えられ、まことにその数は定めがたい、という訳である。

そして、その数えきれないものとは、戦争によって齎された被害の数をさすとも言えよう。

（松木民雄）

16

紫禁城

★北京「故宮」に見る中国の古代思想★

紫禁城は大明・大清両王朝の宮城で、現在の故宮博物院である。天子（皇帝）の居城を紫禁城と呼んだのは、天上にある紫微垣《しびえん》（北天を太微・紫微・天市の三垣に分けたその中央に位置して天極星とこれを取り巻く多くの小星座からなる）の星座に天帝の御座があると考えた中国古来の思想に基づく。紫禁城は天帝の御する天上の紫微垣を地上に再現したものにほかならない。往時の北京城は内城の南側に外城が連なる独特な形状で、紫禁城はその旧帝都を南北に走る中軸線上のほぼ中央、内城の中央やや南側、今日いう東城区内の西南部分に位置する。紫禁城は南北961メートル、東西753メートルの長方形で、総面積が約72万平方メートルに及ぶ。全体は高さ10・5メートルの城壁に囲まれ、城壁の厚さは基底で8メートル、壁上で6・5メートルほどあり、四隅に角楼を設けている。城壁のさらに外側には幅52メートルの外濠が全長3・8キロメートルにわたって巡らされ、筒子河（護城之河）という。紫禁城には城外に通じる四門として、正門をなす南壁中央の午門《ごもん》、北壁中央の神武門《じんぶもん》、東壁南寄りの東華門《とうかもん》、これと対置する西壁の西華門《せいかもん》がある。広大な紫禁城の内部には大小六十を越える殿・宮・閣など、約七百の建物からなる宮殿建築群がある。九千棟を越える家屋や百の庭園が整然と立ち並び、紅い壁と皇帝を象徴する黄金色に輝く琉璃《るり》瓦が独特な趣を醸し出している。世界最大の木造宮殿である紫禁城。その宮殿建築群を活用した現故宮博物院は今も往時そのままの造営・配置構造を誇る。歴史文化遺産としての価値は頗る大きく、1987年にはユネスコ世界遺産に登録された。

清代までは紫禁城をさらに取り囲む形で、高さ約6メートルの紅色の牆壁が周囲約10・5キロメートルにわたって巡《めぐ》らされていた。この域内が専制王朝時代に禁域とされた皇城である。『周礼《しゅらい》』の「考工記」は国都の造営を、中央の王宮に対して「左祖右社、面朝後市（東に宗廟《そうびょう》、西に社稷《しゃしょく》、南に官庁、北に市）」と説く。北京の皇城内には、この構造通り、紫禁城に南接して東側に太廟《たいびょう》（現、労働人民文化宮内）、西側に社稷壇（現、中山公園内）が配置されている。紫禁城北門の神武門外には、人工の景山が聳えるほか、西側一帯には北・中・南の三海に区分される太液池《たいえきち》（西苑）の禁苑が広がる。そして皇城南側の牆壁中央に開かれた天安門前には逆凸型《ぎゃくとつがた》の正面部分があり、その東西に接する区域は官庁街で、まさに「面朝」を形成していた。こうした内城・皇城・紫禁城からなる帝都の三重構造は、隋・唐時代までの中国王朝における帝都の伝統的構造と性格を異にする。紫禁城を中核に構築された北京城そのものが『周礼』に相応する唯一の実例であり、貴重な歴史文化遺産なのである。

紫禁城内は南北に大きく外朝《がいちょう》（前朝）部分と内廷《ないてい》（後宮）部分に二分される。午門から入って北側の前方を仰ぐと城外の堀から引かれた金水河がある。中央にかかる金水橋を渡り太和門《たいわもん》をくぐると、外朝三大殿の一郭が現れる。黄色い琉璃瓦で葺いた大屋根を頂く中国最大の木造建築物と称される壮大な太和殿《たいわでん》を南に置き、北に中和殿と保和殿が続く。この南半分の外朝は主に皇帝が公的な朝儀を執り行う場で、殿前には文武百官を収容できる大空間が広がる。対する北部分の内廷は皇帝や皇后が私的な日常生活を主とする場として知られ、多くの建造物が密集し、紫禁城北壁の神武門《しんぶもん》のみが外界に開く構造である。紫禁城内の宮殿建築の配置構造からは、中国古来の陰陽《いんよう》五行説を色濃く反映させた特徴が見てとれる。

外朝部分は陰を意味する奇数の構造で統一され、太和殿・中和殿・保和殿の三大殿を中核に奇数合計の門が開く。太和門の南にかけられた金水橋も奇数構造である。三大殿を支える三段構造で高さ8メートルの基壇は、南面する皇帝から見て土の字を描く。中心の方位を土とする五行思想に基づき、天下を治める天子（皇帝）が朝儀を執り行う中心である意味を表したからである。紫禁城内が黄色い瑠璃瓦であるのも五行思想で土が黄の色とされたことによる。三大殿の両翼には、東の文華殿・主敬殿・文淵閣・伝心殿・国史館、西の武英殿・咸安宮・敬思殿・浴徳堂などが配置され、諸皇子の学問に関わる場が形成されていた。

陰の外朝に対し、内廷は陽を意味する偶数の構造で統一され、乾清宮《けんせいきゅう》と坤寧宮《こんねいきゅう》の両宮と東西の六寝宮を中核とする。小区画が複雑に組み合わされた構造の内廷は、紅壁で囲まれ、大きく内中・内東・外東・内西・外西の五路で区分される。南の乾清門から北の神武門までを貫く中軸線上に内中路がある。ここは皇帝の正宮である乾清宮と皇后の正宮である坤寧宮を主体とする内廷中央の一郭で、両宮の間に配置された交泰殿とともに二宮一殿として内廷の要をなし、外朝の三大殿に対置する構造として配置されていたことが特徴である。

紫禁城は明と清とで大差がないと言われるが、それは誤解である。清の康熙《こうき》帝が親政開始後に朝政

昭和９年ころの太和殿で李皇太子の一行を案内する石橋丑雄（第４章等参照）

の場を内廷の乾清門内に移すと、太和殿の性格はそれまでの朝政と大典を実施する宮廷政治における要としての場から、主として大儀を実施する儀礼の場に変化した。中和殿は、太和殿で挙行される大儀のために内廷から出御した皇帝が控えて休息する場所となった。保和殿は清代に入って毎年正月十五日と大晦日に朝鮮王朝の使臣や藩部のモンゴル族諸王などを招いて開く大宴会の場になったが、さらに乾隆《けんりゅう》五十四（1789）年以降になると皇帝が臨席する科挙の最終試験である殿試の会場へとその姿を変えた。

また康熙帝の時代に生じた皇太子擁立をめぐる後継者争いの弊にかんがみ、次代の雍正《ようせい》帝は、皇帝の生前に後継者を公表しない儲位密建《ちょいみっけん》（帝位後継者を内密に擁立）制による帝位継承法を導入して継承権争いの禍根を断とうとした。この新制度は、生前に後継者を決めておかない満洲族伝統の部族制方式に、生前に皇帝の意思で自分の後継者が決められる中国の皇太子制方式を併合している点で、まさに「華夷一家」多民族国家としての清朝を象徴する独特かつ効果的な帝位継承法であった。後継者の名を内に秘めて幾重にも厳封された匣《こう》は、乾清宮の宝座（玉座）背面上部に掲げられた順治《じゅんち》帝御筆の「正大光明」の額裏に置かれた。しかし雍正帝以降の皇帝が乾清宮を離れて内西路南端の養心殿で起居するようになると、内廷の実質的中心も移ることになった。それは、養心殿南側にあたる外朝との境に清朝独自の軍機處《ぐんきしょ》が設けられ、明代以降の内閣に代わる政治最高機関になったことと無縁ではない。また清代の内西路に接する外西路の南端、外朝の西南部分に大きく張り出た一角には皇帝直属の旗人で組織された内務府《ないむふ》があった。内務府は軍機處と同じく清朝独自の機関で、中国史上初めて内廷の宦官による政治への抬頭を抑制することに成功した。

内閣や宦官の専横に苦悩した大明に対して、これを抑えた大清。その大きな相違点の一端は、紫禁城における内廷の養心殿を支える軍機処（外朝）と内務府（内廷）に集約され、象徴されていたと言える。

（石橋崇雄）

17

天安門クロニクル

★広場をめぐる歴史★

天安門の命名

天安門の名は、当初、承天門であった。明代の永楽十八（1420）年の創建当時は「承天之門」の額が掲げられていたのである。その由来は「承天啓運」の意に因む名称である。明代末に李自成がここに侵攻したとき、この承天門の門の字に矢を射たと伝わる。

明末の乱で承天門が消失した後、清代になって1651年に再建され、順治帝によって「天安門」の名が定められた。その由来は「命を天より受け、邦を安んじ民を治む」の意によるとされる。しかも、その当初は「天安之門」と記され、満洲語とモンゴル語も併記されて三字体で表記されていた。

それが後にモンゴル文字を省き、満洲文字と漢字の二列表記になって、漢名は「天安門」の三文字となる。さらに1911年の辛亥革命後に満洲文字も省かれ、「天安門」の三文字のみとなってゆく。そして1949年になると、その額は中華人民共和国の国章に取って代わられる。この国章のデザインは梁思《りょうし》成《せい》・張仃《ちょうてい》氏らによるもので、中国の紙幣にも見られる。天安門の額はなくなったが、故宮のその他の門名は旧時名のまま掲げ

図版1　天安門前の航空写真（絵葉書「鳥瞰北京」より）

られており、北側の内廷には満洲文字が漢字と併用されて、その文字の対照が窺える。これは袁世凱《えんせいがい》政府による満洲文字撤廃の要求に対し、溥儀《ふぎ》が内廷部分の残置を要望したことによるものである。

その国章の下側には毛主席の画像が配置されているが、建国当初は八角帽をかぶった肖像で、現在のものは三代目にあたる。横5メートル、縦6・4メートルもの大きさである。その毛主席画像の両側にあるスローガンおよび天安門上の巨大な提灯（直径2・2メートル、重さ80キログラム）のデザインは日本の美術家による考案が採用されたものである。

天安門の意義

天安門の重要さを見きわめるシンボルとして、天安門の軒先に連なる小動物の置物（走獣）の数によって判別できる。走獣は四方の下り棟に整然と並んでいるが、この数字（奇数が基本）が多いほど宮殿建築のランクが高いことになる。その走獣の最多が9で、それに該当する宮殿は故宮内で僅かに9箇所のみであり、この天安門はその最高ランクに相当する重要な宮殿建築であった。因みに故宮の中心に位置する太和殿は特別格で、走獣が九つ並ぶ上方に行什という立像を添えて、最上級のランクを示している。

その天安門の建築様式は東西が九間、奥行きが五間で、太和殿と等しく、『易経』の「九五《きゅうご》飛龍《ひりゅう》

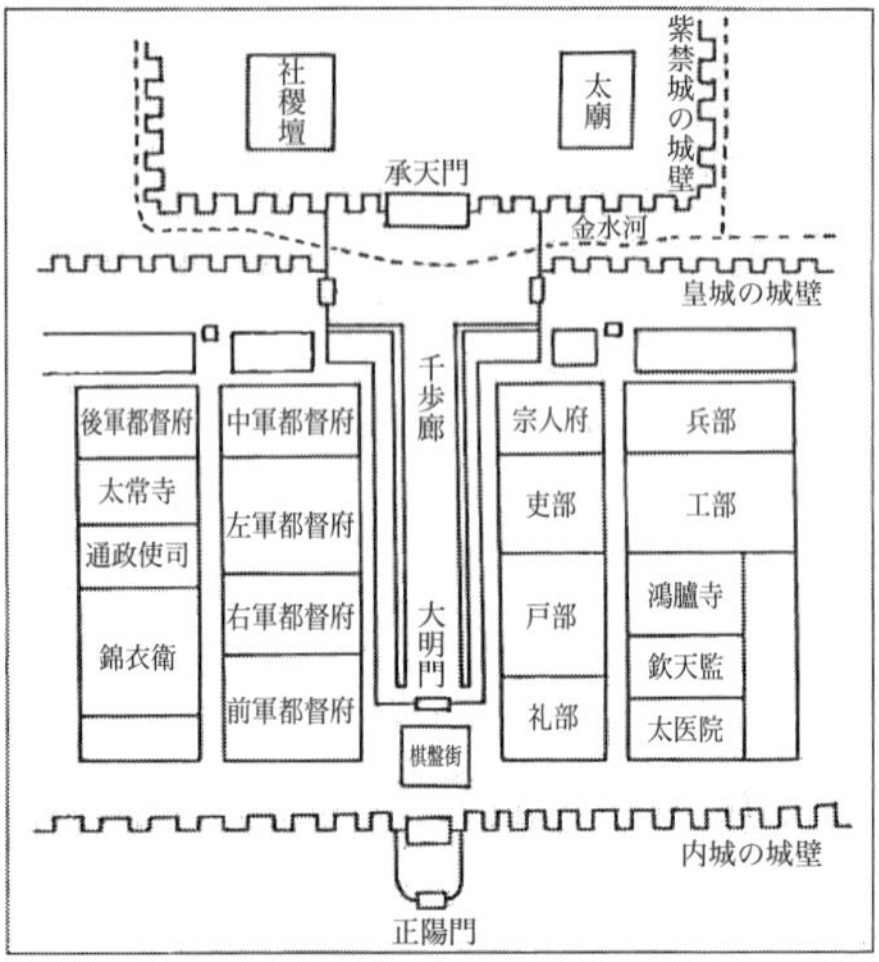

図版２　明初の承天門（のちの天安門）前官庁位置図（侯仁之『北京史話』上海人民出版社、1982年）

在天《ざいてん》」の規矩に基づいている。ただし太和殿が最高位の寄棟造《よせむねづくり》であるのに対して、天安門は入母屋《いりもや》造《づくり》となっていて、格差が窺える。

その天安門の旧時における役割としては、三大用件があった。①皇帝の詔書を発布すること、②皇帝が城外に出向く際の儀式を行うこと、③重要な判決の宣言をすること、であった。

天安門の通路は五分割されているが、中央の御《ぎょ》路橋《ろきょう》は皇帝用、その外側が王公橋で親王用、さらに外側が品級橋で三品以上の文官・武官用、そして四品以下は東西に離れた所に在る公生橋を用いる。その橋下の金水河には現在56の噴水があり、中国の民族数を示す。

旧時の姿

その天安門前の大通りが長安大街である。一時期、路面電車が通っていたことがある（1923～1959年）。その道路名は明代ここにあった長安右門と長安左門に因む。さらにその長安とは「長安治久」から命名されたもの。次に明初の天安門前の官庁位置図を図版2にて示す。

図中の中央にある千歩廊・大明門（清代の名は大清門）・棋盤街《きばんがい》が今日の天安門広場に相当する。各都督府の場所には現在、人民大会堂が建ち、六部《りくぶ》の場所には中国国家博物館が並び、各々東西に聳え偉容を誇っている。その千歩廊の写真は図版3で見ることができる。

また清代に天安門前の建築物が居並ぶさまは図版4からその荘厳さが窺える。

天安門広場の計画

新中国になって、この天安門前を大改造する計画が練られ、多数のプランを総合する形で現在の天安門広場が設計された。図版5の写真は当時の中国指導者たちによる選定の様子である。

図版3　八カ国連合軍と千歩廊（傅公鉞『旧京大観』人民中国出版社、1992年）

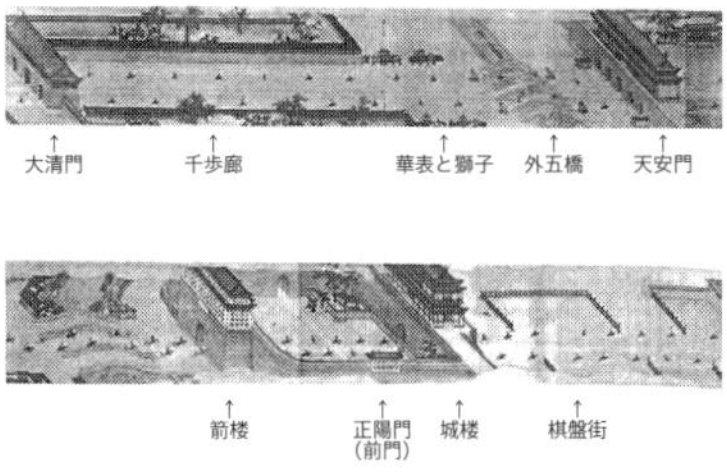

図版4　清代の天安門の図（千歩廊など。分割掲載されている）（『紫禁城』1981年6期総10期、北京故宮博物院『紫禁城』雑誌社）

図版5　各プランを視察する毛主席・周首相ら（『アジア遊学No．40　北京──変わりゆく古都』、勉誠出版、2002年）

天安門広場略史

1900年	義和団事件に際し、八国連合軍が天安門に発砲
1911年12月25日	清朝の滅亡を宣言
1919年5月4日	北京の大学生のデモ。帝国主義・パリ条約・日本の21カ条要求に反対
1925年6月25日	上海での530事件に抗議し、日本帝国主義に反対する5万人のデモ
1926年3月18日	日本帝国主義と軍閥段祺瑞に反対するデモ
1935年1月29日	中国共産党が抗日民族統一運動を始める
1947年5月20日	北京の学生による内戦反対のデモ
1949年10月1日	中華人民共和国の成立を宣言
1966年8月	文化大革命の集会が始まる
1976年4月5日	周恩来首相追悼集会で抗争
1976年9月18日	毛沢東主席追悼集会が行なわれる
1989年6月4日	民主化要求デモに対する鎮圧で多数の死傷者

旧時の建築物が撤去され、1959年に天安門広場が完成した。その前年には人民英雄記念碑が先んじて建てられ、その高さ37・4メートルは、天安門の高さ34・7メートルを凌ぐ。毛主席記念堂は1977年9月9日の逝世一周年に建設された。

天安門広場の面積44ヘクタールは勿論世界一であり、百万人が集会可能と言われ、文革時の大会や近年の軍事パレードでも脚光を浴び、中国の表玄関となっている。その軍事パレードはこれまでに15回開催された。国慶節（10月1日）に14回（1949〜1959年：毛沢東、1984年の三十五周年：鄧小平、1999年の五十周年：江沢民、2009年の六十周年：胡錦濤）及び2015年9月3日の抗日戦争勝利七十周年：習近平の都合15回である。

天安門クロニクル

終わりに天安門広場に関する略史を上表に示すこととする。

（松木民雄）

18

北京の環状鉄路と地下鉄

★鉄路に見る北京城壁の残影★

世界一の北京の地下鉄

現在、北京市民の重要な移動手段となっているのが北京の地下鉄である。北京市内はもちろん一部路線は郊外にまで達し、２０１６年現在、17の路線を持ち、路線長は５５４キロメートルで世界一である。

この網の目のように張り巡らされた北京地下鉄の始まりは、１９６９年に運行を始めた北京駅〜苹果園《へいかえん》駅間で、現在の一号線と二号線の一部路線である。その後、１９８４年までに、一号線は東西に延長され、二号線が環状線となった。

とくに、この二号線は、北京の中心部を環状に走り、北京地下鉄の要であり、基礎となる路線と言える。

地下鉄の環状二号線の由来

世界の主要都市を見ると、地上、地下を問わず環状の鉄道を見ることができる。例えば、日本の山手線や大阪環状線などもそうである。これらは、様々な背景や歴史があって環状となった。

では、北京地下鉄二号線が環状であるその由来は、どこにあるのか。それは、明清時代の北京城に求められるのだ。そして、鉄道としては、100年ほど前に建設された京師環城鉄路《けいしかんじょうてつろ》に求めることができる。

北京城壁と京師環城鉄路

今の北京は、周囲を取り囲む城壁を持っていない。北京駅周辺や東南角楼、徳勝門などに、その遺構や面影が残るのみである。しかし、1960年代までは、明清時代の城壁に囲繞された城郭都市であった。

その北京に初めて鉄道が敷かれたのは、1880年から建設が始まった京奉鉄路（北京と奉天〔今の遼寧省の瀋陽〕を結ぶ）で、その後、京漢鉄路（北京と漢口〔今の湖北省の武漢〕を結ぶ）、京張鉄路（北京と張家口〔河北省〕を結ぶ）が着工となり、1909年の京張鉄路の開通をもって北京と他都市を結ぶ主要三鉄路が完成した。なお当時の政府の清朝は、当初、北京中心部に鉄道が入ることは許さなかったため、京奉鉄路と京張鉄路のターミナル駅は、北京南西郊外の豊台に、京漢鉄路のターミナル駅は盧溝橋に設けられた。しかしその後、やはり、北京中心部からのアクセスが悪く不便であったため、1910年から11年にかけて、京奉鉄路は、北京中心部の前門《ぜんもん》地区に正陽門駅（前門東駅）へ、京漢鉄路は同じく前門の正陽門駅（前門西駅）へターミナル駅を変更した。

往時の正陽門駅（絵葉書の写真）

だが、同時期の京張鉄路は、西直門駅から北京西城壁に沿って豊台駅に至る路線はそのままであり、北京市街地、とくに北京の北部や東部の居住者は非常に不便であった。さらには、ターミナル駅が異なるため、京張鉄路と京奉鉄路や京漢鉄路との接続が悪かった。当時の北京は、明清時代の街並みが多く残り胡同《フートン》と呼ばれる狭い路地や細い道が非常に多く、移動手段は人力車や馬車、驢馬、徒歩だったので、不便さは、現代の比ではなかった。

東南角楼　環城鉄路のショートカットトンネル

この問題を改善するため建設されたのが京師環城鉄路である。この鉄道は、京張鉄路の支線として建設され、北京城の西北角にある西直門駅で本線と分岐し北京の北城壁に沿って東に向かい、東直門でカーブし西城壁に沿って南下し、北京内城の東南角にある東南角楼の内側をトンネルでショートカットし、北京内城の南城壁に沿って西へ向かい京奉鉄路と並行して正陽門駅（前門東駅）をターミナル駅としたものであった。

環城鉄路と命名されたのは、北京城の城壁に沿って廻るように敷設されている鉄道であったからである。

北京初の都市内交通としての鉄道

この京師環城鉄路は、1915年に着工し1916年1月に運行を開始した。駅は、西直門駅、徳勝門駅、安定門駅、東直

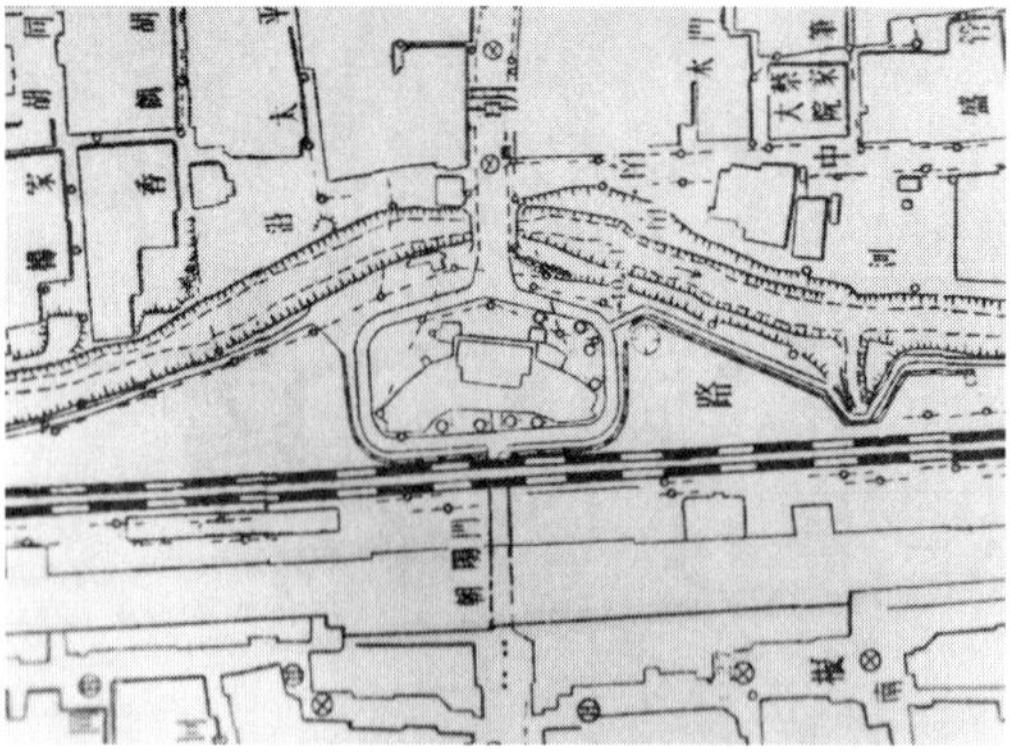

朝陽門駅付近の古地図。鉄路が二本描かれている
（1950年代の北京の古地図）

門駅、朝陽門駅、東便門駅、正陽門駅の7駅で、全長は12・339キロであった。

駅名でも分かるとおり、駅は、北京城の北城壁や東城壁にあった各城門に設けられていた。城門は、城内外の交通の出入口である。乗客や貨物輸送の利便性から見て、城門に駅を設置したのは理に適ったものだ。

だが、北京の各城門には、甕城《ようじょう》があった。甕城とは、敵からの防御のために城門の外側に突き出すように設けられた三日月形や方形の城壁で、北京の甕城には城壁のみならず箭楼《せんろう》を持っていた。さらに箭楼や城壁の外側には護城河という御堀の役目を持つ河があった。京師環城鉄路は、城壁と護城河の間の幅の狭い土地を使ってレールが敷かれていた。駅は、甕城の城壁を取り壊して、レールや駅の敷地を確保した。当時の朝陽門の写真や地図を見ると、箭楼は残されているが、城門と箭楼を結んでいた甕城の城壁は壊されてレールが敷かれている様子がよく分かる。

この京師環城鉄路は、それまでの鉄路にはない都市内交通手段という特徴を持っていた。先にも述べたが、当時、北京市内にはまだ、路面電車やバスもなく、驢馬や馬、人力車などが主流の時代である。このような時代に、例えば、北京市内の西直門から東の東便門まで、この鉄道で移動が可能となったのである。北京で初めての都市内交通手段としての鉄道の誕生であった。

京師環城鉄路の限界

北京初の都市内交通となったこの鉄道であるが、列車本数は少なかった。1921年の時刻表（復刻版明治大正時刻表に収められている旅行案内社の大正十年八月公認汽船旅行案内、本頁掲載の写真）では一日六往復である。約3時間弱毎の列車では、北京市内の移動手段としてはいささか不便であっただろう。都市内交通の性格も持った鉄道であったが、やはり主としては都市間の長距離鉄道である京張鉄路の利用を優先したダイヤと言える。

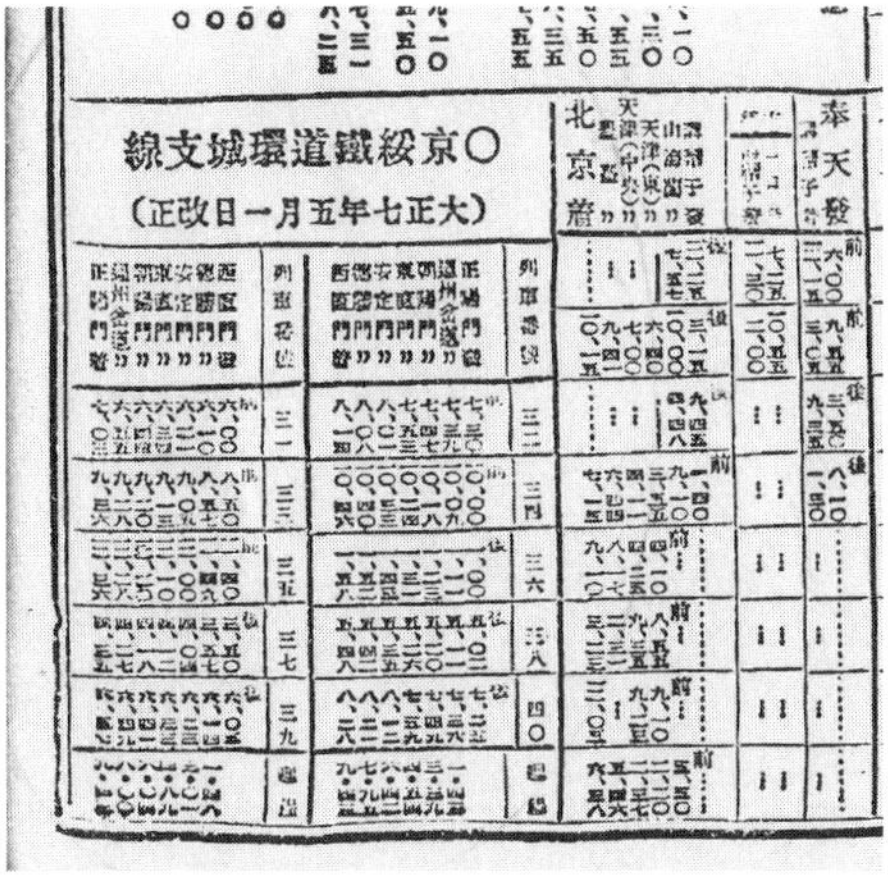
○京綏鐵道環城支線
（大正七年五月一日改正）

当時の京師環城鉄路の時刻表_1921年（1918年に改正されたダイヤが掲載されている）

列車本数を増やせば、北京市民の便利な足となり需要も大きくなるが、本数を増やすには、駅でのスムーズな減速、停車、発車、加速の機能が不可欠となる。当時は、蒸気機関車の牽《ひ》く客車・貨車（京張鉄路の長距離用の列車仕様であったはず）では、機能上限界があり、便利性を確保するレベルの密度の高いダイヤは組めない。これらの実現のためには電化、電車のシステムが必要であった。例えば東京首都圏の鉄道の発展を見ても、東海道線や東北線などの長距離路線の機関車が牽引する列車と並行し、近郊都市との交通を担うべく本数の多いダイヤで運行していた京浜東北線は電化され電車が導入されている。

しかしながら、北京市内の移動手段として本格的に電化した鉄道は、1921年に営業を開始した路面電車であった。その後は、この路面電車やバスが出現し北京市内の移動手段の主役となっていった。そして、その頃には、京師環城鉄路は、市内交通手段としてはほとんど使われなくなっていたと考えられる。

北京地下鉄に残る北京城の型

中華人民共和国建国後の1960年代になると北京は人口が700万前後で城壁外にも家屋が広がっていた。そのため、北京城壁、そして京師環城鉄路は、逆に交通の障壁となっていた。そして、1971年に、中国政府の決定により、北京城壁は撤去と京師環城鉄路は廃線となった。ただし、これと入れ替わるように、城壁や鉄路の跡に、北京の地下鉄環状線（二号線）が建設された。京師環城鉄路の路線を引き継ぎ、電化された電車の運行によって市内の移動に供するために生まれ変わったと言ってもよい。

いまや、北京地下鉄は、空港などを含め北京近郊までを網羅した路線網を持つ、北京市民のみならず外国人観光客にとっても重要な足となっている。その地下鉄の発展過程や歴史を紐解くと、明清時代の北京城壁を経て京師環城鉄路、そして環状地下鉄二号線につながる、言ってみれば北京城の原型が、脈々と継承されていたことが分かるのである。

（上田一俊）

19

「王府井」は、本当はどこなのか？

★地名学からの検討★

北京の王府井《ワンフーチン》の新東安市場の前の王府井大街の西側の北の端近くに、鎖に囲まれた金属製の「蓋」が路面に取り付けられている。ここで発見された井戸と「王府井」という地名についての解説が、その蓋に刻まれている。この井戸が、「王府井」という地名を生んだ井戸であるという解説だ。しかし、この蓋に記された、過去には、この街路には井戸が一カ所しかなかったかのような記述は全く正しくなく、この井戸が「王府井」であることには疑問がある。この井戸が発見されて以来、さまざまなメディアは、自明のことのように、ここが「王府井の井戸」であると説明し、日本の著名な中国史の学者までもが著書の中で追随する。本当にここは「王府井」の語源になった井戸なのだろうか？

モリソン・ストリートと北京銀座

日本人からは戦前から「北京の銀座」などとも呼ばれる繁華街で、欧米人からは、今の北京市百貨大楼あたりにモリソンの居宅、しかも大邸宅があったことから、「モリソン・ストリート」の別称をもらっていた北京の王府井、――実際には現在は南北でいくつかの道路名に分かれるが──正しくは「王府井大街」は、その名の通り道路名であり、同時に一帯は「王府井」という地区名、あるいは街区名ともなっている。

モリソン・ストリート（Morrison Street）の名の元になったオーストラリア人のモリソン（George Earnest Morrison、1862～1920）は、日本人、とくに歴史の研究者にとっては、東京の東洋文庫の設立当時（1917年）の蔵書が、このモリソンが中国で集めた膨大な書物をベースにしていることによってよく知られ、モリソン個人に関する日本語の書籍（『北京のモリソン』シリル・パール著、白水社、2013年など）もいくつも出ることによって、一般にもお馴染みの名前になってきている。袁世凱政権の顧問をしていた1915年あたりからモリソン・ストリートの名が使用されたらしい。「Morrison Street」の道路標識があったと言われるが、写真で見たことはない。

低調だった中国の地名研究

さて、王府井の「王府」は、ここに明代に皇族の王府（十王府）があったからというのが定説だが、それでは「井」は何か、どこかということが、以前から、一部の歴史や地名の研究者などの間では議論になっていた。しかし一般的に従来、中国での地名研究は、地名の変化や地名の現在地への比定などが中心で、地名の語源や分類、分布、命名の理論、つまり固有名詞学などは発達していなかった。近世、近代の考古学や建築史も然りである。

王府井についての諸説

戦前、「王府井」の地名の由来に関しては、中国、日本、欧米などの著作者、研究者によっていくつかの説の考証がなされている。この道路は、古くは丁字街、明代には十王府、十王府街、その後、街路上の井戸の存在は確かだが、王府は荒廃して賢良寺になり、清末の1915年に、公式に道路の北の部分は王府大街、中央は八面槽《はちめんそう》、南側の部分は、西に入ったところにあった甜水井《てんすいせい》に因んで、王府井大街と名付けられたというのが戦前の定説に近かった。この甜水井は今でも胡同の名（大、小甜水井胡同）に残っており、位置的には疑問が生じるが、食堂街の中に井戸の一つが「復元」されている（写真）。金受甲の『北京の伝説』（平凡社東洋文庫、1976年）なども、この井戸を紹介し、大甜水井は同じ井戸に関する地名なので、これに引きずられて「王府井」の地名が生まれたものとしている。甜水井の地名は明代の記録にあり、由緒ある古い地名であったことにも注目したい。記録上は「王府井」より、「甜水井」の方が古いのだ。街路の名が三分割された時に、「王府井」の名が正式のものになったのなら、大昔の「王府」という施設にあった井戸では

2000年に発見された食堂街の中の小井戸

なく、「王府」大街という先行する地名のそばに、有名な井戸（「甜水井」）があったから、「井」は「王府」への付加字として使用されたのではないか、という考えも成り立つ可能性がある。この三分割された街路名の中に、「王府」と「王府井」の二つが、「八面槽」をはさんで離れてあるのにも注目すべきだ。これはこの二つの地名の両方ともが等しく「王府」という施設に由来して誕生し、生き延びているのではなく、街路名の決定に、人の手や行政上の地名整理の意思が入っていることを思わしめる。

一方、戦前の著作を見ると、北京にいたＬ・Ｃ・アーリントンは、『古き北京をたずねて』（In Search of Old Peking, 英文、１９３５年）で井戸の位置を、「小さな穴が警察の反対側の道路の西側にあった」とするが、日本人の河嶋徳司《かわしまとくじ》は、雑誌に「三条胡同の西口、庸報支社の前面道路の真中」と書き、北京通の高木健夫《たかぎたけお》は、『北京横丁』（大阪屋号書店、１９４３年）で、「天津庸報支社の院子《ユアンズ》のなか」を含めて二説あるとし、私が調べると、庸報、人民日報（戦後）、工芸美術服務部の前、三条胡同（今の東単三条）の西側、と各書の表現は違うが、これらはすべてだいたい同じ場所であることに思い至った。戦後の竹中憲一も、三説あげているがほぼ同じである（『北京歴史散歩』徳間書店、１９８８年）。松木民雄は、大甜水井説をとっている（『北京地名考』朋友書店、１９８８年）。

戦後の、『中華人民共和国地名詞典　北京市』、『北京市東城区地名志』などの専門書も、発見された井戸がそれにあたるとは断定せず、『王府井大街』という本は、大甜水胡同説を主張、宋泉超は『北京史苑』３の論文の中で、西側に「甜水井」があったからとする。著名な言語学者の張清常などは、『北京街巷名称史話』（北京語言大学、２００４年）で発見された井戸を有力な候補としつつ、他説も紹介している。最近では、一般向けのネットの『Baidu 百科』などでも、新発見の井戸だと断定していない。

このように、新発見の井戸の場所よりもかなり南との複数の説も有力なのだ。

「井戸」が出た

この問題が北京市民にとって大きな話題としてあらためて浮上したのは、建国五十周年を前にした１９９８年のことだった。10月18日に、王府井大街の大改修の道路整備の過程で、突然、道路の下から大きな穴が発見された。翌日の北京の新聞やテレビはすぐにこのニュースを報じ、井戸が出たからこれが「王府井」だと大騒ぎした。新聞は、ちょっと前に、今の東方広場で発見された遺跡に、金代(?)の井戸らしきものが含まれていたので、ここが王府井の井戸だと大きな記事にしたばかりだった。ロクに検討もしない「井戸探し」だ。

乾隆年間に作られた地図に新発見のこの井戸が「〇」印で記載されていたことは、１９９３年に姜緯堂が論文ですでに指摘し（『王府井』所収）、その地図上の位置と発見された井戸の位置が同じであったことがこの説の正しい「証拠」とされた。しかし記録上、「蓋」の上の記載とは異なり、このあたりには多数の井戸があったから、この井戸が有力な候補者にはなっても、「王府井」とは断定はできない。しかも乾隆時代は、二百五十年も前のことだ。井戸があったことは確かでも、これが王府井という名の由来となった井戸で、王府井という地名がその時からあったことは証明できず、直接には文献上は結びつかない。

井戸発見の翌日の状況

発見の翌年に「井戸」に取り付けられた「蓋」。その後、周囲に鎖が張られた（中央右は筆者）

つまり、この道路周辺の歴史環境の変化を見ても、王府があった時代には「井」は地名に付加されておらず、逆に「甜水井」は記録されていた。「王府」に「井」が地名として明らかに加えられるのは後世であって、地名化した「王府」、つまり王府（普通名詞）がなくなってからも、その名を残した地名（固有名詞）が使われ続けるようなことは地名では普通のことであって、「王府井」を「王府の井戸」だと固定的に決めつけるわけにはいかない。結論を言うと、「王府井」という地名は、⑴新発見の井戸に因む、⑵西側の甜水井に因む、⑶三条胡同の道の西の反対側あたりにあった井戸に因む、などが候補として残り、今でも研究者の間では決着していない、とするのが正しい現状認識であろう。私の意見は、⑵、⑶、⑴の順である。

地名の研究というものは、時代による地名やその地名の環境変化、大縮尺の地図の読み取り、現地調査、地名の変遷理論などを綜合して行うもので、井戸が出たから「王府井」とは簡単に行かないのである。なお、⑶の場所は、調査もされずに近年の開発により消失し、「埋もれた史跡」は、庶民にアピールしやすい表通りであるが故に、偶然の工事でこうして日の眼を見て、俎上にあげられたのだが、歴史学、考古学、地名学の知識を綜合する「王府井はどこか」の論議は、研究の面白さを教え、われわれの知的好奇心を刺激することは確かだ。王府井を歩きながら、このあたりのどこかで甜い水が湧き出したことが、この地の発展につながったのかもしれないことを、思い出していただきたい。

（櫻井澄夫）

20

北京の昔の看板

★文字を描かない看板「幌子」★

現在街頭で見られる看板には、多くの場合「商品名」や「商店名」が描かれている。このような看板を中国語で「招牌《チャオパイ》」という。しかし、かつて北京で使用されていた看板には、文字をほとんど描かないものがあった。これらは「幌子《ホアンツ》」（または「望子《ワンツ》」）と呼ばれる。

幌子は実にさまざまな形状をしている。ただ、現在の我々が見ると、どのようなものを扱う店なのか分からない場合がある。その中で最も理解しやすいのは、商品をそのまま吊り下げた幌子であろう。綿屋なら綿を、靴屋なら靴をそのまま幌子にするので一目瞭然だ。また、商品の模型を掲げる幌子もある。例えば刀剣を売る店は、刀剣の木製模型を幌子にしている。これも分かりやすい。逆に、謎解きに近い幌子もある。図1は飲食店の幌子だが、これだけでは何の店か分からない。しかし当時の北京の人々にとっては、ごく日常的なものだったので支障はなかったらしい。

なぜ文字を描かない幌子が使用されたのだろうか？　一説によると、かつての北京では識字率が低く、文字が読めない人が多かったからだとされている。しかし文字のみを描く看板も存

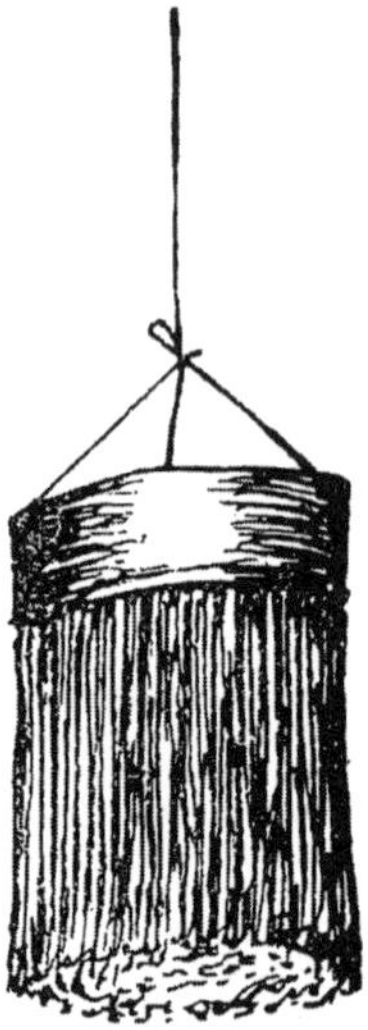
図1　飲食店の幌子（満洲事情案内所編『満商招牌考』（1940）より転載）

在していたので、これだけが理由とは思えない。

以前、筆者が1940年頃に中国大陸に住んでいた日本人にインタビューをした時、その方は「独特の形をしている幌子は遠方からの認識が容易であった」と話していた。また、筆者は2006年に黒龍江省のハルピン市で、図1と同形の幌子が掲げてある姿を実見した。この時、歩行者から見た幌子は、意外に目立つものであると感じた。文字看板である「招牌」よりも幌子の方が、時と場合によっては宣伝効果が高い可能性があるのではないだろうか。

20世紀前期まで幌子は、北京周辺では当たり前の存在だった。しかし20世紀中期以降、幌子は徐々に街頭から姿を消していく。その理由は不明だが、中華人民共和国政府が都市開発を進めるなかで、軒先に突き出た幌子が交通や美観の妨げになると考え、撤去を命じたのかもしれない。

さて、過去に満洲事情案内所が幌子に関する調査をまとめた『満商招牌考』（1940年）では、幌子を6種に分類している。各分類について以下に列記する。

①実物幌子

商品の実物を看板としたもの。実物の形状に、装飾と若干の嗜好を加えただけの幌子である。例えば、帽子屋であれば帽子を、靴屋であれば靴を、楽器屋であれば太鼓や弦楽器をそのまま店頭に掲げて幌子にする。扱う商品が最も単純にして分かりやすく、ショーウィンドーに商品を並べて見せる手法とほぼ同様である。

②模型幌子

商品の模型を看板としたもの。宣伝効果を高めるため、実物を誇張した例も見られる。模型の材料には木・銅などを使用し、多少の粉飾を加える。例えば、筆者が所属する天理大学附属天理参考館（以下、当館）所蔵の「キセル屋の幌子」は、キセルの大型模型を吊り下げたものである。この模型は長さが79センチ、最大径が11センチで、実物のキセルに比べて大きく、太く誇張して作られている。

③包装幌子

商品の包装や容器を看板としたもの。扱う商品が液状や粒状の場合は、この形態が多い。容器の実物を用いる場合と、その模型を用いる場合がある。

例えば酒屋の幌子の一つに、ひょうたんの実物やその模型を吊り下げたものがある。ひょうたんは酒を入れる容器として用いられたことから、それが幌子となったのだろう。

④効果幌子

扱う商品についてはその素晴らしさを、店主の技能についてはその優越を示す看板。効果を示すのに物で表す場合と、文字または絵で表す場合がある。

眼薬専門店の幌子（図2）は、布製の二つの円盤にそれぞれ「眼」が描かれている。この図柄には、「当店の薬を付けるとこのように美しい眼になる」ことを宣伝する意図があるという。また、円盤を吊す

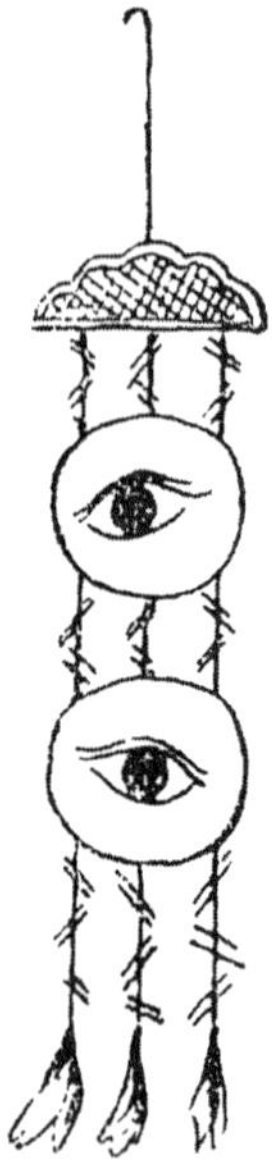

図２　眼薬専門店の幌子（満洲事情案内所編『満商招牌考』(1940) より転載

三本の紐には、麦わらで作った細い管《くだ》が数本結びつけられている。これは点眼の際に使用する道具である。患者はまず、眼病に効くとされる粉薬を水に溶かす。続いて管の端を水溶液に浸し、そこに含まれた薬のしずくを眼に垂らすという。

⑤象徴幌子

取り扱う商品に対する宗教的・道徳的・または歴史的など、何らかの抽象的意味を象徴した看板。これを初めて見る客は、何を扱う商店なのか判断するのが難しい。しかしその難解さから、最も興味をそそられる幌子であるとも言える。

先ほど紹介した飲食店の幌子（図１）は、象徴幌子の一種である。薄く割った竹を丸めた輪の下に、細長く切った赤い紙が付いている。これは麺類を表現していると言われる。あくまで筆者の想像であるが、北京では主食としてしばしば麺類を食べるため、これが飲食店の看板になったのかもしれない。また、中国にはイスラム教徒が多く生活していることから、彼らのための飲食店がある。戒律で豚肉等の摂取が禁じられるイスラム教徒用の飲食店は、図１と形状は同じで、細長い紙を青色に変えた幌子を掲げる。

⑥描写幌子

第20章

北京の昔の看板

商品を文字または絵のみで表す、現在の看板に最も近い形態の幌子。例えば、当館所蔵の刃物商の幌子は、木の板にさまざまな刃物の図柄が描かれたものである。ここには商品である刃物類だけでなく、所持するだけで宝が集まってくるお盆「聚宝盆《しゅうほうぼん》」など縁起の良い図柄も描かれている。

ところで、当館は1940年頃に収集された幌子を百数十点所蔵し、一部を常設展示している（2017年現在）。これらの収集は、当館創設者である中山正善《しょうぜん》氏の発意により始まった。中山はルイーズ・クレーン著『CHINA IN SIGN AND SYMBOL』（1926年）等を読んで幌子に興味を持ち、福原登喜《とき》氏にその収集を命じた。しかも新品の幌子ではなく、店頭に掛けられているものを望んだ。

そこで福原は北京の食堂に行き「看板を売ってくれ」と頼んだが、「うちは看板を売るほど貧乏していない！」と追い出された。各店で同じようなことを言われ困惑していたところ、馴染みの骨董商が協力を申し出た。彼はわずか2カ月で百数十点の幌子を入手した。福原は非常に驚き、どのような方法で幌子を集めたのかを尋ねると、骨董商は「各店主に新品の幌子が買えるだけの金額を支払い、その代わりに店頭の幌子を譲り受けたのだ。」と答えたと言う。

（中尾徳仁）

21

北京の地名研究とある日本人のこと

★胡同を巡りながら思い出す★

消えゆく胡同《フートン》

北京に住んでおられたり、行き来したことがある方はご存知だろうが、今や北京の胡同はどんどん消えている。大型のビルや地区ごとの開発があると、道路や建物が胡同ごとなくなる。ということは、胡同の名前、つまり地名も地図上から消える。何百年もの歴史が、庶民の生活とともに、前触れもなく消えていく。世界の大都市内部の地名の歴史やその内容の「豊かさ」「濃さ」において、北京は間違いなくベスト10に入るだろう。京都、東京、ロンドン、パリくらいしか、競争相手は見あたらない。

胡同が予告もなくあっという間に消えていくので、消えてしまってからその文化的価値や懐かしさへの思いが噴き出す。写真集なども出版される。歴史を秘めた地名に対する関心も芽生えてくるが、地名研究は難しい。解明されていない地名の由来は、解明される前に地名が消えていくからだ。

北京市と地名関係書誌

北京市は1990年代初頭から、『石景山区地名志』を嚆矢として、立派な区別の「地名志」を発行してきた。中国の「地

第21章

北京の地名研究とある日本人のこと

名志」というのは、地域管理のためのその地域の地名ごとの地誌やデータ集のようなもので、語源研究の本、つまり言語学、歴史学を中心としたPlace Name Dictionaryとはちょっと違う。地域別の「地名録」というのは、地名集である。中国は、政府機関として、地名管理の部門や研究所を有しており、地名委員会という機関も各省や市町村にある。そこで地名の管理や標準化を行い、膨大な数の書誌を刊行している。推定で、地名録、地名志の総数は、数千冊に達するだろう。

過去にはこれらはほとんどが内部刊行物であったが、最近は公開出版されていて、入手しやすくなった。北京市では郊外の農村地帯を含め合計21冊の地名志を出しており、各巻は百科事典のようなサイズだから、大変なボリュームになる。私が知るかぎり、世界の都市別の地名関係の本がこれほどの数出版されている都市や、地域は他にないだろう。

中国人による北京の地名研究には、古くは、1901年刊の巴哩克杏芬（女性）による『京師地名對』のような一種の地名集・地名辞典があるが、このところ専門家の研究による進展がある。尹鈞科氏と孫冬虎氏の『北京地名研究』（北京燕山出版社、2009年）や、孫冬虎氏の『北京地名発展史』（北京燕山出版社、2010年）のようなものがそれである。それらに加えて、北京の胡同に関しては、言語学者の張清常氏の一連の著作が、研究のレベルを高めた。張氏の著した二冊の本は、その後、北京で日本語になって出版された（『胡同及びその他』増訂本、2015年、『北京街巷名称史話』改訂版、北京語言大学出版社、2012年）。この種の、いわばこのような地味な本が日本語になるということは、予想もしていなかったことだけに私にとっては驚きだった。それと同時に、北京ではかつて日本語で書かれた北京の地名に関する本があったことを思い出した。それはだいたい今から七十数年前のことである。

多田貞一とはだれか

張清常氏の著書を見ると、「多田貞一」という日本人の名前と、中国語によって印刷された著書の『北京地名志』がしばしば引用され、張氏だけでなく、北京の地名について書かれた本や、各種の出版物では、「多田貞一」という名前が頻出する。多田氏はいわば北京の地名研究では有名人のごとくである。

さて話は遡るが、私は、1986年に鏡味明克《かがみあきかつ》氏と楠原佑介《くすはらゆうすけ》氏との三人で、『地名関係文献解題事典』（同朋舎、1981年）という本を編集し、明治期以来の、地名に関する書籍、論文、約五千の解説をしたことがある。しかしそこには「多田貞一」も、「北京地名志」の名もなかった。

そのすぐ後、1986年に中国で『北京地名志』（張紫晨訳、陳秋帆校。書目文献出版社）という本が翻訳され出版されていることを知り入手した。著者は当時、北京で日本語教師をしていた人だということで、それまでは神戸の中学で漢文の教師をしていたそうだ。

日本語の『北京地名誌』の原本を持っていないし、国会図書館などにもない。北京への出張時に、この本の出版社から北京で1944年9月に出版された日本語の原本のコピーを入手し、翻訳をされた民俗学者の張紫晨先生にもお目にかかったが、張先生も、神戸のかつての勤務校も多田さんの昔の教え子も行方は分からないという。戦前に北京にいた日本人学者からの情報も期待したが、あまりいい情報は入ってこない。北京の張先生の自宅の書斎には、折口信夫、柳田国男、直江広治、宮田登などの日本の民俗学者の著者が並んでいた。張先生が、多田氏の著書の中国語版を手掛けた理由には、このような日本の民俗学への関心があったのだろう。その後、北京のオークションで原本を入手した。

『北京地名誌』は、北京の胡同などの地名を分類し、考察したもので、それまでの北京の地名に関す

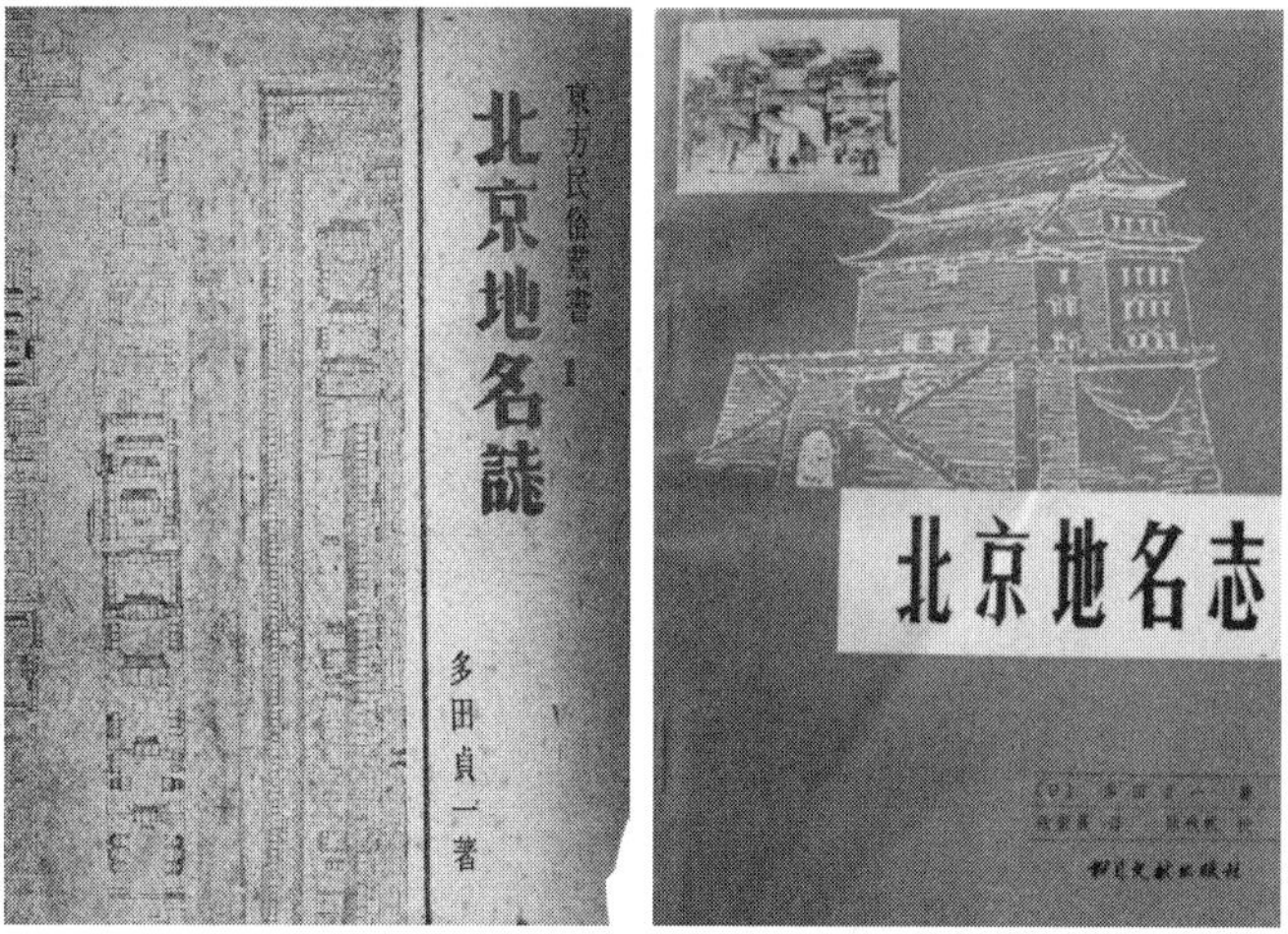

新（右）旧（左）の『北京地名誌（志）』

る研究にはほとんどなかった種類の本だった。
私はこのことを１９８８年２月に雑誌（『グルメジャーナル』）に書き、それは「多田貞一と北京地名志」という題で、私が書いた『中国・食と地名の雑学考』（田畑書店、２００５年）にも収録した。

やはり亡くなっていた

「多田さん探し」も、多忙のため中だるみの期間があったが、最近になって「探索」は急に動き出した。多田氏が戦争の末期に現地召集されたのではないかとの噂はあったのだが、情報が現実のものになったのだ。新潟県で、個人でシベリア拘留者の名簿を作成していた村山常雄氏がネットで公開している名簿を見て、あるいは多田氏のことが分からないかと、かなりの時間を割いて調べていたらとうとう出てきたのだ。

No.25515　コードＢ１―０９３　推定氏名　タダサダイチ
漢字氏名　尋田貞一　生年　１９０５　階級　兵　死亡年月日
１９４５・10・４　地域　チタ州第五二（カダラ）収容地区
埋葬地　第五一五労働大隊　所在地　ハラグン

村山氏の名簿はその後、書籍になり、村山氏はその業績によって吉川英治文化賞他を受賞された。その後、かなりたって、厚労省がサイトで「シベリア拘留者名簿」を公開した。ロシアから断続的に名簿が来ていたから、その中にも多田さんの分が含まれていたのだろう。検索するとこういう名がでてきた（夛は多の異体字）。

第五一五労働大隊

チチンスク地方（チタ州）埋葬番号　3054　通番1　死亡年月日　201004　ト（タ）ド（ダ）（ドウ）サダイチ　夛田貞一　兵庫県

なお厚生労働省の資料には、死亡年月日が一日違うものもあるが、まず同じ人物であることは確実だ。兵庫県出身ということも、われわれの認識と一致する。「貞一」は、「テイイチ」ではなく、「サダイチ」のようだ（厚労省の一部の資料には「テイイチ」、中国人の著作にも、「Teiichi」と読むものがある）。

続いて、『独学者列伝』（1992年）という本で、検定で教師の資格を得ていた多田氏が、昭和七年漢文科を終了していることが確認できた。『故吉岡義豊博士閲歴及び著述』（1979年）に、多田氏について「昭和二十年七月現地召集」と書かれていることを知った。その他の書籍からも関連の情報が得られた。当時、ハラグンに収容された数人の人たちの書いた記録も見ることができた。北京で召集されてすぐに終戦。シベリアに連れていかれて、まもなく亡くなったのだろう。

戦後、墓参団もハラグンを訪れて、墓参や遺骨の収容も行われているようだが、多田氏については明らかでない。北京に奥さんがおられたようだが、ご家族についてもいまのところ分からない。

多田さんの想い

中国語版の『北京地名志』は、魯迅《ろじん》の弟の周作人《しゅうさくじん》の序文と、著者の「あとがき」を削除して出版されている。時節柄やむをえなかったかも知れないが、これを残念に思う。

なぜなら例えば、多田氏は、あとがきで、「中国の文化を明らめようとする者が、若し文献を頼らないとすれば地名の研究などは最も手近な資料のひとつであろう。地名はその住民の生活に密接な関係を持つものであるから、その土地の特長を示すと共に、之を名付けた人人の感覚までも現して居るものである」「土地の人は今までは之に無関心であるかのように思われた。(中略)そしてこの学問は土地の人が見れば、随分間違いだらけでまた可笑しいことばかりであらうと思ふ。私は少しでも早くこれらの人の手で、立派な地名の研究が為されることを熱望してやまない」と書き、自分の限界や将来への希望について述べているからだ。経歴から考えて、多田氏が北京に来てまだせいぜい5~6年のことだったろう。短時間でこのような本を書いたのだ。こういった記述も実はこの本の成り立ちや構成を考える上で、重要な要素であり、中国の人たちにも知っておいてもらいたい言葉である。

最近の報道によると、北京市は2020年までに、『北京市地名志』と、『北京市標準地名詞典』を新たに刊行するそうだ。その編集委員会には、尹氏や孫氏も入っているそうだ。多田氏が「熱望」したように、今後、北京の地名研究はもっと充実したものになっていくだろう。なお、私以外にも本書の中で多田さんの『北京地名誌』を文中で引用している方がおられる。中国人だけでなく日本人の中にもこの本に眼を向けておられる方が増えてきていることを嬉しく思う。

(櫻井澄夫)

コラム4

北京にあった外国語地名

櫻井澄夫

王府井から南に行き、東長安街を越えもっと南側の、東交民巷《とうこうみんこう》を中心とした一帯、つまり天安門広場の東側、東長安街の南側の地区は、昔の公使館街、つまり外国政府の出先機関やその関連の施設があった所で、今でも西洋風の建物が数多く残されている。北京市政府もあるし、東南の端には新僑飯店《しんきょうはんてん》がある。このあたりは義和団事件（北清事変）の舞台にもなった場所だが、この事件を扱った『北京の55日』などの映画を観た人もいるだろう。

この地区の一角にある台基廠《だいきしょう》から東に入った道路に面した古い壁に、横文字がはめ込まれている。その文字は「**RUE HART**」。もしかしたら、この道路名の銘板が、北京に残る最も古い実物の地名標識かもしれない。この地名の元になったロバート・ハート（中国語では、「赫徳」）というイギリス人は、清末から半世紀近く、清朝からの中国の海関（税関）や郵政事業のボスとも言える人物（総税務司）で、非常に有名な人だった。

北京ではこの古い標識にひっそりと名を刻んでいるだけだが、かつて上海にもハートに因む**Hart Road**という道路名が1943年まであったし（今は、常徳路）、上海には黄浦江沿いにハー

ロバート・ハート　1882年

台湾で発行された、ハート生誕150年記念の切手。台湾ではハートに一定の評価がされていることが分かる

トの銅像まであった。香港のチムシャツイには、**Hart Avenue**（赫徳道）という道が1909年から現存する。つまりハートの名を持つ道路は、北京、上海、香港に1940年代中頃までほぼ同時に併存していたことになる。こういう例は珍しい。

昔の公使館街（＝リゲイション・ストリート）は清朝末期から次第に形成されたものだが、義和団事件の後の議定書で、範囲や管理について細かなことが決められ、事実上租界のような形態になった。その際に、それまでの道路名が外国風に正式に定められた。中心の東西の道は前から、リゲイション・ストリート（今の東交民巷。サウス・ブリッジ・ストリートとも呼ばれた）と呼ばれていたが、台基廠胡同はリュ・ハート（リュ〔**Rue**〕はフランス語で、街路のこと。今の台基廠頭条胡同）と命名された。その後にまた変更されたり、呼び名が併存していたものがあるが、同時にこの地域には、外国風の道路名が多数誕生した。リュ・マルコポーロ（今の台基廠大街。リュ・トーマンやカスタム（税関）ズ・ストリートとも呼ばれた時期がある）、リュ・ビネビッチなどが生まれた。トーマンはオーストリア＝ハンガリーの海軍のゼンタの艦長で、この時の天津での戦闘で戦死している。ビネビッチは日露戦争でも戦い、この戦闘にも参加したロシアの将軍で、ゲーズリー街のゲーズリーはイギリス軍の司令官だった。一方、リュ・フェルビースト（今の台基廠大街の南部分）とリュ・

ガウビル（今の、興華路）は、17世紀から18世紀の北京にいて観象台の天文観測の機器などに関係した神父たちの名を取ったもので、現存する天主堂（教会）は、これらの神父の名に囲まれていることになる。リュ・マルコポーロは説明を要しないだろう。こうしていくと街路名の命名には一定の方針があったことが理解できる。日本関連では、リュ・メイジ（明治路。今の正義路の一部）や、アヴェニュー・ヤマト（大和大道、大和通。今の大華路）も生まれた。ヴィア・エルバ（今の正義路の一部）のエルバは、やはりナポレオンのエルバ島のことだろう。外国風街路名は公使館地域の周辺にまで及び、崇文門内大街は、ケテラー・シュトラッセ（シュトラッセは、英語では「ストリート」と呼ばれたが、これは事件中に義和団の襲撃を受けて殺されたドイツの公使のケテラーの名を取ったもので、殺された場所（今の東単北大街）にその後、記念と贖罪のため建てられた石製の牌楼とともに、名を残すことになったが、この地名はいまではほとんど忘れられた。牌楼はドイツの第一次世界大戦の敗戦で壊され、移築され「公理戦勝坊」と改名されたが、今は「保衛和平坊」と再度名前を変えて中山公園に建てられている。

建物は壊されず、再利用されるが、地名は簡単に変更される。しかし東公民巷あたりを散策する時に、こうした街路名の知識を持って位置関係を見ながら歩くと意外と面白いだろう。リュ・ハートのそばに税関があり、その道の前にはハートの家宅があった。その後、王府井大街はモリソンの住居があったので、袁世凱の命によりモリソン・ストリートと名付けることになるが、ハートの例に見られるように、その「先輩」がすでに北京にあったことが分かるからだ。

文革中、東交民巷は反帝国主義を掲げて紅衛兵によって「反帝路」と呼ばれ、この道をかつて義和団は、「切洋鶏鳴街《せつようけいめいがい》」（略称「鶏鳴街」）と名付けたが、この名は唐代の予言書『推背図《すいはいず》』の「金鶏啼后《きんけいていこう》鬼《き》生愁《しょうしゅう》」からとったものという（王之鴻『東交民巷』）。「金鶏」は自分たち、あるいは「神」を指し、「洋」や「鬼」は外国人、外国勢力を指す。近年、袁偉時、佐藤公彦などが指摘する長期の中国における排外主義、反外国主義などは、この狭い地区の地名の変化にも投影され、これらの学者が指摘する「義和団と文革期の紅衛兵の愚行の通底」「反日デモで噴出した偏狭なナショナリズムの危険性」に至る連続した中国の排外主義の一端を北京のこの地区の地名の変化にも垣間見ることができるだろう。

東交民巷の東にあった公使館街の門
（当時の絵葉書）

　街路名は恣意的に名付けられたものばかりではなく、調べてみると命名、改名にはいろいろな国際的な政治・軍事情勢や規則、人物、思想、宗教などの背景があったことが理解でき、地名の変化からも「文字の国」中国の奥深さを物語ることを知る。なお現在、中国では「地名管理条例」によって、外国の人名、地名を中国の地名につけることを禁止している。こういう決まりも、こうした歴史に学んだものだろう。それゆえ、日本の「南アルプス市」や、できそうになった「セントレア市」などの仲間はここでは誕生する可能性がない。

22

巨大な北京の地図を知る

★『乾隆京城全図』の価値と現状★

57坪の北京地図

清朝の乾隆年代、西暦1750年に5年の年月を使って描かれた北京の巨大な地図がある。その名は、『乾隆京城全図』。しかしこの名は、正式のものではなく、地図自体に名前は記されていない。今は、北京の中国第一歴史檔案館に保存されていると言われているが、長く公開されておらず、現在、どのような状態にあるのかも分からない。この地図は、早くから虫食いなどでボロボロであり、修復されたことが報告されている。地図の大きさは、高さが14メートル強、横幅は13メートル強というもので、全部つなげると、57坪になり、川などは薄く着色されているという。この地図が素晴らしいのは、これだけの大縮尺の古地図は他に例を見ないこともあるが、当時の北京の城壁内の家が一軒一軒細かく精密に描かれていることで、すべてではないが、井戸さえ記入されていることだ。その後にもこれだけ詳しい北京の地図は作られていないから、北京という都市の、この数百年間の歴史研究には欠くことができない、ベースマップになっている。その史料的価値は、古い町並みや胡同が急速に消えている北京ゆえに、ますます増してきていると言えるだ

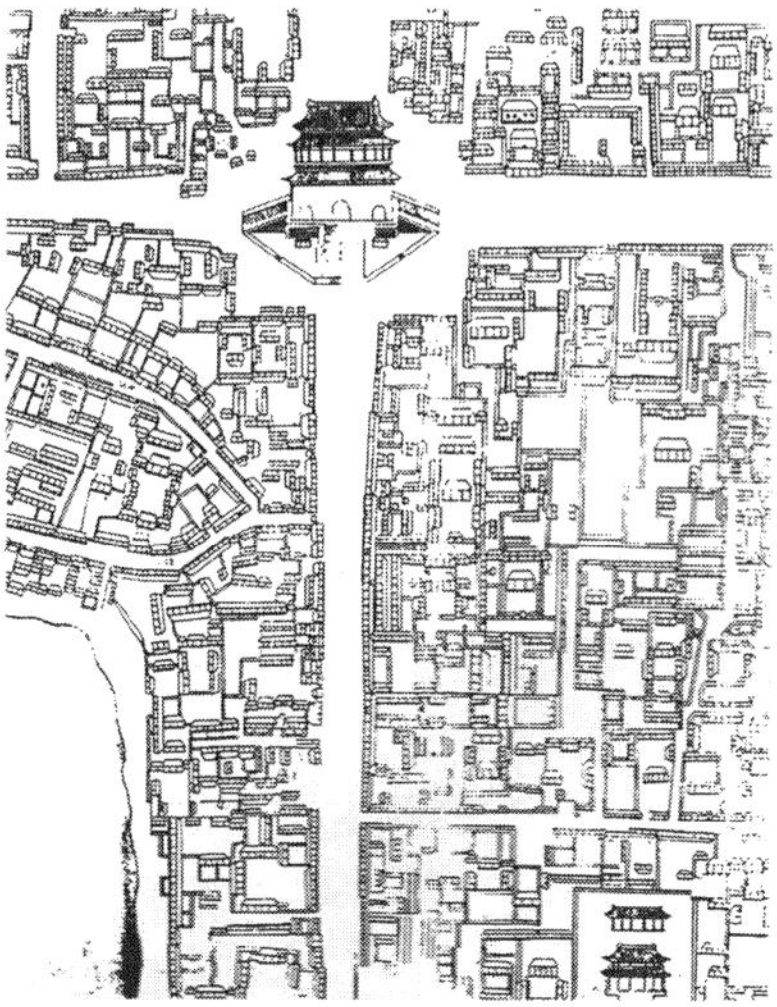

「乾隆京城全図」（鼓楼付近の部分）

ろう。

さてこの地図は、１９３５年に故宮に出入りしていた京都大学の卒業生の今西春秋《いまにししゅんじゅう》が、日本人としては初めて実見し、すでに撮影されていたが印刷に至らなかったモノクロ写真を安価で入手し、その価値に注目して１９４０年に、日本の国家機関であった興亜院華北連絡部が、解説と索引を別冊につけ、横長の地図が縦に17列、全51冊の原本を生かした折本形式で、『乾隆京城全図』の名で非売品で出版された。小野勝年《おのかつとし》によると、「発行部数が限られており、誰もが容易に入手できる訳ではない」とされていた。原図は六五〇〇分の一だったが、複製の刊本はコロタイプ印刷で、二六〇〇分の一。印刷は、本書のいくつかの章でも触れられている安藤更生《あんどうこうせい》編の『北京案内記』と同じ北京にあった日系の印刷会社の新民印書館が担当した。安藤の年譜（『安藤更生著作年譜目録』安藤きよ発行。１９７２年）によると、この地図の監修にも、新民印書館の編集部長だった安藤が関わっている。この地図は、管見では日本の十数カ所の図書館の蔵書にある。これを中国では「日本版」と呼んでいる。

「故宮版」の存在

日本人の手によって、いわゆる「日本版」（興亜院版）が現れ、大衆の前にこの地図の姿が現れたのだが、同年に、故宮博物院によって約二四〇〇分の一の縮尺で『清内務府蔵京城全図』という名でモノクロ印刷された。これは普通「故宮版」と呼ばれている。

この地図は、折本ではなく、二百枚あまりの地図がばらばらに製本されずに箱におさめられており、後述する『加《か》摹《ぼ》乾隆京城全図』（ここでは「加摹版」と呼ぶ。）を出版した燕山出版社の話によると、北京でも故宮版より日本版の方が多く見られるそうで、どちらも北京の図書館では所蔵している。しかし、私は北京で１９９０年代に故宮版を一部入手しているが、どういう訳か、「故宮版」は日本の図書館などで閲覧するのは困難で、最近、関西の大学の図書館にようやく1セットあることが確認できた程度の稀覯本となっている。１９４０年当時の両者の印刷部数には、かなり差があったことが推測され、解説や索引もない「故宮版」の出版物としてのあまりの簡素さから判断しても、一般に広く配布、頒布しようとした形跡が故宮版には感じられない。

「日本版」と「故宮版」は同年に印刷されたが、なぜだろうか？　偶然とは思えない。日本版は原本の形式を踏襲して折本としているが、故宮版は地図としての利用価値に印刷の目的を集中させて、手間をかけず、箱入りのバラバラの地図とし、傷んだ地図の取りあえずの複製を目的としているようにも見える。

また、関西の某大学所蔵の「故宮版」（未見）は、地図が折られて箱に入っているという。私の所有する故宮版の地図は折られていない。そのような事実を総合すると、故宮版は正式の出版物ではなく、関係者の間にだけ配られた限定版ではないか。あるいは高価な日本向けと廉価な故宮版が同時に作られたのではないか。日本版の出版後、日を置かず中国人向けに故宮版を作ったのではないか。あるいはこれの印刷も新民印書館で行ったのではないか、などの推察や疑問が浮かんでくる。当時北京にいた日本人の著作に、日本版のことは出てくるが、管見では故宮版について触れるものがない。1944年に北京で出た多田貞一の『北京地名誌』（第21章参照）も日本版について触れているが故宮版については言及していない。これも実に不自然だ。

再生、復刊された地図

この珍しい二種の地図は、長く複製されなかったが、1996年に北京の燕山出版社《えんざんしゅっぱんしゃ》によって故宮版を元に出版された。その名は『加摹京城全図《かぼけいじょうぜんず》』。約二〇五〇分の一の縮尺で、その名の通り、原図に手が加えられており、製作にあたっては、故宮版を元にして消えた線などを書きこみ「復元」を企てたため、線の引き方が乱暴だったりして、いろいろと新たな疑問を生じた。地名索引は「日本版」のものを活用している。

しかし2009年になって、『清乾隆内府絵制京城全図』五冊（故宮博物院第一歴史檔案館）が刊行され

「清乾隆内府絵製京城全図」の説明書の表紙（部分）

た。高価なものであるが、最新のこの地図の複製版として、戦後のものではもっとも詳しく、余計な手が入っておらず価値あるものと言えるだろう。解説も詳しい。

一方、日本では国立情報学研究所のデジタル・シルクロード・プロジェクトにおいて、『東洋文庫所蔵』貴重書デジタルアーカイブで、『乾隆京城全図』をデータ化していて、2008年に公開され便利になった。これには東洋文庫が所蔵する「日本版」が使用され、あらたに地名索引を用意したり、過ちを補正したり、Google Earth を活用しての、現代の地図との「重ね地図」のような機能を持たせたりして、利用価値を高めている。

なお東洋文庫の蔵書には「日本版」しか無いようで、昭和十六年に蔵書となったことが地図に記入されている。出版の翌年だ。なお中国側でも、近年この地図のデジタル化が進み、利用しやすくなってきている。

日本版と故宮版の関係

この1940年に印刷された地図は、前述のように、興亜院により発行され、当時の国際関係を反映して、中国と日本の主だった複数の大手印刷会社の出資により設立された印刷会社によって印刷されたが、資料によると中古の機械は用いず、あえて最新の設備を日本から導入して、印刷業務を行ったようだ。日本人の視点では、当時の日本人学者のこの地図への評価と、新設の印刷会社の最新設備による印刷という努力を認めないわけには行かず、それが今でも複製が作られ、それを元にデータが電子化され、北京の研究に広く供されているという事実には、眼をつむることはできないだろう。

北京の地名研究で有名な言語学者の張清常氏は、著書の中でこの地図の故宮版の印刷について、「当時の蹂躙と貧困の下に、中国人の気概を表すために、困難に負けず、全力を尽くして複製する勇気に心が打たれる」（『胡同及びその他』増訂本）と書いているが、そのような関係者の心理状態や努力は予想・理解できるが、当時、日本人と中国人が協力して設立した、いくつかの中国文化団体の存在と気運、新民印書館の中国人向けの多数の教科書などの書籍の印刷実績、『北京地名誌』などの良質な出版物などの、中国文化の研究や教育に果たした人たちの役割に照らして、この故宮版の地図の印刷は、やはり当時の北京での印刷の技術水準、あるいは中国人一般のこの種のものに対する価値感や意識のみからではなく、北京の日本人による「刺激」や「きっかけ」、あるいは印刷の「提案」がなかったら恐らくこの時点では印刷物にはならず、そうであるならば、現在に至る北京の都市の研究はどんなにか寂しいものになったかと思わざるを得ない。１９４０年以降、そして戦後、あらたな原本の撮影によるこの地図の出版は長い間行われた形跡がない。なぜか？　なぜ１９４０年当時なら印刷が可能だったのか？　日本版が計画されずに、故宮版だけの印刷は当時の社会情勢でありえたのか？

出版が興亜院であったとしても、傷んだ古い地図を朽ちる前に印刷、保存、公開しておこうという試みは日本人的な発想と感覚だ。居庸関《きょようかん》や大同石窟の調査や撮影も、日本人が戦前に行ったものが、今でも中国で大きく評価されていることを思い出す。しかしながら、国民党も美術品を故宮から持ちだしても、このような一見価値がなく、運びにくい大きな地図は対象にもしなかったのではなかろうか。

「大字版」を作る

なお私は故宮版を北京の日系印刷会社に、保存や複写を考えて、良質の厚紙に、全体をビスで留めて分解可能として、最新の印刷技術により、さらに拡大して約一三五〇分の一、A2版での印刷を依頼して、すべての地図の一覧表を加えて、『大字版乾隆京城全図』という名でごく少数私家版として完成させた。この大字版は、早速、『NHKスペシャル・アジア古都物語』の第一集「路地にいきづく皇都」（2002年）で、CGによるこの地図の三次元化による北京の町の復元の際に活用された。再現したCG映像は海外からの提供依頼も多く、教科書や副読本にも掲載されているそうだ。この地図はこうしたことにも活用されているので、手前味噌だが、今西や安藤の「思い」や行動を、ちょっと受け継いでいるという意識がないでもない。入手しやすい「加摹版」でもいいから、1セット入手して、自分が関心ある場所の過去を尋ね、現状と比較し、あるいは町歩きのベースマップとすると、北京に対する関心と知識、過去のこの町への哀惜の情がもっと増して行くのではないだろうか。（櫻井澄夫）

23

「北京博物館通票」から見た北京の博物館

★リピーターたちのために★

ここで書きたいことは二つある。一つは「北京博物館通票」（以下、通票《トンピャオ》）というものについての紹介、もう一つは、それを通して見た昨今の北京の博物館事情だ。通票については、２０００年に『北京かわら版』の連載（第73回）に書き、それをベースに、２００８年に出した、『北京を見る読む集める』（大修館書店）でも書いている。その後の話を中心に書くが、重なる部分もあることは、お許しいただきたい。

まず簡単に通票なるものを紹介すると、北京の博物館が連合したフリー切符である。文献によれば、制度が始まったのは１９９０年、私が白塔寺で偶然見かけて、使い始めたのは１９９２年のことで、10元だった。そのころは小さな博物館は、０・５元くらいが普通だったのだが、悪名高い外国人料金（十倍はざら）の時代だったから、わずかな日数の滞在である我々でも、もとが取れた。

最初は、まさにフリー切符で、歴史・革命博物館（当時）などの大型館をはじめ、対象施設には何回でも入れた。だから、交通機関の定期と同じように顔写真が貼付されていた。加入施設にはあとで書くように出入りがあるが、一貫して加入していないのは、故宮や雍和宮、白雲観など特定のものに限られると思う。

もうからないせいか、１９９５年には一時発売中止になったが、復活して、参加館も増えて、今日まで続いている。そのかわり、入館回数が三回になり、やがて一回だけや、半額にしかならない館もでてきた。天津方面の施設が対象になったり、長城の向こうの風景区がたくさん入った時期もあった。デザインの面でも、迷走の連続だった。我が家のあちこちに散乱しているのを探してきただけでも、電磁カード式になったり、絵葉書やトランプみたいに館ごとにばらばらだったり、ずいぶん横長のチケット風になったりと、いろいろな形を経ている。安定したのは２０００代半ばのことで、一館一館を丁寧に取り上げた、文庫本くらいの大きさの案内書の体裁となり、それが続いている。

「北京博物館通票」2017年度版

一方で、２００７、８年ころには、公共博物館の無料化が始まり、古建築を利用している場合や特別展などを除いて、全中国で公共の博物館が無料となった。このニュースを新聞で読んだときには、そんなことは無理だと思ったが、現在も無料化は維持されている。当然通票の対象館にも無料となったものが少なくない。２００８年の本の時は、これから通票はどうなるだろうと結んだが、現在でも発行は続いている。

さて、ここからは手もとで見つかった中で一番新しい2017年版をベースに話を進めたい。まず表紙を見ると、「北京博物館通票」というタイトルの他に、「共収録館点一一一家、合計優恵両千五百元」（全部で一一一カ所の博物館を収録し、メリットを合計すると二千五百元）とある。定価は120元。今回出てきたうちで一番古い1993年の通票の場合だと、45施設で15元だった。

111の内わけを見てみると、博物館、記念館が49、水族館や森林公園が7（こういうところは、通票でも八掛けが多い）、免費（無料）公開が55ということになる。もっとも、1993年版にも今なら無料であろう館が18くらいはあるから、対象施設はやはり増えているし、公共の博物施設の増加は注目に値する。

この二つの版の収録対象を比べれば、北京の博物館の変化の傾向が書けて、北京もずいぶん博物館が増えたものだということで、この原稿はめでたしになるはずなのだが、そうはいかない。毎年毎年の出入りが実に多い。1993年の45館のうち、2017年版に名前のないものが7ある。改組や位置づけの変化などの事情もあるのだろうが、意外なのは一時閉館している館がけっこうあることだ。例えば石刻芸術博物館（五塔寺）は、建物や展示のリニューアルのための工事で休館し、いつ再開かよくわからなかった（2016年になって再開したそうだが、まだ行っていない）。こうした時、中国では、解説の表現、あるいは展示内容そのものに、その時々の事情が反映するから時間がかかることが多いように思う。どう変わったか楽しみである。実のところ、博物館の休館はWEBで事前チェックできない場合も多く、現地へ行って閉鎖中でがっかりということもあるし（最近では、銀山塔林がそうで、2017年版からは消えている）、再開の予定などはもっとはっきりしない。

では、荒っぽく見た最近の傾向はと言うと、一つには、日本でもそうだが何でも博物館になる。鉄道はもとより（正陽門の旧北京駅はそれ自体が博物館）、水道、警察、消防、税関と公的なものから、帽子、ヴィンテージカーなどの趣味的なものまで、広がっている。また、郊外の各区でも博物館を持つものが増えた（近所に碑林もある昌平、密雲などに行ったが、ちゃんとした展示がされている、行くのに時間はかかるが）。

中国国家博物館

この文章を書こうと思ったのにはもう一つわけがある。この頃はと言いたいが、かなり前から、北京は故宮、天安門広場、天壇、長城あたりへ行ったら、もう行くところがなく、内地への乗り換え点でしかない。つまり、リピーターが来ないというぼやきをよく聞かされた。通票が対象とする百十一の施設の全部が行く価値があるとは言わないが、知らない場所が大部分で、行ってみたいと思うものも多い。120元の割引券付きガイドブックだと思えば、かなりお買い得だと思う。最近は郊外の施設も増えていて、そうなると行くのも面倒だが、地下鉄の乗継だけで行ける場所だって少なくない（第50章参照）。

そして、一度は行くべき施設の代表は、天安門広場に面した国家博物館だろう。2011年に、長い休館期間を経て、再オープンした。おそらく中国一だし、世界でもトップクラスの広さの博物館だ。これがタダなのに、なぜ行かないのか。

一時間だけでもここに割けば、走馬看花ではあっても、教科書クラスの優品をずらりと見ることができる。しかも無料なのだ。私の経験では、開館時間前には行列ができるが、一般的には切符入手に少し並ぶだけで入れる、故宮の切符売り場の行列よりはるかに速い（パスポートが必要、日本の免許証を提示して入った猛者もいるが）。いや、故宮だって入場料はお高いが、中の施設を用いてのテーマ展が絶えず開かれているから。考えて見れば割安なのだ。広すぎて、時間配分が難しいのが難だが。

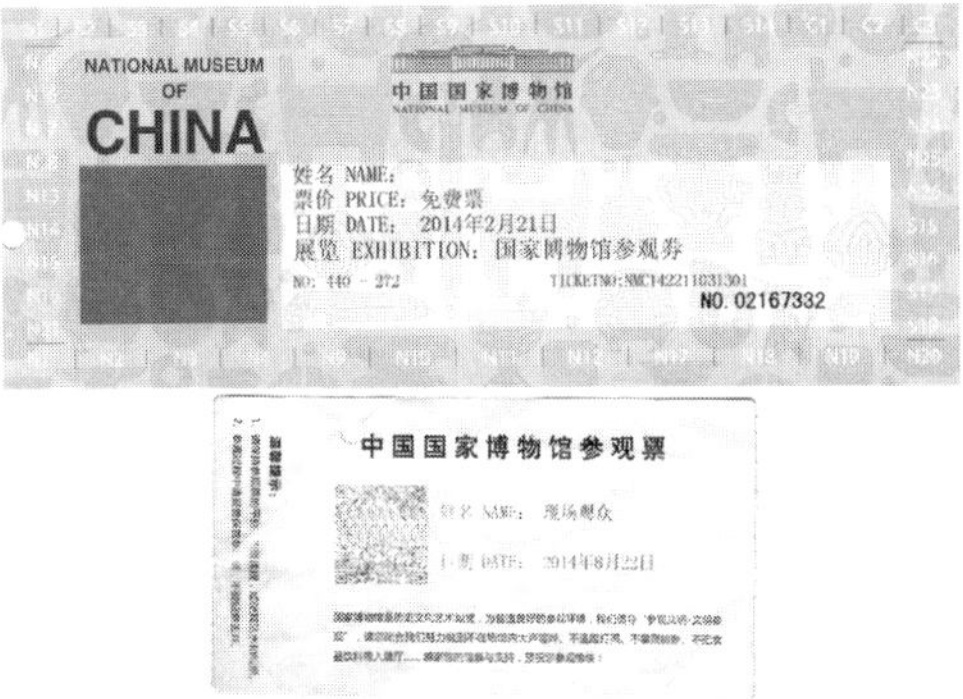

中国国家博物館参観券二種

　ちなみに、通票は年末になると対象施設などで売り出されるようで、地下鉄の駅で買ったこともある。在庫があればずっと売っているようだ。いつのころからか、よく似た「票」も出現している。手もとには2012年の「北京遊覧年票」80元、2011年の「北京文化休閑遊覧聯票」60元がある。同じように年末になると売り出されていた。重なっている施設も多いが、どちらかと言えばレジャー施設やテーマパーク、郊外のものが多いように感じる。同じ窓口で通票と両方売っていたこともある。

（森田憲司）

24

北京の石刻めぐり

★首都の歴史を語る石たち★

「北京の石刻」と聞くとどんなものを思い浮かべるだろうか。天安門脇にドンと構えた獅子像や彫刻の柱も、「石に刻んだ」ものであるし、長城の入り口で写真スポットとなっている「八達嶺」や「不到長城非好漢」（毛沢東の詞の一部、目的を達成できなければ立派な人間ではないの意）の碑も、やはり「石に刻んだ」ものである。ただし、日本人が「石刻」と聞いて最初に想起するのは、おそらく縦長の「石」に文章を「刻」んだ碑であり、歴史資料として石人・石獣などにもまして重要なものもこれらである。古来華北の重要都市であった北京は、12世紀に金がこの地（燕京）に都を移したことで、中華の政治・社会の中心となり、そのご現在までほぼ一貫して首都であり続けた。その結果、官僚たちによって、あるいは寺観の管理者たちによってたてられた石刻が、北京には多数残っているのである。それらの碑刻を収集・保存・研究する代表的な施設に、北京石刻芸術博物館がある。

北京石刻芸術博物館は、北京動物園の裏手、普段は観光客もまばらな水路（長河）沿いにある。タクシーの運転手や地元の人には、五塔寺と告げた方が分かってもらえるが、なるほど、境内の正殿の屋根には五本の尖塔が立っている。この博物館は、正式名称を真覚寺というチベット仏教の寺院を利用して、１９８７年に設立された。石刻の所蔵件数は、首都博物館とあわせて一万件近くにのぼるという。公開されているのはごく一部であり、屋外にはおおむね明代以降の石刻が展示されている。そのうち「普《ふ》勝《しょう》寺《じ》重《じゅう》修《しゅう》碑《ひ》」をはじめとする清代の石刻（写真１）の一部には、満洲文字・モンゴル文字・漢字の三種の文字が見られ、往事の北京の様子をしのばせる。屋内には、遼代皇族の墓誌を筆頭に、貴重な現物が展示されるほか、石刻の形態などについて、説明もなされている。展示替えもあるようで、後漢以来の石人や元代の石獣など、考古遺物として重要な資料に出会うこともある。このように、ここは中国を代表する石刻専門の博物館として、北京の長い歴史を肌で感じさせてくれる場所である。

写真１　石刻芸術博物館の「普勝寺重修碑」（清代）

　北京には、他にもいくつか石刻を保存・展示している施設があるが、首都ならではの場所として、まず旧城内の東北部に位置する孔廟と国子監《こくしかん》をあげることができる。国子監は歴代王朝の最高学府であり、かつ教育管理機関でもあった。孔子をまつる隣接の孔廟と一体化して、時に太学《たいがく》とも呼ばれ、儒教的文教政策の聖地たる役割を

写真2　ガラスで保護された孔廟の「孔子加号碑」（元代）

持った。孔廟には科挙の合格者一覧を刻む「進士題名碑」が林立する。題名碑の大部分は明清時代のものであり、ほぼ同じサイズの石刻が立ち並ぶ様相は壮観である。他に、十三経《じゅうさんけい》を刻んだ石経や、全国の学校で建立された「孔子加号碑」の一つ（写真2）、そして孔子の弟子らに封号を加えることを記念した「加封四子碑」など、儒教関連の碑刻も多く保存されている。その一方で興味深いのは、清代の「平定回部告成太学碑」など、儒教や学校とは一見関わりの無いものが見られる点である。これは、新疆やジュンガルなどの平定を太廟で祝賀報告した際にたてられたものであった。また、元代の京畿都漕運使（運河の管理責任者）の王徳常の離任に際して刻まれた「去思碑」も展示されるが、これは、各地の孔廟へ周辺の重要文物が運び込まれたのと実は軌を一にする。民国以降、全国で孔廟が学校や文物関連の公共機関（文物局・博物館など）へと転用されていったが、北京の孔廟は１９８０年代から首都博物館として、国子監も解放後長らく首都図書館として利用された経歴を持つことによるのであった。

次に、修復を経て２００４年に公開された歴代帝王廟も首都ならではと言えよう。ここには、歴代帝王廟の歴史を伝える四つの碑刻があり、いずれも清の雍正帝から乾隆帝の時代に立てられた。その中には、北京郊外の明十三陵で見られる、文字が刻まれない、いわゆる「無字碑」が一つ含まれる。これは、後人の評価を刻んでもらうことを期待した則天武后の無字碑にならったという説もある。

孔廟や歴代帝王廟以外でも、寺院や道観などの宗教施設で、また碑刻を集めた公園などで、特徴のあるたくさんの石刻に出会える。これもまた北京の魅力であろう。例えば、元代以来ムスリムが集住した牛街のモスク（礼拝寺《れいはいじ》）には、西アジアにルーツを持つムスリムが葬られており、墓石も添えられている。これも石刻の一つと言えよう。また、郊外に出てみると、房山区の雲居寺《うんごじ》には、唐代から明末まで刻み続けられた一万五千点にのぼる膨大な仏教教典が地下におさめられており、房山石経として仏教史の一級資料となっている。また、長年北京の石刻を調査されている森田憲司氏によれば、密雲区図書館の敷地内に碑刻が集められているという。実は、図書館はもと文廟（孔廟）があった場所に建てられており、例によって、孔廟に周辺各地から石刻が運びこまれた結果であった。一方、昌平区の昌平公園内に２００３年に整備された昌平文物石刻園にも、区内の鎮や村から集めた石刻が展示されている。石刻を集めて保存する試みは、清代以来今も続く営みなのである。

城内に戻り、最後にもう一カ所、石刻の宝庫を紹介したい。北京で最大規模の道観である朝陽門外の東岳廟は、保存される碑の数が群を抜き、百近い石刻が林立している。その多くが、廟の修復や祭祀活動を記念したものであり、当時の人々が記録の「永遠性」を願って碑をたてた様子が目に浮かぶ。また、石刻は一面で書道家の鑑賞対象ともなり、本廟にある趙孟頫《ちょうもうふ》撰書の「大元勅賜開府儀同三司上卿輔成賛化保運玄教大宗師志道弘教沖玄仁靖大真人知集賢院事領諸路道教事張公碑銘」（いわゆる「張留孫碑」、号の長さが元朝の尊崇を表わす）は、その最たるものである。趙孟頫は元代の有名な書画家であり、その書風は端正で現在も書道の手本として重宝されている。それ故に、趙孟頫が筆を振るった現存の碑刻は、ガラスケースで丁重に覆われ展示の目玉ともなっている。このガラスケースは、風雨や化学物質から石碑を守るためだという。文物保護と公開展示の両面を考えて、最良の方法だと考えられているのだろう。大気汚染が度々ニュースとなる北京で美しい文字と石面がそのまま保存されていくことを願うのみである。

さて、こうして北京に現存する石刻を見てくると、やはり、清代のものが圧倒的に多いことが分かる。森田憲司氏やモンゴル帝国史家の松田孝一氏が指摘するように、北京地区、とりわけ旧城附近における元代の碑刻は乏しく、同じく北京に都をおいた遼金の碑刻も、発掘された墓誌を除けば僅かである。それは、石材が再利用される運命を持ち、時代が新しいほどたくさんの石刻が残りやすいというのが一番の原因である。20世紀後半以降、多くの施設が文物保護単位に指定され、石刻が保護文物に指定されるようになって初めて、石を刻んで立てた人が望んだ「永遠性」が、本当の意味で発揮されるようになったと言える。歴史的遺物が豊富な北京であるが、石刻を主題に北京をめぐると、また違った顔が見えてくるのではないだろうか。

（櫻井智美）

25

「北頂」娘娘廟今昔

★オリンピック公園の片隅の話★

北京の地下鉄八号線の奥体中心駅を降りて地上に出ると、そこは北京オリンピックの舞台となった奥林匹克公園、すなわちオリンピック公園の南端である。眼前に広がる見晴のよい広大な敷地に向きあうと、右手に「鳥巣《ニャオチャオ》」の名で知られる北京国家体育場、前方に国家水泳センターなど、点在する競技施設が視界に入るが、左前方すなわち北西に向かってしばし歩いてゆくと、周囲とはかなり趣を異にする寺院のようなものが現れる。これが「北頂」娘娘《ニャンニャン》廟であり、碧霞元君《へきかげんくん》という女性神を祀る廟である。

碧霞元君は泰山《たいざん》娘娘《ニャンニャン》とも呼ばれ、五岳の筆頭、東岳泰山の神である東岳大帝の娘とされる。娘娘とは、子宝のことをはじめ女性たちの生活に密着した願いをかなえる女性の神の俗称である。娘娘の廟は中国各地に存在するが、南方では天后《てんこう》娘娘すなわち媽祖《まそ》の信仰が中心であるのに対し、北方では泰山娘娘すなわち碧霞元君が最も信仰されていた。碧霞元君は明清時代に華北や東北地方で女性に限らず信仰が盛んになり、父の東岳大帝をもしのぐ絶大な人気を誇った。

北京の界隈は、華北の中でもその信仰が最も盛んな土地の一つであった。北京地方で最大の信仰拠点は北京の旧城から西北40キロほどの門頭溝区《もんとうこう》にある妙峰山だが、旧城内の人々にとってはさらに身近な娘娘廟があった。それが「五頂」である。「五頂」とは、旧城を取り巻くようにして存在した、東頂、南頂、西頂、北頂、中頂と呼ばれる五つの碧霞元君廟を指す。何故「頂」というかについては、元来泰山の山頂に祀られていた神なので、その祠廟についても「頂」というのだという。ゆえに五頂は「泰山行宮《あんぐう》」とも呼ばれた。

北頂はその中の一つで、旧北京城の徳勝門外にある元の土城（大都の城壁跡）から東北に三里（1・5キロメートル）ほどの所に位置する。古い歴史については詳らかでないが、明の宣徳年間鋳造の銅鐘や万暦の銅炉があったというので、明代の創建であろうと言われる。旧暦四月の廟会の期間に農具や日用品の市で賑わうことで知られた。

私は1999年から2001年まで北京に滞在したが、当時北京で某日本企業の北京支店にお勤めであった櫻井澄夫さんに誘われて一緒に妙峰山を訪れたことをきっかけに、北京の碧霞元君信仰の歴史に興味を持った。そして五頂の遺址も訪ね歩いたのだが、中頂、南頂に続いて三番目に北頂の探訪に赴いた。

2000年4月10日の午前11時、まだ建設中で舗装もきちんと出来ておらず、自動車はとても走りにくい北四環中路にあるバス停「北辰路」に、私は降り立った。そして道の北側にある「肉餅大王」の右脇から北へ約1分進み、左へ折れて約1分半ほど歩くと、雑多な家並みの中に修復中の北頂廟を見つけることができた。

この廟に関係する建造物の一帯は、レンガ壁や鉄柵、民家などに囲まれていて、入ることはでき

修復中の北頂廟（2000年４月10日）

なかった。遠目に見える建物は、足場用に組んだ鉄パイプに囲まれ、その上の方で作業をする職人たちが何人かいた。最前部にある山門と思しき建物は屋根とその下方が少し見え、門額に「勅建北頂嬢嬢廟」と刻まれていた。着色はまだされていない。その手前のレンガ壁の上方に、「工程名称：北頂娘娘廟修繕工程／開竣時間：九九年七月——／設計単位：北京建工学院古研室／建設単位：朝陽区文化文物局／施工単位：北京市文物古建公司／監督部門：市建委監督総站八分站／甲方負責：任某、金某／乙方負責：……」などと書いたパネルが掲げてあった。1999年7月の竣工のようであり、工事関係者に少し話しを聞いたところ、（2000年）8月には完成するのでその後は自由に見てよいという。修復しているのは山門と正殿の二つであり、中には石碑もいくつかあるとのことだ。

この日は内部を見ることができないので、8月以降にまた来ることとして、しばらく周辺をうろうろしてから立ち去った。しかし、その後ついに再訪の好機が得られないまま、2001年7月に北京を離れて日本へと舞い戻った。

時は移って2014年9月17日。北京にあった私は、前日に仕事を終えてこの日の夕方の便で日本に帰ることになっていた。そこで午前中の空いた時間を使い、およそ15年ぶりにようやく北頂廟の内部の参観を実現することができた。オリンピック公園を北西方向に進んで私の前に現れた北頂廟は、山門殿、天王殿、娘娘殿を中心に、東西に配殿と鐘鼓楼を具えた真新しい神廟であった。娘娘殿の後方にも東岳殿、玉皇殿などの基石があるが、建物は作られていない。

天王殿には増長天、広目天、多文（聞？）天、護国天の四像が祀られている。山門の次に天王殿を置くのは元来仏教寺院のスタイルである。娘娘殿には天仙聖母碧霞元君、眼光聖母名目元君、子孫聖母育徳広嗣元君の三像が祀られている。娘娘殿の前方左右に配殿があり、旧時の北京五頂に関係する文物や写真などを展示している。最盛時の諸殿を完全に復元したわけではないが、まずまず立派な規模の廟宇と言える。

ちなみに山門を入って右に目をやると「鳥巣」の威容（異容？）が目に入る。左手には何やらよくわからないＩＢＭ関連のユニークな形の高い建物や、大きな公寓《マンション》などがそびえていて（一連の複合施設で「盤古大観」というらしい）、こちらを見下ろしている。北頂廟も含めて、どの建物もなかなかに自己主張が強い。この付近の都市計画に「調和」というコンセプトはなかったようだ。

帰国後、北頂廟のことを考えるたびに私の心に湧き起こるのは、この伝統的文化施設が辛くも保存され、建築や神像が復興されたことに対するささやかな喜びもさることながら、この地域の風景の激変に対する衝撃と困惑が大きい。土ぼこりにまみれつつ、ゴチャゴチャと雑多な家屋がひしめき、まるで迷宮のようであったこの界隈が、整然と区画された車道や歩道の間に青々とした芝生が生え、遠くまで見渡せる広大な公園になってしまい、昔の面影は完全に消え去った。そこに何故か北頂廟だけが残っている。

現在の北頂廟

もっとも、言うまでもなく激変したのは別にここだけではない。私がかつて寓居していた北京大学キャンパスに隣接する中関村《ちゅうかんそん》の変化もまた凄まじい。あるいは西頂廟のある海淀《かいでん》区の長春橋付近なども現代的な商業施設を中心に整備された。しかしここは、ある意味でサラ地化してしまい、そこに廟だけが残された。残されたようでもあり、新しく作られたようでもあるピカピカの廟がひとつポツンと建っている。この不思議な光景が、言葉にし難い独特の複雑な感傷を惹き起こすのである。

（横手　裕）

26

北京で骨董を集める

★人間模様を映し出す〝お宝〟★

四半世紀前になるが、私が当時駐在していた北京で骨董に関心を持ったのは、ラストエンペラーである愛新覚羅《あいしんかくら》・溥《ふ》儀《ぎ》（宣統帝）の弟、溥傑《ふけつ》さんに会ったのが大きなきっかけだ。1992年の夏、日中国交回復二十周年で初の天皇訪中を前に、北京でインタビューした時のことだった。

北海付近にある寓所をお訪ねしたところ、おしどり夫妻として知られた日本人の愛妻の嵯峨浩《さがひろ》さんに先立たれ一人暮らしされていた。〝秘書〟というお目付け役らしい人も同席したが、少しも肩肘張らず丁寧に質問に答えていただいた。天皇訪中に対する感想などを聞いた後、世間話のつもりで「北京を代表するものは」と聞いたところ、少し考えた後、はっきりと「故宮です」と回答された。

今思えば何という愚問と顔が赤らむが、まことにその通りで、北京は皇帝がいる中華帝国の都。その皇帝が住む故宮が北京を代表するのは言うまでもない。溥傑さんが住まわれていたのは、小さな中庭をレンガ造りの建物で囲む伝統的な四合院だったが、故宮は往年日常的に出入りしていた古巣でもある。

清朝が倒れた後も宣統帝はしばらく故宮にいたが、軍閥同士の内戦で故宮を追われた後、満州国の皇帝に担ぎ出されることになる。溥傑さんはこの辺の歴史については語られなかったが、インタビューに使うため持参した溥儀の写真集に揮毫をお願いしたところ、「懲毖務新　壬申夏日」と達筆で書いてくれた。過去の歴史を反省し新たに歩む、という意味と受け取ったが、皇帝の弟から一市民と、時代の荒波にもまれながら生き抜いた半生の厳しさをうかがわせる。

それからしばらくして、溥傑さんの直筆があると知った中国の知人が、ぜひ写真集を譲ってくれと言ってきた。丁重に断ったものの、気になって調べると能筆で知られ、中国書法協会の名誉理事もされているという。書道好きな別の知人と、当時骨董店が集まっていた琉璃廠に行って驚いた。溥傑さんの書は数千元もするのだ。店主らとのやりとりから、独特の字体への評価だけでなく、皇帝の弟への敬意もあることがうかがえた。

他にも清末から民国初期にかけての様々な骨董が並べられている。社会主義の建前とは違う伝統の中国がそこにはあった。面白さに目が開かれる思いで、それから週末の骨董店通いが本格化した。品物に加え、骨董店の店主たちとの語り合いや付き合いの中で、急速に変わりつつあった中国の社会像があぶりだされて面白かったからだ。

骨董で創業

私は古銭好きだが、中国でも古銭コレクターは多く、そのころ琉璃廠には古銭を売る「銭幣商店」があった（今はない）。ある日、中国貿易に使われた日本の「貿易銀」と呼ばれる銀貨を見つけたが、日本とあまり変わらない値段だったので、買わずに店を出た。すると三十代の男性が近づいてきて手

北京市内の潘家園にある巨大な骨董市場（撮影：森田憲司）

元の「貿易銀」を買わないかという。店にあるのは委託品で手数料をとられるので損、その分安くするというのだ。国外持ち出しに必要な領収書がないため買わなかったが、これをきっかけにレイオフ中というこのA君と話すようになった。

本当に収集したいのなら週末に月壇《げったん》公園《こうえん》にと誘われ、行ってみると、いるわ、いるわ。もともとは切手の自由市場なのだが、その傍らの青空市場（今はない）で数百人がアルバムに入れた紙幣やコインを手に取り引きしている。戦国時代から近代の中国貨幣、世界各国の紙幣やコイン、どこで入手したのか、「見本」と刷られた日本の紙幣まであった。閑散とした「銭幣商店」と比べると、熱気と豊富さに圧倒された。自分で店を出すのが夢というA君はその後、売買を繰り返して資金を貯め、本当に古銭店を開いた。

そのころ琉璃廠で出会った中年のB氏は、役所勤めの一方、自著も出版したインテリだった。父親が軍の幹部だったエリートで、そのまま勤めを続けていれば老後も安泰のはずだったが、「下海《シアハイ》（安楽な勤めを辞めて事業を起こすこと）」ブームの影響もあったのだろう。役所を辞め、接客業のビジネスを始めたのだ。

趣味は骨董家具で、事務所は清代の家具だらけ。聞けば、よい家具があると聞けば現地に飛び、中国全土から買い集めてきたという。接客ビジネスよりも、骨董家具収集に力が入っている様子だった。十年余りを経て再会したところ、中国の古典家具について解説した立派な装丁の写真集を二冊贈呈してくれた。多くは売り払ったというが、古典家具のブームで明代の家具などは数百万円を超える値段が付いたはずだ。B氏は東京にもマンションを購入、悠々自適の生活を送っている。

「文物」と「古玩」

北京は歴代の皇帝が住んできた大中華の首都だけに、中国全土のお宝が集中する。もともと中国語でも「骨董」や「古董」と呼ばれていたお宝は、清朝の乾隆帝の頃から愛玩の対象との意味を込め「古玩」と呼ばれるようになった。文人皇帝とされる乾隆帝は熱烈なコレクターで、書画だけでも王羲之など一万点以上を収集、他に歴代皇帝の集めた玉器や青銅器、仏像、金銀宝石などが大量に故宮にあった。一部は「文物（文化財）」として台北と北京の故宮博物館で見ることができる。

しかし、少なからぬお宝が戦乱などで外部に流出、国外の博物館に収められたり、世界中のコレクターに秘蔵されたりしていることが、中国での骨董の位置づけを微妙なものにしている。流出が19世紀末から始まった列強の侵略の歴史と結びついて記憶されているだけに、愛国心もからんで複雑だ。清末に八カ国連合軍によって円明園から略奪されたとされる十二支の動物をかたどった噴水の吐き出し口が海外のオークションで高価落札され、中国に持ち帰った中国企業の例が大きなニュースになった。

一方、2007年から中国国内からの持ち出し制限が厳しくなり、辛亥革命の起きた1911年以前の「文物」は一律海外に持ち出すことができなくなった。それ以降であっても、中国が建国した1949年以前の歴史的、芸術的、科学的な価値を有する「文物」は持ち出し不可だ。国外に流出した「文物」を持ち帰るのは奨励するが、持ち出されては困るということなのだろう。

同じ骨董を「文物」と呼べば保護や規制の対象だが、「古玩」と呼べばその印象が薄れる。何が「文物」で、何が「古玩」か。厳密には文化財を管轄する役所である文物局が鑑定して判断することになるだろうが、実際にはあいまいだ。違法だった「文物」の民間での流通売買は2002年の法改正で追認され、何事も投機の対象にしたがる中国人気質もあいまって、中国の骨董品は現在、1990年代と比べると別世界のような高値となった。

高級品は、市場経済で財を成した富豪や腐敗した党幹部ら、新たな〝皇帝〟たちの愛玩と投機の対象になっている。骨董市場に出回る手ごろな価格の物は現代の美術工芸品がほとんどで、よくできた偽物も少なくない。逆に、日本には中国の本物のお宝が多く残っており、相対的に安いと掘り出し物を買い付けに来日する中国の骨董商のツアーが増えている。四半世紀前はともかく、外国人が今の北京で中国の本当に価値ある骨董品をリーズナブルに買い、国外に持ち出そうと考えるのは止めた方がよい。時代は変わったのだ。

（河野　徹）

コラム5

世界最大のインターネット「独立王国」

河野　徹

　二千年以上にわたって中国を外敵から遮断してきた「万里の長城」が、インターネットでも復活、壁はどんどん高く、そして長くなっている。「防火長城（グレート・ファイアウォール）」と俗称され、中国当局にとって好ましくない国外の情報を遮断するシステムとして有名だ。一方、壁の内側では、体制を揺るがすような情報発信を統制しながらも、経済活動などではネットの利便性を活用、選択的に外部世界と切り離したインターネットの「独立王国」を形成しつつあるように見える。

　当局の発表によると、２０１６年末の中国のインターネット人口は7億３１００万人と世界最大で、人口13億人の半分以上がネットを利用していることになる。その内の95％がスマホで接続しており、デスクトップパソコン（60％）やノートパソコン（37％）をはるかにしのいでいる。もちろん広い中国のことだから、ネットとまったく縁のない山間部の農民などもいるだろうが、北京など大都市での生活はもはやネットなしでは不自由極まりない。

　特徴は、まず国外の先進的サービスを研究、有用な手法を吸収した後、不要な場合は遮断するか中国国内では使いにくくし、似通った独自のサービスを「独立王国」内で発展させていることだ。検索エンジン、電子メール、ソーシャル・ネットワーキング・サービス（ＳＮＳ）、動画、ｅコマース、電子ゲーム、そしてニュースサイトに至るまで、あらゆるネット空間のサービスでこの現象が進んでいる。

　中国に旅行したり、駐在したりする外国人が最初に悩まされるのが、それまで自国で当たり前のように使っていたボーダレスのサービスの多くが中国では使えなくなることだ。ユーチューブ、フェイスブック、ツイッターといった日常的に使うサービスが遮断されており、台湾や西側諸国のニュースサイトなどは閲覧できないものが少なくない。しかし、「独立王国」内には、これに替わる中国独自のサービスがほとんどの分野で用意されている。

　検索エンジンでは「百度《バイドゥ》」、知人とのやり取りは8億人以上が使うとされる微信（**We Chat**）、短文投稿は微博（ウェイボー）、投稿動画を見たければ優酷（**Youku**）がある。ただ、大きな違いは内容次第で〝ネット警察〟によって削除されることがあることだ。生活や経済面でのサービスは多彩だ。タクシーは「快的打車《クアイディダーチャ》」や「滴《ディ》滴出行《ディチューシン》」などの配車アプリが北京など都市部で普及。商品の購入は天猫（**Tmall**）や淘宝（タオバオ）などのｅコマースを利用すれば宅配してくれ、支払いは支付宝（**Alipay**）や財付通（**Tenpay**）などでネット決済できる。

　一時期より落ちたとはいえ、中国市民の旺盛な消費はｅコマースに傾斜、中国当局も減速する経済の立て直しにネットを使った大衆のイノベーションを奨励しており、「独立王国」のネットビジネスがさらに進化することは間違いない。だが、市場経済と対外開放の中で、どんどん成熟していく中国の市民層が必要とし、発信される情報の中身を、今後も中国当局の都合のよいように選択的に規制していくことが可能かどうか。

　日本でもそうだが、ニュースはネットでチェックするのがもはや大多数となり、新浪、網易、捜狐といった大手ポータルサイトが写真や動画を多用、ビジュアルな分かりやすい形でスピーディーかつ大量にサービスしてくれる。新華社や人民日報、中国中央テレビといった伝統メディアはコンテンツプロバイダーとしての役割を強めており、結果として当局が安心できるニュースがネットの大部分を占めている。しかし、フィルターのかからない情報を知りたい、または知らせたいという人々が、微信や微博などさまざまなネット上の手段を使ってつながろうとする動きがやむことはない。

ネットでは1件あたり五毛（半元）の報酬を当局から受け取るとされるため「五毛党」と俗称される若者らの体制の意向に沿った書き込みがあふれるが、目が肥えた市民にはほとんど相手にされない。一方、〝ネット警察〟に書き込みを消されることを当局の喧伝する「和諧《ハーシェ》（調和）」と同音の「河蟹（川ガニ）」という単語で俗称するが、「河蟹」された書き込みのいくつかは消される前にピックアップしたネットユーザーによってたちまち拡散していく。

中国当局は最近、アカウント作成の際の実名性義務化などネット管理を強化している。一方、中国をいったん撤退したグーグルが再参入の意欲を示すなど、中国市場の将来性を見越した国際ネットビジネス界も動き始めている。新たな「万里の長城」の中で何が起き、どう進んでいこうとしているのか。中国独自の道を指向するインターネットの「独立王国」の動向は、当面目が離せそうもない。

Ⅳ

暮らし

27

柳絮の現状

★北京の「名物」の正体★

ポプラとヤナギ

古くから数多くの詩歌にも歌われ、北京の名物となっている「柳絮《りゅうじょ》」は、「柳の綿」と多くの人に思われているが、実は、ヤナギ（ヤナギ科ヤナギ属の総称）と、ポプラ（ヤナギ科ヤマナラシ属の樹木の総称）の成熟した種から生えた繊維状のものの総称である。

普通の人は、空を飛ぶ綿が、ヤナギの綿なのか、ポプラの綿なのか、区別がつかず、全部を「柳絮」と呼んでいることになる。

春になると、どの種類の木から最初に「綿」が飛んでくるかというと、地方によって違いがあるが、北京の場合、まず、毛白楊（ヤマナラシ属）、次に垂柳（ヤナギ属）、饅頭柳、沙藍楊の順である。

これらの木から、交代で「綿」が飛んでくるわけで、北京では4月下旬から、5月下旬、ひいては6月にかけて「雪景色」が見られることになる。

ポプラとヤナギは、中国全土に見られるが、南はだいたい江《こう》蘇《そ》、浙江《せっこう》の両省、北は河北省が一番多いようだ。

新中国の成立後、「緑化祖国」の名のもとに、ヤナギやポプラが大規模に植えられた。

　１９８０年代の半ばころに、北京市内の道路網の拡大につれて、北京市は地方から多数の毛白楊の木を仕入れ、街路樹として市内に植えた。当時、これらの毛白楊はすべて雌の木だったので、三年目になると一斉に「綿」を飛ばした。

　つまり北京の柳絮は、北京の都市発展の副産物ということになる。これは今では失敗談の例となっている。

　北京郊外の大興県に、「大興森林公園」があるが、ここはポプラの木が一番集まるところとして有名で、市内の朝陽区に眼を転じると、「柳陰公園」にはヤナギの木がたくさん植えられているので、各種のヤナギが見られる。

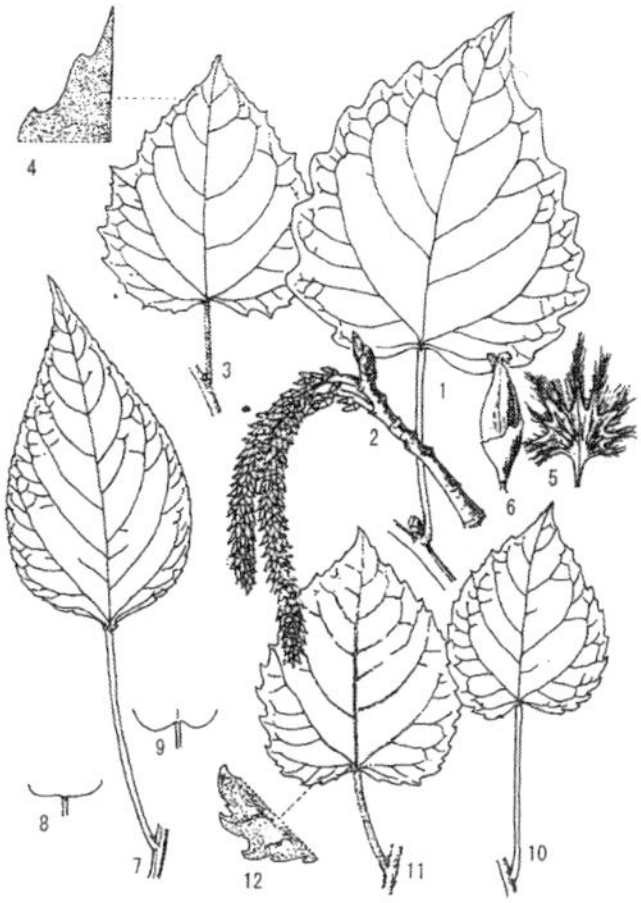

１～６：毛白楊、７～９：响葉楊、
10～12：响毛楊

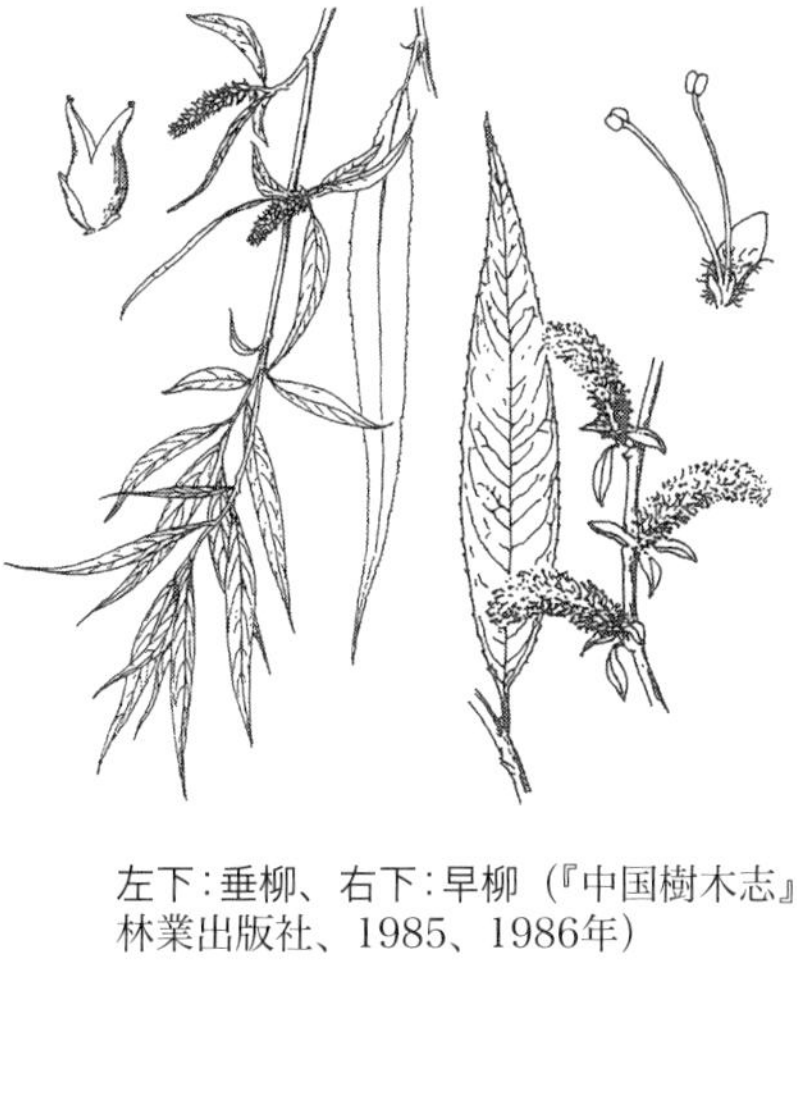
左下：垂柳、右下：旱柳（『中国樹木志』
林業出版社、1985、1986年）

報道から見る最近の対策

これまで、毎年4月頃になると、北京市消防局から、よく次のような内容の「飛絮警告」が出された。

柳絮がたまるところにタバコの吸殻を捨てないこと。

家の窓を閉めること。（柳絮が窓から台所などに入ると、火事のもとになる）

車のマフラーをよく掃除すること。（柳絮がマフラーに入り込み車の温度が上昇すると、火事になりやすい）

北京の園林部門は早くも2003年から、柳絮を減少させる対策と措置を取った。例えば、4月に入ると、「綿」の出たポプラや雌の柳の木に水をかけたり、枝を切断したりするなどの方法で、綿を減少させせようとしてきたが、効果が明らかではなかった。

毎年「柳絮撲滅」と盛んに宣伝しているのに、どうして、柳絮がまだ飛んでいるのか？　と市民から疑問の声が絶えなかった。

これに対して、北京市園林管理部門の責任者は、「北京では、いまポプラの木は約200万本、柳は約150万本あり、その多くは前世紀の1970～80年代に植えられ、今はちょうど生命力の旺盛な期間に入っているので、「綿」が多く飛び出すのも当然である」とし、「綿」の発生を抑えるために、市はこれまでに、主に二つの方法を採用してきたとする。

(1)木の枝に農薬を注射

2009年に、北京園林科学研究所によって開発された「抑花一号」という農薬を柳とポプラの幹に注射し、「避妊」させるようにしてきた。

まず最初、北京オリンピック施設と公園、学校、幼稚園付近に植えられた雌の柳とポプラの木を対象に、「抑花一号」を試験的に注射した。これにより90％の「綿」の飛び立ちが抑制できたという。しかし一本の木に注射するには、人件費を含めコストは、約35人民元で、たとえ今年注射しても、来年にならないと、効果が出ない。それに一旦注射すると毎年やらなければならない。この当時は３５０万本の木のうち、半分以上は雌の木なので、全部の雌木に注射するのは不可能だった。

⑵「移花接木」という方法

雌の木に対する「変性」手術を行う。雌の木の枝を切って、その上に雄の枝を接木する。

この方法は時間がかかるし、高い技術も要求される。それにわりと低い木に限っている。コストは一本で約１００元と注射よりも高い。

以上の方法は一定の効果があるものの、予算的に不足するところがあるため、広く推し進めようとするには一定の難しさがある。

今、北京では、注射を受けた雌のポプラと柳の木は、約5万本で、「変性手術」を受けた雌の木はごくわずかだという。では、雌の木を全部切ったらどうだ?

直径20ミリのポプラの木は、年間炭酸ガスを１７２キログラムを吸収、酸素を１２５キログラム放出、塵埃を16キログラムを抑制できる。直径20ミリの柳の木は、年間炭酸ガスを２８１キログラムを吸収、酸素を２０４キログラム放出、塵埃を6キログラムを抑制できる。もしポプラと柳の木を大量に切ったとしたら、都市の環境を大いに破壊することになるという。

北京の人は、柳絮への不満が募る一方のようであるため、かなり前から北京市はこの問題を根本的に解決しようと、「十万銀杏進京来、百万雄楊緑北京」というスローガンのもとに、雌の「毛白楊」

積もった柳絮と筆者（撮影：櫻井澄夫）

対策を行った。今後、北京の市内には雌のポプラを植えてはいけない。勝手に植えると責任を問われ、ヤナギやポプラを一本植えたら、他の木を五本植えなければならないという規定であったので、雌の木がだいぶ減り、柳絮の被害もかなり減ってきた。しかし私は雄の木ばかりを植えることには長短あり、雄の木ばかり繁殖させると、苗木の退化、虫害が発生することを免れえないと思い、優良な品種の樹木を育てるには、有性の繁殖を採用すべきだと考える。

柳絮の未来

柳絮は人間に対して、何も良いものをもたらしてくれないのか？

柳絮にも利用価値があると科学研究者が言った。

柳絮の綿の繊維は、中空状なので、油の吸収性が良い。柳絮絨毯を作って、将来、海洋石油漏れ事故に利用することを研究中という。

また、柳絮を炭化させることによって、炭ナノ管（パイプ）を作ることも研究中。柳絮で作った完全な炭素結構のパイプは、良好な電導性を持っているから、将来電子設備のコンデンサーの製作にも利用できると考えられているという。

柳絮は風物詩にはなっているが、その存在は功罪半ばしていて、市民にとっては歓迎すべきものではないものとされていて、これからのも議論の対象になっていくだろう。

（高　潤清／翻訳・補筆、傅　薔）

28

北京の金魚を探して

★私と金魚の半世紀★

1959年、北京生まれの私の北京での金魚の初めての記憶は5〜6歳頃、両親に連れられ、度々週末に行った天安門の脇にある中山公園に展示されていた金魚である。公園の西側に50〜60ぐらいの大きな陶器や木製の「たらい」が並んでいて、中には各種色とりどりの金魚が飼われていた。その頃の中山公園には人が少なく、とても静かだった。

7歳で小学校に入学し、すぐに文化大革命となったため、学校が閉鎖され、両親も会議ばかりで、家に帰らないことも多く、半年くらい近所の朗さんという人民出版社のコックをしていた壮年夫婦の家に預けられた。朗さんの家では、当時の流行で、金魚や熱帯魚を飼っていた。週末になると、よく私を自転車の荷台に乗せ、草ぼうぼうで汚かった、今の長富宮ホテルの南の東便門の所の川に餌の魚虫（ミジンコのようなもの）を取りに行った。

中国は金魚の原産地と言われ、金魚飼育の歴史は二千年あまり前の戦国時代に遡れる。北京の金魚飼育の歴史は数百年あるという。金の時代に遷都してから、煉瓦用の土を大量に掘ったりしたので、いまの天壇公園の北側の荒野に大小沢山の水溜りができ、金の皇帝がそこに「金藻池」（のちに金魚池と改名）を造って、金魚を飼育したという。金、元、明、を経て、清に入ると、次第に大小１００以上の金魚池が形成され、ここは金魚の名所となった。清の乾隆皇帝は、金魚を愛好していたため、金魚業者たちは、珍しい品種の飼育や繁殖に力をいれ、品種改良によって王字虎頭、鵝頭紅、蛋絨球、鼓眼帽子、虎頭龍睛、丹鳳など、色や形に大きな変異が出た品種の飼育に成功した。珍しい品種が出るたびに、宮廷に送っていたので、これらの金魚は紫禁宮に送られ、「宮廷金魚」と呼ばれるようになった。金魚池あたりからは、「金魚徐」「金魚張」、「金魚牟」などと呼ばれた金魚業者が出たのであるが、一番有名なのは、「金魚徐」であり、徐さん一家が飼っている金魚は、かつて３００種類以上あり、隆皇帝より御筆で書かれた「金魚徐」の横額をも戴いたという。しかし民国時代に入ると、金魚の飼育は衰退し始め、金魚池地区にはゴミだらけのスラムが形成された。１９６６年になると、池が埋められ、その上にアパートを建てたそうである。天壇公園の北側に現在も金魚池東街と金魚池西街という地名が残っているが、これらはかつてあった金魚池の名残である。

以前北京には「天棚、魚缸、石榴樹。先生、肥狗、胖丫頭」（天棚、金魚鉢に石榴の樹、ご主人に、肥えた番犬に、太った女の子）という民謡があった。これは北京人が裕福な家庭のお決まりの四合院の中庭の風景を描写しているのであるが、北京の市街地の発展は、四合院をつぶしたので、中庭で金魚を飼うことが困難になったが、高層アパートに移住しても北京市民の、金魚を飼う「趣味」は変わらなかった。近年、なぜか風水を信じる人が多くなったようで、金魚は「風水魚」とも呼ばれ、金魚が財運や好運をもたらしてくれるという説があるので、裕福な家の入り口や応接間に豪華なガラス張りの水槽が置かれた家庭が増えてきた。

市内の有名な市場には、玉泉路魚市（海淀区）、官園魚市（西城区）、団結湖魚市（朝陽区）、潘家園魚市（朝陽区）、そして十里河花鳥魚虫市場、天寧寺観賞魚市場、陶然亭観賞魚市場などが挙げられる。これらの市場は、朝から人込みでごった返していて、草金魚から、北京の人にお馴染みの琉金、龍睛、望天、獅子頭、虎頭、丹頂などの種類まで売られている。普通の草金魚なら10元で6匹も買えるが、有名な品種でも、大きさや外形によって、値段が違うが、一匹で10元か15元はする。ここ近年、和金と蘭鋳《ランチュウ》、そして錦鯉が人気があるようで、和金の値段は一匹で20元前後であるのに対して、蘭鋳と錦鯉はずっと高価で、品の良い魚は一匹で千元か1万元で売られることも珍しくない。

私の手元にある『北京の金魚』（張紹華著）という本によると、清が滅んだ後、北京市内の大小金魚業者は集団で、北京市東部の高碑店にやってきたそうで、高碑店は大衆的な草金魚の生産地になった。１９９５年に京通高速道路が開通後、その辺の池は多く埋立てられたので、金魚を飼う人家が少なくなった。もっと東の北京市朝陽区黒庄戸郷にいま大魯店という村があるが、わずか１００世帯のこの小さな村に、約80余りの人家が金魚を飼育しているので、「金魚村」と呼ばれている。黒庄戸郷は「北京観賞魚第一郷」としてその名声は北京どころか国内外までに広がっている。現在の北京市内で売られている金魚の飼育地は、ここの他、市の北郊の馬坂、天竺、それに天津市、河北省などがある。去年の資料によると、北京市の金魚の養殖面積はすでに1・5万畝《ムー》（1畝＝６６６・6平方メートルに相当）に達し、全国の23％を占めているという。

なお5年前、テレビで偶然「又見金魚徐」（戻ってきた金魚徐）という番組を見た。長い間人々の眼前

中山公園の木海の現在の様子

から消えてしまった「金魚徐」が、再び金魚を飼うことになったというのを知った。「金魚徐」の第八代目の徐国慶さんは、清朝が倒れてから紫禁城すぐそばの中山公園（当時は「中央公園」）で、金魚を飼っており、1935年4月16日、「宮廷金魚展示会」を中山公園で開き、数多くの珍しい品種の金魚が展示され、センセーションを巻き起こしたそうである。先日、櫻井澄夫さんより、参考書として『北京へ北京で北京から』という古い本のコピーを送られた。小学生の著者の仁谷正明さんは1944年に6歳で、北京で2年ほど生活したことがあるが、北京中山公園の金魚について、こう描いた。

「いろは赤、白赤、くろ、紫、茶など、大きさは15センチくらいから、20センチくらいまでいる。かっこうが、また、とんでもなく変わっている。頭に赤いバラの花びらのようなリボンの付いているのもあれば、触覚のように長い目玉のもある。しっぽのむやみに長いのもいるし、日本のコイのようなのもいる」。

6歳だった仁谷さんの目に映っている金魚と私の小さい頃中山公園で見た金魚は、みんな「金魚徐」さんが飼っていた宮廷金魚であろうと思うと、気分が高ぶった。中華人民共和国の建国後、金魚徐の第九代目の徐金生さんは、引き続き中山公園で金魚飼育に従事し、そして、第十代目の徐建民さんは中山公園で生まれ、小さい頃から金魚の飼育を見ながら大きくなったと言えるが、文化大革命の時、金魚養殖は「四旧」（旧思想、旧文化、旧風俗、旧習慣の総称）とみなされ、中山公園の金魚は、珍しい品種も含め、全部川に捨てられ、徐父子も中山公園から追い出された。文革後、徐建民さんは父と地壇公園で八年間金魚を飼っていたが、改革開放の中、徐建民は金魚養殖の仕事を辞めて、タクシーの運転手になった。２００７年に、徐建民さんは、二十年ぶりに金魚養殖への復帰を宣言し、北京の順義県に、金魚養殖基地を開設し、主に宮廷金魚の繁殖に専念している。北京の金魚は、１９８０年代になっても、なお１２０種があったのであるが、現在では百の品種も残っていないという。金縷衣、紫玉簫、烏夜啼、拂霓裳など、詩的な響きのある金魚の品種はいつか再現できるであろうと私は期待している。

２００８年に中国初めての「中国金魚博物館」が北京通州区張家湾に開館した。現在、中山公園では、墨龍晴蝶尾、五花獅子頭、赤帽子、珍珠、絨球、五花水泡などの30種類以上の金魚が我々の目を楽しませる。なお２００４年から、毎年の4月から10月の間に「金魚品評会」が中山公園で開催され、その時「木海観魚」（木海とは大きな木製のたらいのこと）というかつての中山公園の有名な景観が再現される。なお「四大雅趣」（優雅な趣味）とされた「花鳥魚虫」の観賞は、「四大雅好」とされた「琴《きん》棋《き》書《しょ》画《が》」と同様に、古くから、中国人の精神生活を豊かにしてきたが、これからも中国人の心を潤していくであろうと私は思う。

（傅　薔）

Ⅳ

暮らし

29

アーイー

★北京生活の頼もしい助っ人★

北京に住んでいる外国人家庭がもっとも密接にかかわりあう人、それがアーイーだ。

アーイーとカタカナで書いてしまうとなじみが薄くなってしまうが、漢字で書くと「阿姨」。おばさんという意味の中国語だが、お手伝いさんという意味もある。「アーイー」と呼びかけるのが一般的だが、日本人家庭では「アーイーさん」と日本風に「さん」付けで呼んだりもする。戦前には「アマ（阿媽）」と呼ばれていたと聞く。

時代が変わり、北京での生活も便利になってきて、アーイーを雇わない家庭も出てきたようだが、北京外国人家庭の日常生活に欠かせない存在がアーイーだ。

アーイーはお手伝いさんなので、家事全般を担っている。特に今ほど便利ではなかった時代、アーイーの重要な仕事は市場での買い物だった。毎日の市場での買い物は、スーパーマーケットでの買い物に慣れてしまった私たちにとってかなりのストレスである。その買い物を代行してもらえるだけで、精神的な負担が軽減したものだ。買い物と言えば、知人が雇っていたアーイーさんは読み書きが不自由だった。そんなアーイーさんなの

第29章
アーイー

でメモを取るということがない。ところが、かなりの量の買い物も間違えずに買ってくるし、買ってきた後の勘定報告も合わなかったことがないと、その記憶力に皆で「アーイーさん恐るべし」と感心したことがある。子供がいれば、子供の世話も託すことになる。外国暮らしは何かとあわただしいこともあり、子供とアーイーの距離は近い。子供が学齢期の場合は、幼い子供たちと違って、アーイーとの接点は少なくなるが、頭脳が柔軟な時期には、アーイーから言葉を吸収するのも早く、親とアーイーとの意思疎通の手伝いをする子もいるほどだ。その反面、日本人の親としては真似てほしくない部分も吸収してしまうこともあるので、子供の世話を頼む場合はアーイーの人となりをよく見極める必要があるだろう。また中国では一人っ子政策が長らく行われていたことから、子供を過剰にかわいがるなど、かなり過保護になりがちである。これも一つの問題点だと思う。そうはいっても、子供にとってアーイーの存在はとても大きい。戦前戦中に北京で子供時代を過ごした方からもアマの思い出話をたくさん聞いたものだが、自分の子供を見ても、北京時代の思い出話のあちらこちらにアーイーが出てくる。

アーイーは、紹介所を通じて雇うことが多い。外国人の場合、かつては国指定の人材会社を通じてしか アーイーを雇うことができなかった。現在は、中国人の共働きが多いこともあり、あちらこちらにちょっとした紹介所があるので、気軽に雇うことができるようになった。しかし、外国人の私たちにとって一般の紹介所を使うのには不安がある。そこで、一番安心できるのは、先輩日本人の方に知り合いを紹介してもらうことだろう。または、とりあえず前任者が雇っていたアーイーを雇うこともよい方法だろう。日本人の家庭に雇われていた経験のあるアーイーは、ある程度日本人の生活習慣を知ってくれているので、言葉が通じなくても家事を任せるのに安心感がある。赴任して落ち着かない時期でも、スムーズに北京での生活を始められると思う。

一般的に人を雇う経験がない日本人家庭にとって、アーイーは便利だが、気苦労が絶えない存在でもある。日本人に比べ、欧米の人たちはプライベートをしっかりもっているし、ダメなことはダメだと、はっきりしたものの言い方をするためか、アーイーを使うのも日本人ほど構えていないような気がする。これは日本人の民族性が大いに影響しているようで、東南アジアなどほかの国で生活している人たちからも、アマに対する悩みを聞くことが多いし、戦前も同じ悩みがあったようで、手元に、戦前に書かれた「阿媽とボーイの使ひ方」という記事（安藤更生編『北京案内記』新民印書館、1941年）があるが、その中で、なぜ日本人は使用人の使い方が不得手なのかということに言及している。「一、言語の不自由。二、彼らを知らぬ、研究せぬ。三、日本人の開放生活の欠点。日本家屋の習慣。五、外国人への生活態度の未訓練」。いつの時代でも、人を使うことは難しく、今も昔もその悩みはあまり変わらないような気がする。実際に戦前アマを使っていた人たちの悩みを聞いたり、読んだりしたことがある。また自分でもアーイーを使う経験をした。外国語という壁があり、どうしても言葉足らずになってしまうことが、人使いをさらに難しくさせているかもしれない。毅然とした態度をとることができればよいのだけれど、結局、言葉が足りないということに落ち着いてしまうのだが。

では実際に、アーイーのいる生活は、どんなものか。我が家を例にとって紹介してみたい。日常業務は掃除、洗濯とスクールバスで帰ってくる子供の出迎え。そのほかに子供の習い事の付き添いをしてもらったり、夜間親が留守にする場合の見守りをしてもらったりしていた。午後の半日雇いのアー

第29章
アーイー

イーは、自転車で通ってきていた。日常業務は掃除、洗濯とスクールバスで帰ってくる子供の出迎え。家にやってくると掃除、洗濯をして、一息つくころに子供が学校から帰ってくる。バスの到着時刻ごろに昇降場所まで行って子供を迎える。子供が小さいころは、そこからアパートの遊び場に直行し、しばらく遊ばせてくれて、家に帰ってくるとおやつの時間だった。その後アイロンがけやら、残りの仕事をこなして、夕方になると、また自転車で帰っていく。それが基本だ。子供の習い事の付き添いがある日は、メインは付き添いで、掃除洗濯は余剰の時間にすることにしていた。夕食の準備を頼むこともあったが、そういった日は買い物をしてから出勤、そしてご自慢の中国の家庭料理を振る舞ってくれた。簡単な繕い物は当然ながら自分でこなしてくれていたけれど、靴のかかとの修理や、包丁砥ぎなどをお願いすると、持ち帰ってどこかでやってもらってきてくれたし、手に入らないものを相談すると、どこそこで売っていると情報を手に入れて、代金を渡せば買ってきてくれたりと日常業務以外のことも率先してやってくれた。

アーイーが住んでいた家

アーイーは中国との窓口でもあり、いろいろな街の情報ももたらしてくれる。季節の話題、流行のテレビ番組など、私たちには無縁の北京の日常をあれやこれや、おしゃべりのついでに話してくれるのを聞くのも楽しかった。とくに我が家のアーイーは老北京、いわゆる北京っ子だったので、北京の風習にも詳しくいろいろと教えてくれた。時折、幼いころの思い出や、おじいさん、おばあさんから聞いた話など、書物でしか知ることのできない古い北京の話を披露してくれて、それも楽しみの一つだった。

最後になるが、子供時代の一時期を北京で暮らした子供たちにアーイーについて聞いてみると、こんな言葉が返ってきた。娘からは「母に叱られても、そのあといつも励ましてくれるアーイーは、心のよりどころでした」。息子からは「アーイーは、あらゆる部分での中国との窓口でした」。（野口朋子）

コラム6

アーイーとの雑談から

野口朋子

新しい中国の建国の年（1949年）に生まれたアーイーは、前門の繁華街近くのちょっと奥まった胡同《フートン》の古い建物に住んでいた。いわゆる四合院式の住宅は彼女の父親の私有財産で、ちょっとしたお金持ちの出身だった彼女自身は、新中国に生まれ育ち、しかも自分の子供は一人っ子という典型的な革命後の中国人だ。そんな彼女の思い出話には貴重なものも多く、私は彼女の話を聞くのが好きだった。その中の一つを紹介しよう。

纏足《てんそく》をご存知の方も多いと思う。実際に見たことはなくても耳に挟んだことくらいはあるのではないだろうか。漢民族の女性の昔の習慣で、幼いころから足を縛り、成長を止め矯正させられた先のとがった小さな足のことだ。私が北京に留学していた1980年代には時折見かけたが、辛亥革命《しんがいかくめい》（1911年）以後、纏足が禁止されたため、今ではさすがに出会うことがなくなった。先日、現在までの生存者は数えるほどだというニュースを目にした。纏足は、小さければ小さいほど美しいと言われた。「三寸金蓮」と言われ、手のひらにのるほどの小さな足が、蓮の花びらにたとえられ賞賛された。アーイーのお母さん、おばあさんはそんな時代に生きた人たちだった。

「祖母の足は本当に小さかった。握りこぶしほどしかなかった。でも足を洗うのが大変。いつも包帯のような布で足をぎっちり包んでいるから、それを解いて、足の指を一本一本伸ばしながら丁寧に洗う。いつも握っている状態になっているからまた伸ばすのが大変で」。小さかったアーイーはそれを興味深げに見ていたのだと

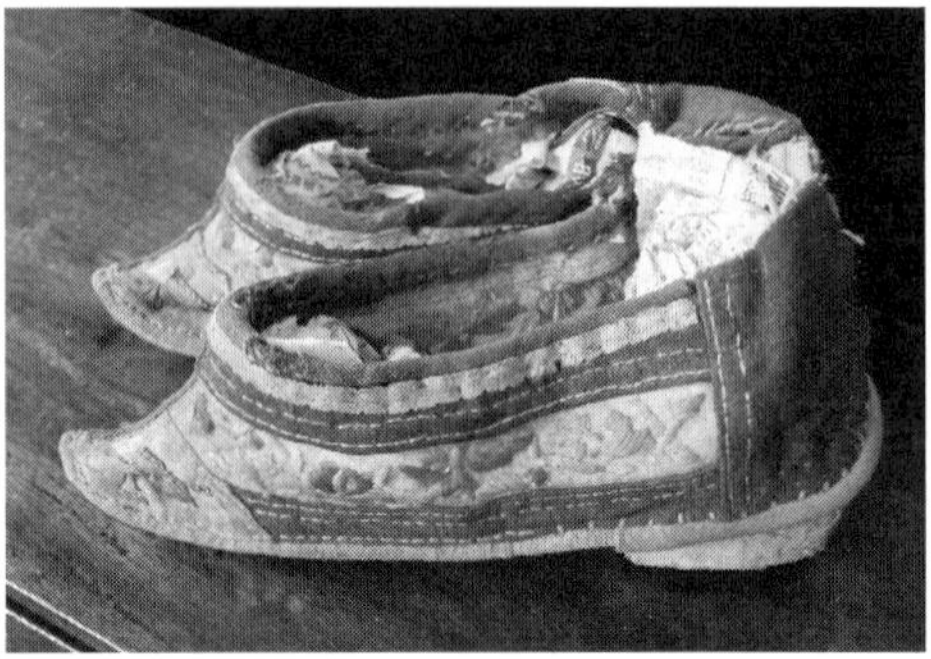
纏足用の靴（Wikipedia より）

いう。そして「痛くないの？」という孫娘の無邪気な問いに「昔は痛かったけれど、もう痛くないわよ」と答えたという。その言葉にどれだけの思いが込められていたか。

　そしてもう一つ。「祖母は自分の靴は自分で作っていたの。自分の足に合わせて。そんな祖母が大切にしていたのはとてもすてきな刺繍の靴。紺のシルクの、とっても素敵な靴で死装束用の靴だった。幼心にこんなにきれいなのにもったいないとは思ったけど、祖母の最期にその靴を履かせたわ」。アーイーはその祖母の靴より素敵な靴を見たことがないといいながら「死装束は、正装とか晴れ着だったなんて、昔の習慣って、もったいない習慣よね」と言って笑った。

「私の母の足は纏足失敗の足だったのよ。祖父母が、あまやかして育てたから失敗したらしいのだけどね」と、アーイーは纏足について詳しく解説してくれた。

「足の指を内側に折り込んで、包帯状の布でぎっちり巻く。包帯で固定された握りこぶし状の足で室内を歩くのよ」。そこまで聞いて私は絶句した。試しに言われた形にしてみたが、それだけで足の裏がつって、とてもその状態で歩けるものではない。

「母は祖母に隠れて布をはずしていたらしいわ。辛亥革命の時世で、それが許されるような雰囲気があったから、祖父母は見て見ぬふりをしていたのよ。でも、それで話は終わらなかった。縁談が出るころになって、足が大きいことが徒になって、なかなか決まらなかったの。足の大きな女だって、いやがられて。ようやく結婚してからも、私の父方の祖母や父にいつも嫌味のように言われたらしいわ、足が大きいって」。ご時世で表向きは、纏足をやめようと思っていても、やはり自分の身内の事となるとやめることができない。悪習とはわかっていても、それに従っていないとなると、ちょっと不安なのが正直な気持ちだったに違いない。時代の変わり目の哀歌だろう。

そして、最後にこんな思い出を語ってくれた。

「そうそう、祖母が友達と三人で、前門大街を歩いていた姿を思い出すことがあるの。三人ともとっても小さな足でね。だからヨチヨチ歩きなの」。私の頭の中にも、その風景が、浮かんできた。それがなぜか、懐かしい風景のように感じた。

30

水が語るみやこの伝説

★水と建部の深いかかわり★

水脈が決めた建都

空気が乾いている北京では、水辺はとても「癒される」場所だ。ふと気がつけば、足が水辺に向かっている、という人は、私も含めて少なくないのではないだろうか。

一見、ただ漫然と流れているだけに見える水。だが、さすがは古都北京だ。少し調べてみると、実は歴史ある都市ならではのさまざまな記憶を受け継いでいることが分かる。

北京の地図を眺めると、積水潭《せきすいたん》から中南海まで、湖が都心を堂々と横断している。そもそも都市に大量の水は不可欠だが、実は北京の本来のぬしは水だ、と言ってもいいくらい、北京と水の関係は深い。胡同の名称にしても、1950年代の統計を見ると、水と関係があるものが300に上っている。

13世紀にフビライ・ハーンが北京の前身である大都を建設しようとした時、易学に通じた劉秉忠に都の造営計画を任せた。大都の建設で大変重視したのが水脈だったと言われている。そこで優秀な水利学者の郭守敬によって、大都の水脈の整備が行われた。

劉は風水学の知識を駆使し、現在の積水潭から中南海に至る湖を都の内部に組み込んだ。そして当時「海子《ハイズ》」と呼ばれていた現在の什刹海《シーシャーハイ》の東北岸、今は鼓楼の北東あたりに当たる場所に、都の中心点を決定したのだった。そして、その中心点を基準に城壁を築かせた。このように最初に明確な中心点を定めてから都市の建設を行うのは、中国の歴史では極めてめずらしいことだったという。

その後、王朝が変わると、城壁の位置はやや動くことになるが、それでも湖水を中央に取り入れた都市の形は、明清以降も受け継がれていった。

昆明湖

飲み水は井戸水

かつて、北京を貫く主要な水路は、まず旧城壁内の西北部、清代の離宮として有名な頤和園《いわえん》の中の昆明湖《こんめいこ》から流れ出ると、長河を経て現在の二環路の場所にあった護城河に合流した。そして、その一部を旧城内の水脈に譲りつつ、通恵河を経て大運河に合流したのだった。今でも東城区の東四十条付近には、当時大運河を経て運ばれた食糧を保存した倉庫跡、南新倉が残っている。その南の禄米倉という地名も、この一帯に米蔵があった時代の名残を示すものだ。

水路の水は北京の住人にとっては飲むためのものではなかった。かつて、ほとんどの住民が飲んでいたのは井戸水。もちろん皇帝も川の水は飲まず、宮廷用の水は毎日玉泉山から馬車で運ばせたという。

とはいえ、北京の為政者らが水脈を重視したのは、もちろん景観や風水のためだけではない。堀に水を引けば、都市の防衛に効果があった。また、火事が起きた時の防火にも役立った。その上、大型トラックも貨物列車もなかった時代には、遠方の物資を北京に運ぶ際、水運が不可欠だった。

竜に追われた男

もっとも、現在より水が豊かだったかつての北京では、水脈を都の中心に取り入れれば、増水時に洪水が起こる可能性もあった。また地下水の苦さも悩みの種だった。そして当時、これらの問題の解決に不可欠とされたのが、水を掌る伝説の動物、「竜」の力を鎮めることだった。

古い伝説では、建都の際、北京を支配していた竜は北新橋近くにあった井戸に閉じ込められていた。だがある日、この竜が野菜売りに姿を変えて井戸から逃げ出した。制圧を名乗り出たのは高亮という若い男だった。北京で水が一番良いのは玉泉山の泉だったため、高亮は玉泉山に向かった。竜は泉でとぐろをまいていたが、征伐に来たのが男一人だと知り、せせら笑う。その隙をついて高が竜の目を刀で突くと、竜は水のかたまりになって高を追った。高は、ある老人から聞いた「竜に追われたら、絶対に後ろを振り返ってはならない」という忠告を守り、まっしぐらに逃げた。だが、西直門近くで都の城壁が目に入ると、気が緩んだこともあり、ついちょっとだけ振り返ってしまった。すると、水のかたまりが高を飲み込んだ。

その後、人々が高亮を偲んで建てたのが、西直門外の高亮橋だ。周囲の風景はずいぶんと変わり、橋自体もだいぶ異なったものとなったが、かろうじて欄干は残っている。

ちなみに、今は想像するのさえ難しいが、かつてはここから西には、心和む行楽にふさわしい光景が広がっていた。古刹が多く、柳の並木が何キロも連なっていたという。明代の詩人、袁宏道がここを訪れた時に記したという『遊高梁橋記』には、橋の下の高梁河を流れる水について、「流れは急だが澄んでいて、水底にいる魚の鱗もはっきりと見えるほどだ」と記されている。

鎮水獣

高梁河はこのまま東で北京城の堀や積水潭に合流する。つまり、北京の人にとってはごく身近な川の、ほんの少し上流であるに過ぎない。それなのに、わざわざ川の水の清らかさが強調されているのは、やはり昔といえども、街中を流れる川や水路の水はだいぶ濁っていたからだろう。察するに、水質汚染の問題は、明代からすでにあったのだ。

石の橋から交差橋へ

水の制御に効果的とされたもう一つの神獣が、鎮水獣だ。結構愛らしい姿をしているが、いざとなるとその大きな口で溢れた水をぐいぐいと飲み込み、その大量の水を巨大な胃袋に収め、洪水を防ぐとされた。円明園のものが有名だが、地安門付近の万寧橋（俗称、後門橋）のたもとにも、その彫像が残っている。伝説では、

万寧橋

この万寧橋の下には「北京」の二文字が刻まれており、この文字の位置まで増水すると、北京は洪水に見舞われるとされた。

万寧橋は元代の創建とされている。水脈と縁が深い北京では、かつてこの他にも橋が多数作られた。今に伝わるもので特に有名なのは、什刹海の銀錠橋《ぎんじょうきょう》や頤和園の十七孔橋などだろう。もっとも、近代以降の都市の発展により、あちこちの川や水路が埋め立てられたり、暗渠に変わったりすると、歴史ある橋の多くも姿を消した。

近年はむしろ、流れる車の群れの上をまたぐ立体交差橋が、今の北京を代表する橋となっている。人々の最大の関心も、水の流れより、車の群れが溢れたり滞ったりすることの方に移ってしまったようだ。

（多田麻美）

31

カード化・電子マネー化する北京

★なぜだろう？★

「爆買い」を支えるもの

この数年、中国人による「爆買い」は、日本でも大きな話題になり、流行語にまでなった。

最近のユニオンペイ（ＣＵＰ、銀聯、銀連）の、中国人の日本でのペイメントカード使用についての調査を読むと、中国人の日本における買い物でのＣＵＰ、ＪＣＢ、ＶＩＳＡなどのデビットカード、クレジットカードによる支払いは、日本における買い物の大きな支えになっていて、カードなくしてこれほどの「爆買い」は無かったと言わざるをえない。この調査によると、カードをメインに使い、カードが使えないときに現金を使った人は全体の48・１％、高額な買い物にカードを使い、少額な買い物には現金を使った人は31・９％、現金をメインに使い、現金が足りないときにカードを使った人は20・５％、となり、この他にカードでのＡＴＭからの出金もあるだろうから、カード利用ということでは、この数字にこれらの現金による買い物の数字が加わるはずだ。

このようなペイメントカード（デビットカード、クレジットカード、プリペイドカードの総称。前二者を銀行カードと呼ぶ。）の「活躍」が、

今やいろいろな種類のカードが使われている

今の爆買いの基礎になっているわけだ。

日本のカード会社やゆうちょ銀行、ＵＦＪ銀行（当時）など一部の銀行は、早くから（２００５年開始）日本国内でのＡＴＭでの中国のカードの使用を可能にする努力を行い、日本のカード会社各社も「爆買い」を前にして加盟店などのインフラ整備を行った。しかしメガバンクの多くが、なかなか中国や諸外国の銀行カードなどに積極的に対応せず、最近になって東京オリンピックを前にして、日本政府からの要請もあって、ＡＴＭの国際的なオンライン接続をやっている状況だ。

つまり、ペイメントカードの中国での発達と、それに対応する日本側の一部企業の努力がなかったら、これほどの規模の「爆買い」はなかっただろうということが推測可能になる。

一方、北京の場合、市内交通機関（「北京市政交通一卡通」）や公共料金支払い用のプリペイドカードなど広義のペイメントカードは、極めて北京的に、中国的に独自の発展を続けている。市が主導するカードは、当初から交通機関のみを対象としたものではないことは、カードの名称からして理解できる（天津なども「城市卡」という名称で、交通機関以外の使用を最初から想定）。しかし、その実態は経験者や居住者でなければ理解しにくい。

「中国的」発展

中国の各銀行の口座は、従来、オンラインになっておらず、例えば北京の銀行に預金を持っていても上海の同じ銀行の口座からは、預金を引き出せなかった。そこで登場したのが、「信用卡」(クレジットカード)で、プラスチックカードをIDとして、銀行の支店がテレックスなどの通信設備をつかって、預金のある支店との連絡で預金を移動させることができるようになっていった。一度に数百万円、数千万円の出金や、送金も可能だった。当初の「信用卡」は、従って先進国の「クレジットカード」とは機能が同じではなく、名称だけが先進国を模し、未発達の銀行のシステムを補完するために独自の使われ方、つまりオフラインのキャッシュカードのようなもので、カードによる買い物は従たる機能として発達し、普及していった。それゆえ現在でも、中国の銀行カードの支払い方法の過半が、今でもデビット(口座から即、引き落し)なのであって、クレジット(後払い)ではないのには、歴史的な理由と背景がある。従って日本でも中国人のカード利用は、デビットカードが中心である。

一方、公共料金支払い用などの各種プリペイドカードは、確実な料金徴収に向いていたので、眼をつけられ、だいたい21世紀に入ったころから一斉に普及し、読み取り機が各家庭に設置された。銀行などでカードに入金した人民元のうち、各家の機器にカードを挿入することによって使用額が移され、支払いが完了するというものだが、近年は、このカードを使用せず、銀行のウエブサイトからの支払い、それ以上の利便性がある支付宝(アリペイ)、微信などの発達で、これらが公共料金だけでなく、電話、個人経営の八百屋などを含めた商店、各種切符、タクシー、個人間の送金など広範に使用できるようになり、携帯電話一つで、現金なしで生活できるようになり、「カード化」「電子マネー化」が進んだ。

これは依然として現金主義がまだまだ根強い日本などとはかなり様相を異にした現象である。

要するに中国は「プラスチックカード」という新しい支払い手段に続き、スマホを使ったモバイル決済を、短時間であまりためらわずに次々に社会に送りこんでいることになり、日本における金融業務の保守性とは好対照と言えるだろう。当然ながら法律の整備や当局の通達などによる指導も頻繁であり、現状や社会のニーズを踏まえている。

ただ支付宝（アリペイ）などの急速な普及は、早くも「北京市政交通一卡通」などのカードの、多機能化、汎用化とある意味でぶつかってきており、スマートフォンは、このような分野では既存のカードを（短時間で）駆逐する勢いを増している。日本のＰＡＳＭＯなどにも同じような問題があり、交通系のカードにとって、「カード抜き」の変化の時代が、いよいよ到来してきているのは、北京の状況を見ると推察できよう。また、支付宝や微信は今や着々と「日本攻略」を進めている。

なぜカード化・電子化がかくも進んだのか

中国では現在、50億枚以上の銀行カードが発行され、発行数は世界一と言われるが、そのうちクレジットカードは、だいたい一割程度で、２０１５年末現在で、国民の平均の銀行カード所有数は3・99枚、クレジットカードのみでは、全国平均０・29枚、北京に限ると、クレジットカードは一人平均1・34枚、上海は１・01枚となっていて、北京の普及度はトップクラスだ。

さて、なぜ中国は、北京はこのように急速にカード化したか、整理してみる。

①早くからクレジットカード、ペイメントカードの便利さに着目していた（１９７０年代。中国銀行

先行）。香港での動向や香港の銀行の影響が大きかった。②外国のクレジットカード発行会社の働きかけ。外国のカードの受け入れ開始（北京から。1980年代）。③銀行のオンラインの未発達が、既存のシステムに影響を受けず、逆に新しいシステムの導入によい環境や条件になった（家庭に電話が普及していなかった段階での携帯電話の普及の場合と同じ）（1990年代以前の状況）。④遅れを取り戻さんとした、政府、人民銀行の指導による全国銀行オンライン・ネットワークの整備（三金政策による、金卡工程、つまり金融システムの近代化の推進。）が成功し、カードとATMが組み込まれた。（1990年代以降）＝社会主義的な国家の明確な方針の存在。⑤北京が首都であったから。（外国の動向に敏感）⑥地下鉄、バスなどの都市交通機関の建設と近代化が行われたことと、時期的に重なった。そこにカードを導入。（上海、天津なども）⑦北京アジア大会、北京オリンピックなどのためのインフラ整備に北京市や中国政府が明確な目標数を定めて、商店やホテルなどでのカード受け入れ推進に努めた。交通機関も非接触カードなどでのカード利用を積極的に進めた。例えば市営のバス料金は現金よりカード利用の方が安い。（1990年代以降）⑧公共料金用などの各種のペイメントカードが発行され、その利便性を市民が認識し、カードというものの利用に抵抗がなくなった。⑨海外旅行における外貨持ち出し制限が、カードの利用の場合の方が事実上有利であった。⑩近年の支付宝（アリペイ）や微信などの支払いシステムは、支払いにデビットカードあるいは銀行口座やクレジットカードが結びついていたため、カードの所持、使用が生活に密着したものに進んだ。このシステムは公共料金だけでなく、日常のある業種での支払いに浸透してきており、事実上のカードの「貨幣化」が急速に進展している。⑪はびこる偽札に対する抵抗や拒否感、その対極にあるカードの存在への理解。⑫中国銀行など、北京に本店を持つ有力銀行が、カード普及の先鞭をつけた。政府や人民銀行なども、カードへの理解が深かった（例えば、今の中国人民銀行の行長である、周小川氏は、元中国銀行のカード担当の副行長だった）。⑬磁気カードや、ＩＣカードの作成コストが大幅に低減された。⑭ネット通販、ネット販売の大きな発展。⑮スマートフォンの普及（だれでも1台）。⑯伝統的に「貨幣」への信頼感、貨幣への権威意識が稀薄なため新しい支払い手段の利用に抵抗がない。

こういった実績が基盤となって、日本などでの中国人による「爆買い」へとつながることになる。「爆買い」は、突然訪れた「神風」などではなく、「カードが拍車をかけた爆買い事情」は、こうした歴史的経緯や企業努力を経て現在に至っているのであり、「コラム」で触れたような初期の北京での事情は、今の中国での各種のペイメントカードや電子マネーとの独特の発展とも歴史的には大いに密接な関係があるのである。

なお、２０１７年2月から、日本全国のローソンでの支付宝（アリペイ）の使用が可能となり、中国人の日本での支払い手段の多様化も新たな段階に入った。

中国は、そして特に北京や上海などの大都市は、今や紙幣はもちろん、カードさえ追い越して、世界でも最先端の「無現金」（キャッシュレス）社会になりつつあるのだ。

（櫻井澄夫）

コラム7

最初に北京で買い物に使用されたクレジットカードは日本発行

櫻井澄夫

クレジットカードの、歴史を繙くと、香港の銀行などの努力によって外国人旅行者に対して、外国銀行のクレジットカードによる「取現」、つまりキャッシュアドバンス（日本語では「キャッシング」）が、銀行や大型商店などで1970年代の終わりから小規模に行われていたが、店での直接のカード利用はできなかった。

1982年の3月18日に、北京の7カ所の美術工芸品店（天壇の馬羅、青山居、王府井の北京工芸美術服務部など）で、日本のJCBと中国銀行との提携で、クレジットカードによる現金を経由しない支払い（これを「直接購貨」と言う。）が開始された。最初にカードが使用された店は天壇の斎宮にあった店（今は史跡として開放されているが商店はない。）で、ここでJCBの社長谷村隆以下、村田和直、辻徹、櫻井澄夫の4名が、歴史的な中国での、クレジットカードというものによる最初のショッピングを行った。

このニュースは、日本経済新聞でも報道されたが、4月8日の『北京日報（**China Daily**）』に、担当した中国銀行のマネージャーが、これ

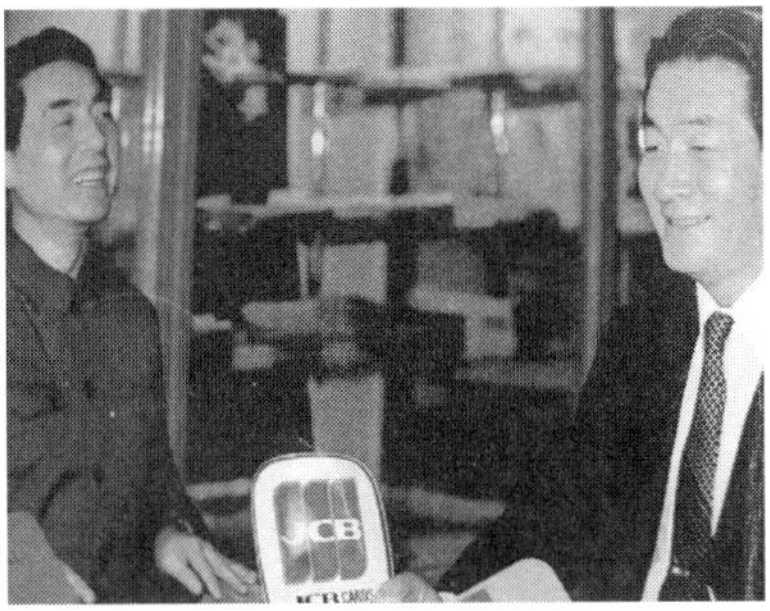

1982年3月18日、天壇の斎宮のこの店で中国で初めてクレジットカードが買い物に使用された（右は村田和直氏、左は店員）

を「1949年以来、中国にとっての初めての試み」と書いている。今では、このことは中国人にもほとんど知られていない。一物一価の中国にとっては、商店が手数料を負担する制度は、まだ導入するには時期尚早で、外国人向けの商店でなければカードを受け入れる環境にはなかった。

JCBは、その後、北京や上海の空港免税店、北京の友誼商店、当時、北京にあった三つのゴルフ場のすべてなどの多数の店のカード加盟店化に先鞭をつけ、中国全省にネットワークを広げ、他社とともに中国のカード使用環境の整備に努めた。今では多数の中国の銀行が、VISAやJCBロゴ入りのクレジットカードを発行して、日本を含めた諸国で使用されている。JCBマークのついた中国の銀行が発行するクレジットカードは1千万枚を超えている。このように日本企業と中国とのカード業務での繋がりも、40年近くになることになる。

北京の天壇の斎宮は史跡だが、中国のペイメントカードにとっても、ここで初めてカード買い物に使用された場所としても「史跡」級の場所になるだろう。

ちなみに「天壇公園」はユネスコの世界遺産になっている。

天壇の斎宮

32

すさまじい変化を遂げる北京のホテル業界

★日本人は「サービスノウハウ」提供者★

昔花形職場、いまやトレーニングスクール

かつて北京の五ツ星ホテルには北京の戸籍を持っている人しか雇ってはいけないという決まりがあった。これは外国からの貴賓を迎えるのに万が一のことがないように配慮されたものだが、優秀な地方出身者が排除される不平等な制度でもあった。ホテル業界とは、ホテルスクールを出た、機転が利き、容姿端麗な人が就職を希望する職場であり、こうした不平等な制度ながらも、採用された者の中には英語も堪能な学歴の高い将来有望な人材もたくさんおり、そんな彼らは今や出世してホテル以外の業界でもリーダー的地位に就いている。

しかし、オリンピックを挟んでの十五年間、北京の経済発展はすさまじく、ホテルの数も激増、地方からの優秀な人材もどんどん雇わなければ人手不足が解決出来ないほどになった。さらに人々の生活も豊かになり、ホテル以外の華やかな仕事が増えた今、長時間立っていることも多く、労働時間も長い、ともすれば「3K」に分類されかねないホテル業を志す人は少なくなっている。そして、一般のレストランなどとの人材獲得競争も激しく、人手不足をホテル学校からのインターン受け入れによる労働力でまかなっているところも数多く見られる。英語が必要な部署が多いという点で、中国の過酷な受験戦争を放棄し、海外の学校で学んだおっとりした「お嬢様」、「お坊ちゃま」が就職してくることも多くなっている。こうした若者はホテルでの経験をステップに、別の「実入りの多い」業界に転職することが極めて多く、ホテルはまるでサービス業の訓練校のようになっている。

フィリピン人指導者の力で90年代から立派だったテーブルセッティング

下がる日本人客の地位

喜多郎の音楽とともに全国民を感動させたＮＨＫの「シルクロード」が放映された頃から、日本人は中国での不便さをものともせずに団体旅行で大量にやってくるようになる。中には中国の持つ小悪魔のような魅力に取り付かれ、何度も再訪する「ヘビーリピーター」も生まれ、仕事で派遣される人数も爆発的に増えていった。どの都市においても、四ツ星、五ツ星ホテルで売り上げ第一位を占める外国人といえば日本人という状態だった。しかし、時代は流れ、ＳＡＲＳ、ダンボール入り肉まん、メラミン入り牛乳、毒餃子、そして尖閣諸島海域での漁船体当たり事件、尖閣国有化問題、反日デモと、中国に対する愛を持つ日本人旅行客の勢いを削ぐ事件が次々に起こった他、中国ファンの年齢層も上がってしまい、中国ブームは完全に息の根を断たれてしまった。

今や日本担当セールスマンは、新卒の同僚にも負けるほど、散々な数字しか上げられない事も頻繁にあり、かつての花形セールスマンが毎日のように針の筵に座らなければいけない状況にまで落ちこんでしまっていた。中国人で日本語を話せる人材が、他分野と兼業で勤めてくれるほうが、ホテル的には都合がいいため、人材の入れ替わりがどんどん進み、日本人ホテルマンは数えるほどしかいなくなってしまった（日系ホテル以外では２０１７年現在３人のみ）。

LIVE IN——ホテル内に住んで仕事をするということ

海外のホテルで働いている人は、大部分が職場に住みこみ、半ばツアーコンダクターのような状態になることが多い。夜間であろうと早朝であろうと、時間に関係なく呼び出されることも頻繁にある。夜中に飛び込んでくる「いいカラオケがあったら教えてください」などという暢気な質問に対して、サービス精神を発揮して親切に答えたりするのは非常に辛い役目だ。夜中の電話といえば一件、中国のホテルで働いていて良かったと思えることがあった。子供に優しい中国では、私の出産を機に、従業員全員が部屋に電話を転送してこなくなったのだ。彼らは身振り手振りで日本人のお客さんと交流し、全部フロントの現場で解決してくれていたのだ。日本では味わえなかったであろう同僚たちの温かい人情を思い出すと、今でも胸が熱くなる。

民泊アプリの猛攻

今の北京にはホテルが多すぎる。その上、不動産熱から生まれたマンションの空き部屋も大量に存在する。開放的な中国人は、自宅に見ず知らずの人を招き入れる事に対してのハードルが低い。そこにネット世代の開発した「民泊」アプリが貢献し、消費者はかなりリーズナブルに宿泊先を見つけることができるようになっている。そして、中国語のできない外人ですら、果敢にアプリを使いこなし、誰一人知る人もいないアパートに鍵一本もらって宿泊したり、中国人家庭の中に入って空いているベッドに泊まったりしている。こういう光景を目にすると、ネット時代の前と後ではホテルマーケティングの争点はガラッと変わって来たと感じる。これから先の北京マーケットの争奪戦は、ほとんどがネット上で行われ、これまでの伝統的な手法では市場予測も立てにくい時代になるだろう。

日本式サービスを傘下で展開したい投資家たち

海外の高級ホテルのすべての銘柄が揃い、競争が激しいためサービスも年々向上中の北京だが、サービスを実行する人の感性が大雑把なため、「世界最高」のレベルにはまだまだ遠い。

そうした状況下、世界で様々な「一流」を経験した富豪が、日本のサービスのきめ細やかさや完璧主義に感動し、それらのサービスを導入しようとする動きがあちこちで目立っている。また反対に、中国に較べて日本の地価は安く、従業員もまじめなので、日本のホテルに投資して経営しようという投資家もたくさん現れている。オペレーションレベルの日中ホテル交流は、これから本格的に正念場を迎えることになるだろう。

七ツ星を自称するホテルが出現

中国のホテル格付けは基準が不明確なところがあり、プールを作り、毎日役人を接待したら、おま

巨大クリスマスツリーが小さく見える
広々としたロビー、大理石使いが多い

けで「五ツ星がもらえた」という有名なエピソードもある。日本人たちはそんな光景を「一晩泊まったら、星が二つ落っこちてた」などと笑い飛ばしていたものだ。そして、そんなお国柄だからか、ホテル名自体が「七ツ星ホテル」という正式名称公認事件も発生している。世界常識に鑑みると「やってはいけないこと」だと思われるが、オリンピック前のドサクサに名称登記も済ませてしまった。件のホテルは、壁や床はもちろんのこと、天井まで大理石で出来た豪華なホテルではあるが、もちろん格付けは最高ランクである五ツ星止まり。七ツ星という五ツ星ホテルといった名前負けの残念な状態で営業している。

（大上智子）

コラム8

北京トイレ談義
――〝尿盆〟（ニャオペン）が使えない

関口美幸

北京のトイレについて書けと言われた。本やネットを調べてみると、いやや、実に多くの日本人が中国のトイレについて文章を書いていることが分かった。その中でも一番多いのが、ドアも仕切りもない公衆トイレ、我々日本人観光客を悩ますいわゆる〝ニイハオ〟トイレについてだ。果たして私にこうした中国トイレ先人たちを超える文章を書くことができるだろうか？つらつらとそんなことを考えながら先人たちの文章を読んでいた私は、ふと、公衆トイレについてのそれまでの私の認識を根底から覆したある体験を思い出したのだ。

1984年に北京に留学した私は、町をブラブラしていてあることに気づいた。日本では公衆トイレというのは、主に駅や公園、それから観光地などに設置されているものだが、当時の北京では住宅街に公衆トイレ（いわゆる〝ニイハオ〟トイレ）が多かったのだ。私は最初それを通行人や観光客に便宜を与えるためのものだと思っていた。当時の北京はデパートやホテルが少なく、出先で用を足すのはとても不便だったからだ。しかし、そうではなかった。公衆トイレの最大の目的は別にあったのだ。

春節（中国の旧正月）に学校で仲良くなった食堂の〝お姉さん〟の家に招かれ泊まることになった。お姉さんの家は、昔ながらの雑院（敷地の中に平屋の建物が建っている形式だが、四合院ほど整っていない）で、私はその家の主寝室のダブルベッドで〝お姉さん〟と一緒に寝ることになった（普段この部屋は両親が使っている。後で判ったことだがその日私にこのベッドを空けるために〝お姉さん〟の義理の兄はわざわざ自分の勤め先の寮に泊まったそうである）。そして、寝る前に〝お姉さん〟は部屋の隅に置いてある〝尿盆〟を指さしてこう言った。「夜中にトイレに行きたくなったら、これにしてね」春節のごちそうとともに大量の飲み物（ビールやジュースやお茶など）を飲まされていた私は、当然夜中にトイレに行きたくなった。〝お姉さん〟も実はさっき〝尿盆〟で用を足していたのを私は

〝尿盆〟（ニャオペン）

聞いていたのだ。平均的な日本人の家庭で育った私は、赤ん坊で記憶がない頃をのぞいて〝おまる〟で用を足したことなど生涯一度もなく、人としての尊厳に関わる気がして、どうしても〝尿盆〟を使う気にはなれなかった。しかし、生理的欲求は如何ともしがたく、このままここで漏らしてしまうか、勇気を持って〝尿盆〟を使うかという極限状態の中で、どちらを選ぶこともできない私はついに泣き出してしまったのだ。私の泣き声を聞いた〝お姉さん〟は目を覚ました。「どうしたの？　家が恋しいの？」旧正月の一家団らんを目のあたりにして私がホームシックになったのかと思ったようだ。「〝尿盆〟が使えない」と私が言うと、「なんだ、そんなこと」と言って、〝尿盆〟の正しい使い方をレクチャーしてくれた。「そういう意味じゃなくて……」当時のつたない中国語で何とか外のトイレに行きたいという意思を私は伝えた。〝お

姉さん〃は分厚い軍服の綿入れを私に着せ、ちり紙とマッチを持って、外の公衆トイレに連れて行ってくれた。春節の北京の夜中である。おそらくマイナス15度はあったと思う。息も凍るような極寒の中を抱き合うようにして公衆トイレまでのわずか3分ほどの路地を歩いた。そして私には分かったのである。〃ニイハオ〃トイレ最大の恐怖は何かということが。ドアや仕切りがないから隣の人に見られてしまう気まずさではない、臭いやハエでもない、トイレットペーパーを便器の中に捨てられないことでもない。その最大の恐怖は、夜の暗さにあったのだ。トイレに入るとそこは漆黒の闇だった。仕切りがないからどこに穴が空いているか分からない。足を摺りながら穴にはまらないように慎重に進んでいると、〃お姉さん〃がマッチを摺ってくれた。私たちは一つのマッチの明かりで、隣り合った穴で用を足した。この時ほど、トイレに仕切りがなくてよかったと思った事はない。

翌朝、〃お姉さん〃は夜中に家族が使った〃尿盆〃を持って、また公衆トイレに行った。私もついて行った。すると、トイレには同じように〃尿盆〃の中身を空けに来た近所の人たちが何人も来ていて、朝の挨拶をしたり、雑談に花を咲かせていた。そして私はこの時それまでの自分の認識が間違っていたことに気づいたのだ。公衆トイレは通行人や観光客のためにあるのではない。それは家にトイレがない平屋に住んでいる人たちの日常生活の一部だったのだ。

〃同じ釜の飯を食う〃という言葉が日本にもあるが、隣り合ったトイレで用を足した私たちは急速に親しくなり、その後、何度も〃お姉さん〃の家に泊まりに行った。〃お姉さん〃の家族たちは、不器用で〃尿盆〃すら使えない日本人留学生を受け入れてくれ、ご馳走してくれたり、服を作ってくれたりした。仕切りのないトイレが私たちの心の仕切りも取ってくれたのだろうか？

その後、〝お姉さん〟は結婚して実家を離れ、学校の中のアパートに住むようになった。旦那さんが夜勤の時などよく泊まりに行ったものだが、家の中にはお風呂もトイレもあって、もちろん〝尿盆〟も使わなくなった。

現在の北京では、平屋自体が少なくなり、昔は雑貨店の棚の上に必ず置いてあった〝尿盆〟も姿を消して久しい。そして、住宅街にあった〝ニイハオ〟トイレも急速にその数を減らし、それと共に井戸端会議ならぬトイレ端会議も姿を消したのである。

33

北京のお墓

★夫婦一緒に入れない革命公墓★

中国はかくも広く気候も風土も違うので、各地域によって葬式文化やお墓事情も当然違う。現在は火葬が基本だが、一部少数民族地域や農村では土葬が許可されている。また許可されていなくても勝手に土葬にしている農村も少なくない。北京のお墓事情の最大の特徴は、まず首都であり政治の中枢であるという事情から、党中央の貢献者たちが入る革命公墓・八宝山《はっぽうさん》があることだろう。

八宝山は元の名は黒山といい、北京西山前の平原に残る高さ130メートルほどの丘だ。

この付近から青灰や白土、黄姜など八種類の顔料、土が採れることから八宝山と名付けられているという説もあれば、麓に黄金の牛や馬、鶏など八つの〝お宝〟が埋まっているという伝説がその名の由来という説もある。八宝山南麓には元の至正年間に雲海和尚が建立した霊福寺がもともとあり、明朝永楽時代に宦官たちの墓が作られ、そばに延寿寺が立てられ、のちに褒忠護国寺と改名された。ここには永楽帝の名将・剛鉄の墓があり、その墓碑と亀趺もある。

日中戦争で犠牲となった国民党軍兵士を祭る忠霊祠が作られ

た時期あったが１９４９年になると、この寺および周辺の土地は中華人民共和国政府に収用され、１９５０年に「北京市革命公墓」と名付けられた。１９７０年に今の「北京市八宝山革命公墓」の名前となった。公墓の近くには北京市最大の焼き場と葬儀場があり、市内の三分の二の火葬がここで行われている。周恩来も鄧小平もここで火葬された。八宝山北麓には人民公墓があり、また近くには老山公墓、老山納骨堂など一般向けの公墓もある。

この革命公墓に最初に葬られたのは、１９５０年に病死した革命家、任弼時《じんひつじ》で、その後、すでに亡くなり故郷に埋葬されていた瞿秋白《くしゅうはく》らの骨も移葬された。ここにある５３０以上の墓はすべて革命に貢献した党の英雄たちの墓であり、ここに埋葬されることは党中央の指導者たちにとっては栄誉であった。もっとも格の高い納骨堂の第一室には、劉少奇、朱徳、董必武ら革命家の遺骨が納められてある。

八宝山革命公墓

だが、この革命公墓にあえて入らなかった共産党指導者もけっこういる。毛沢東は別として、周恩来、劉伯承、胡耀邦、鄧小平、華国鋒、習仲勲らは遺言で革命公墓に入ることを拒否した。１９７６年に死去した周恩来は遺言によって北京長城上空や密雲水庫など四カ所に散骨された。１９８６年に病死した鄧小平の盟友、劉伯承元帥は遺言で遺骨は重慶市の故郷や南京軍事学院などゆかりの場所に分葬された。その三年後に亡くなった総書記の胡耀邦も遺言で八宝山ではなく、故郷の江西省共青城に埋葬されることを望んだ。1997年に死去した鄧小平は墓はいらないと言い、その骨は海に撒かれた。2008年に死去した華国鋒は八宝山の葬儀場で葬儀は執り行われ、三年間だけ八宝山に納骨されたものの、2011年に本人の遺言に従って故郷の山西省交城県掛山に移葬された。彼らが八宝山革命公墓での納骨を望まなかった本当の理由は不明だが、共産党の過酷で激しい権力闘争にあの世でも巻き込まれるのが嫌だったからだろう、というのが多くの人々の推測である。

習近平の父親である建国八大元老の一人、習仲勲が八宝山での納骨を拒否した理由はなかなか興味深い。妻の斉心は党内の地位は決して高くなく、夫婦は亡くなったあと八宝山革命公墓の同じ等級の墓に入れない。妻を愛していた習仲勲は死後、斉心と同じところに眠りたいという望みを家族に伝えており、八宝山ではなく、故郷の陝西省富平県陶芸村に埋葬された。これは当時、習近平にもまださほど権力のない時代であったから、これはかなり党中央から批判をあびた〝わがまま〟であり、最初は小さな墓だった。だが、習近平が総書記になったあとは、村民から土地を強制収用し大陵墓となり、習近平自身の個人崇拝宣伝に利用したものだから、せっかく夫婦愛の美談にミソがつく結果となった。習仲勲のように夫婦で同じ墓に入りたいという願いは、ひそかに党の老幹部たちの共感を得て、最近、八宝山革命公墓に入りたくないという幹部も増えているらしい。

2005年に亡くなった元総書記の趙紫陽も八宝山に納骨されなかった。趙紫陽は天安門事件で失脚し、死ぬまで北京市内の四合院の自宅に軟禁されていた。遺族としてはその遺骨は八宝山の一番等級の高い第一室に納骨されるべきだと主張していたが、党籍こそ剝奪されていないものの、失脚後の名誉は回復されておらず、党中央弁公庁は遺族に対して第四級の公墓への納骨を提案していた。遺族はこれに強く反対し、妻の梁伯琪《りょうはくき》の遺骨とともに、民間公墓に埋葬することにしたが、当局の批准がなかなかおりず、2015年の時点でまだ遺骨は墓に納められていなかった。

毛沢東の妻、江青《こうせい》は、党のナンバー2にまで登りつめながら、文化大革命を主導した四人組の一人としてその罪を背負い、革命公墓には入れてもらえなかった。執行猶予付き死刑判決を受けたのち1991年5月14日に、病気療養仮釈放中に自殺。「故郷の山東省諸城に埋葬してほしい」という本人の希望も聞き入れてもらえず、毛沢東との間の一人娘・李納は、自腹で北京市の福田共同墓地に墓を建てた。墓碑も李雲鶴という幼名で、江青の墓であることは伏せられ、埋葬者の名もない。だが、2009年の建国六十周年記念ドラマ「解放」で江青が毛沢東を支えた賢女に描かれたことをきっかけに江青ファンが増え、参拝するようになった。習近平政権になってからは、勢力を盛り返した毛沢東親派の党内極左勢力が江青再評価を仕掛けていることもあり、最近は献花が絶えることがない。

北京福田共同墓地にある江青の墓

このように死後も権力闘争の影響を受け、なかなか心やすらかに眠ることができない北京の革命公墓だが、一方で、民間の墓にもいろいろ問題がおきている。

北京福田共同墓地

北京に限らないのだが、人口の急増で、深刻な墓地不足である。北京の一般的な墓は、基本一人用であり、最大夫婦二人用。すでに北京には33の公墓があるが、新しく（使用権を）売れる墓地はほとんどなく、残りの墓地は0・7平方メートルくらいの広さのものが5万元前後から数十万元（使用年限50～70年）と高騰中だ。市政府は市内に新たな墓地開発を禁止しており2050年には、空いている墓はほぼなくなる見込みという。

市内に納骨場所がないので、河北省など周辺地域に北京市民用の公墓もでき始めているが、これも値段は高騰してきている。こうしたことから政府は近年、家族で一つの墓を使用する家族墓を奨励したり、墓地に納骨せず、河北省北戴河《ほくたいが》や天津の海に散骨する「海葬」を奨励している。将来的には中国には墓のない市民が増えていき、そうなると、毎年清明節（4月5日前後）に墓掃除をするといった中国的墓文化も、北京のような大都市ではすたれていくことになるかもしれない。

（福島香織）

V

食文化

34

変化を続ける北京の料理店

★まずいと言われてきた料理を回顧しつつ★

「北京」は不味い？

北京の町での、広東料理、上海料理、四川料理、台湾（生まれの）料理などによる、この数十年の地方料理の「下剋上」や「洛上」が、この町での「ならい」になっているが、このような傾向は今に始まったわけではない。少なくとも明や清の時代からそのような伝統は存在していた。問題は全国的に見て、いま、料理としてどこまでの水準に達しているかということだろう。そこに最近は、外国勢力の「進出」や「侵略」そして、日本でも一時流行った無国籍料理や多国籍料理店、そして「混血児」たちの誕生が目立って増加してきた。

そのような変化の中で、いくら「北京びいき」であっても、食のプロたちの「北京では料理が不毛」という意見には耳を傾けないわけにはいかない。それが北京の食への正しい「歴史認識」につながると思うからだ。

北京の食の評価は

北京では、かつて冬には野菜は白菜とネギしかないなどと言われたものだが、そういった食材の環境的な問題や、歴史的な

事情が、こいうった中国人の食のプロたちの北京の食への評価に投影されているのは否めないだろう。

私は過去の北京以外の地方の食事情を知る人や、北京を訪問する人たちの北京の食への「低評価」、つまり「北京にはうまいものはない」あるいは「なかった」ことを認めつつ、その結果、その反動あるいは隙間をうめるように、首都としての有利な条件を活用して外国料理や地方料理の発達を見た、という結論に至る。昨今、外国の影響を受けた中華料理のヌーベル・キュイジーヌも盛んになっている。

言い方を変えれば、1～2年北京の大学に留学して学生食堂でもっぱら食べていた外国人。こちらの大学や研究機関に来ていて「食」に関心はあるが、あんまり「予算」がないような学者、研究者。中国人と結婚したばかりの外国人。道端で安い値段で売っている弁当を食べた経験者。建設工事をしている人が食べている昼飯を覗いた人。国営の有名な料理店での高価な宴会料理専門の企業人、などの認識からは、「中国人の食の実態とはこういうもの」とのすべて分かったような短絡的な意見が出がちだが、今やそれはちょっと違うのではないか、中国の食にはもっと多様性や深みがあり、もっと経験を深め、客観的、俯瞰的、あるいは視角を変えて見ながら全中国的、あるいは世界的に分析を加えて見ていかないと、真実、実情、あるいはおいしいものの発見や遭遇には迫れないと思わざるを得ない。

そのような認識が得られると、北京における「食」や「食事情」への認識が進み、おいしいものを味わいつつ、そこで体験した満足感も不満足さも、食味発達の過渡期における２０１６年の「北京の『食』の総合理解」の一助として機能していくのではなかろうか。

邱さんの意見

作家で実業家でもある邱永漢《きゅうえいかん》さんは、言わずと知れた「食味評論家」だが、香港や台湾、中国本土の各地で文字通り高級なものから庶民的なものまで、そして晩年には欧米の一流料理もたくさん食べ歩き、比較し、自ら料理店を経営し、そして書いた。

北京の食の内容は、「北京に行くと店のなかにかなりお客が入っていても、注文した料理が出てきて、口をつけてみるまで安心できない」「料理不毛の地」「もともと北京は料理の水準の低いところ」（『口奢りて久し』中央公論新社、２００４年）、「何と言ってもメシのうまくないこと」「北京の料理は上海や広州とはとても比べられない」（『中国の旅、食もまた楽し』新潮社、２０００年）などと手厳しく、北京ダックの『全聚徳』についても、「サービスもよいとは言えないし、創意工夫の熱意もなく」「失望することが多い」、宮廷料理の『仿善』については「料理は極めて粗雑」、シャブシャブの東来順にも「いまの人たちの舌にあわない」（同書）と批判的だ。また邱さんによると「料理屋の寿命は三十年」だそうだ。寿命が三十年ということは、代替わりすると劣化するということで、故人だがある台湾人の財閥系の金融機関の社長だったW氏は、「台湾には料理屋の老舗は育たない。流行ると調理人が別の店に移り、店には客が来なくなるから存続できず老舗たりえない」、と言っていた。邱さんの本を読むとそれがよく理解でき、邱さんも味が落ちたのが分かると、その店には行かなくなったのだそうだ。

　このように中国人は味に極めて敏感であり、老舗だからという理由だけでありがたがるのは、日本人とよそ者くらいのものだろう。その北京市でも「老字号」の看板を掲げて、その店の古さを観光客向けに宣伝しているが、古ければ古いほどいいという価値観は、実は料理という味を競う分野では「味覚」とは相いれない部分があることは否定できない。

北京市内には、日本料理店（左）の隣に、「釣魚島」の名を持つ飲食店（右）が同居している

　三人の詩人（阿堅《アーチエン》、車前子《チョーチエンツー》、洪燭《ホンチュー》）が書いた『中国美味礼賛』（青土社、２００３年）は、魅力的な内容に満ちた本だが、ここでも北京の食に対するかなり厳しい見方が書かれている。

　そこで著者は、魯迅の弟の周作人の書いた「北京の茶食」から文章を引用し、「私は北京を十年間さまよってきたが、ついに美味しい点心を食べたことがない」など、「北京の飲食生活に批判的な態度を持していた」とする。周作人の文章は書かれて七十年は経っているだろうが、『中国美味礼賛』の著者は現代人であり、北京では「二十世紀以来、羽振りのいい首都の文化のなかで、独り飲食文化だけは衰弱してしまった」、「北京の市場を長期にわたって占領してきたのは、安くて美味い四川菜、東北菜、斉魯菜（山東料理）であった」、「大通りや横丁をくまなく歩いても、北京の風味を推進、発展させている特色のある餐館は非常に見出しがたい」、「真の地元の飲食は、ひどく雑であり、しかも体裁をなしていない」、「北京の麪食は満腹を求めるためのものであるが、南方のものは美味いもので食欲をみたすためのものである」とまで書いて持論を展開する。広東出身の知りあいから、「北」の大学に入って食堂のまずさに驚いたというような、南と北の学生食堂の味の差に至るまでの経験談を聞いたりすると、学生の間でさえ、このような味の水準の「北低、南高」の体験や評価は少なくないから、邱氏たちのような意見は例外的とは言えないだろう。

食における禁忌

さて、中国人は意外に食に関して禁忌するものがあり、北京に住む中国人でも、飲食に関して、さまざまな制限や習慣がある。鯨、フグ、冷たいもの（冷えたビール、ワイン）、生もの（刺身）などは、これまで一般庶民は食べなかったが、今や急速に状況は変わっている。

１９９０年代のヨーロッパから入ってきたサーモンの刺身は、今や日本料理屋にかぎらず、どこにでもあり、マグロも固定的な地位を得た。

秋刀魚も日本近海での秋刀魚漁が問題になって、新たな海洋資源戦争勃発の面持ちだ。台湾などでは、秋刀魚の中華風料理が近年開発され、人気になっているそうだ。

２００８年に大連に行った時は見なかったフグが、最近、料理屋の水槽に泳いでいるのを見た。フグは国内での流通が長く禁止されていたが、２０１６年の8月に中国の養殖トラフグとメフグの流通が解禁されたという。「ぐるなび」の中国版での日本料理のジャンル別の検索によると、検索数は焼肉、居酒屋の次で「フグ」は第三位だそうだ。中国人はフグ好きなのだ。

すると今後、フグの成長する東シナ海や南シナ海でのフグ漁が新たな「戦争」になる可能性だってあるかもしれないし、状況次第で、鯨さえそのうちに中国人の食の対象になるのではないかと予想している。こうして禁忌は次第に、乗り越えられていくのだろう。

なお、北京飯店の「五人百姓」の料理長を勤めた小林金二さんは、この店で料理として出されたフグが北京市によって販売を禁止され、人民解放軍によって「火炎自動銃」で焼却されたことを記録している（『アジア遊学』38号所収「北京の日本料理店裏話」、２００２年）。

時代は変わったのだ。なお、『中国美味礼賛』には、三カ所にフグを食べる話が載っている。

専門店化する日本料理店、衰退する中華料理屋の老舗

慶應義塾大学の奥野信太郎は、昭和十五年に次のように『随筆北京』（平凡社東洋文庫、１９９０年）の中に書いた（「燕京食譜」）。いわば北京料理擁護論である。

「北京の食味が天下の中心でないと断じることは、決して当を得たものとはいへない。要はむしろあらゆる食味を綜合して北京化の上に立つところに存在する。この意味で北京の食味は支那料理の冠冕《カンベン》であり得る」。「あり得る」というところが、いささか自信なげで面白い。昭和十五年においても、21世紀の現在も、北京の「食」はまだまだ進化中、発展中なのだろう。それが「北京化」なのか、「進化」、

「高度化」、「国際化」なのか、あるいは「無国籍化」なのかは知らない。

奥野は戦前四回にわたって北京に滞在、あるいは訪問した。しかし中国ではほとんど北京にしか住まなかった。一方、同時代人である周作人は南から来た人であり、南の「食」を知っていた。そこが両者の大きな違いだった。その差は、世界の味を知っている全国区の邱永漢と、北京と日本しかよく知らない日本人と差でもあるようにも感じる。物事をよく知らずに客観的な評価や比較はできない。

さて、最近、北京における広義の「日本料理」には、変化が進んでいる。お好み焼き、タコ焼き、おでん、寿司、焼き鳥、鉄板焼き、などなど、日本料理系でも専門化が進んでおり、西洋料理にもその傾向が見られる。伝統的な中華料理店の衰退も目立ち、すでに指摘したような動きは「老舗」の間にも広がっている。

なお本稿は、中国全体から見て、北京の「食」がどんな位置にあったのか、あるのかを探るための、ささやかな試みである。ところで奥野が言う、「北京化」とは具体的にどのようなことを言うのだろうか？　この八十年あまりで、「北京化」はうまくいったのだろうか？　私たちはまだ変化の渦中にいるのではないのか？


（人見　豊）

35

北京在住者がお勧めする「北京の旨いもの」

★目には見えない世界から★

「中華料理が食べたい。」

日本から北京を訪ねた人に何が食べたいかを聞いて、一番対応に難儀するのがこの要望だ。日本人がイメージするいわゆる中華料理は北京にはない。だが、北京には北京の旨いものがある。全て挙げるにはとても紙幅が足りないが、いくつか代表的なものを紹介したい。

羊をめぐる食の冒険

元代からイスラム教徒が暮らし、元、清と騎馬民族の支配を経験した北京の人々は、羊肉を好んで食べる。名物料理も多い。北京に来て羊肉を食べない手はない。

羊肉の食べ方として最も有名なのはやはり涮羊肉《シュワンヤンロウ》、しゃぶしゃぶだろう。中でもぜひ味わいたいのが、冷凍肉ではない生の肉を使った涮羊肉だ。それも部位別に提供している店がいい。部位ごとに違う脂の乗り方や肉質のやわらかさ、味わいを楽しむことができるからだ。

例えば、鼓楼の北にある金生隆では、八大部位として羊上脳、羊里脊、羊磨檔、羊筋肉、羊腱子、大三叉、黄瓜条、一頭沈を

涮羊肉は部位ごとに違う羊肉の味と食感を楽しむ

提供している。中でもお勧めは腰の部分の羊筋肉と、後ろ足モモの内側にある黄瓜条。羊筋肉はやや筋があり、ある程度脂もあるが、黄瓜条はほとんど脂がなく、非常にやわらかい。

北京っ子の涮羊肉の食べ方には流儀がある。まずは肉からだ。しかも脂身の多い肉から食べ始めるのがいいとされる。脂が鍋の中のお湯に行きわたって湯質が滑らかになり、その後食べる具材をよりおいしくするからだという。他の具材はある程度肉を味わってから入れる。基本の具材は白菜、凍り豆腐、春雨だ。白菜を漬けた酸菜を入れるのもいい。

羊のモツをゆでてゴマダレで食べる爆肚《バオドゥ》も外せない。ここでいうモツは胃袋。しかも四つの胃袋を、さらに部位ごとに分けて供する。掃除の丁寧さと、いかに部位ごとの硬さに合わせてそれぞれ最適なゆで時間で仕上げるかが肝だ。良い店で食べれば、モツの臭みはない。ゆでるだけというシンプルな調理法なので、部位ごとに異なる食感をストレートに味わえる。モツ料理の一つの究極の形だ。

他にもぜひ味わいたい北京の羊肉料理がたくさんある。大量のネギと一緒に炒めた葱爆羊肉《ツォンバオヤンロウ》は、長ネギの甘みと羊肉の風味の相性の良さに目を見張る。ゴマをまぶして揚げ焼きにした芝麻羊肉《ジーマーヤンロウ》は、プチプチと弾けるゴマの香ばしさと、揚げたことでより強調される羊肉独特の風味が口の中に広がる。

お酢をきかせてかき卵と炒めた醋溜苜蓿《ツーリウムーシュー》も、打ち粉をしてつるりとした舌触りの羊肉が爽やかなお酢の風味と共に口の中に滑りこんできて、思わず箸が進む味だ。

茴香餃子を食べられなければ北京っ子にあらず

餃子の餡と言えば、豚肉と白菜が定番。だが、北京の餃子の餡はセロリ、インゲン、香菜、トマト、

爆肚の花形「肚仁」。ミノの一部で独特の食感

酢の酸味がきいたかき卵と羊肉の炒め物「醋溜苜蓿」

ニンジンなどなど、実にヴァリエーションが豊富だ。中でも北京ならではの餡が茴香《ういきょう》。フェンネルの葉の部分だ。ややクセのある独特の香味があって好き嫌いが分かれる味だが、北京っ子はこの野菜を好んで餃子の餡にする。ひき肉と合わせることもあれば、炒り卵と合わせることもある。「茴香《フイシアン》」の発音が「回郷」と同じなので、北方中国で春節によく食べられるという説もあるが、北京以外でこれほど茴香を好んで食べる地域を他に知らない。北京っ子自身も、「茴香餡の餃子が食べられなければ北京っ子じゃない」などと半ば誇らしげに言う。茴香は餃子以外にも、包子などにも多用される。

地味ななりした庶民のご馳走——老北京菜

庶民が食べるよそ行きでない料理を食べたいと思ったら、老北京菜を名乗る店に行くのがいい。白菜を辛子で漬けた芥末墩《ジエモドゥン》、発酵させた緑豆おからを羊の脂で炒めた麻豆腐《マァドウフ》、細切り肉を甘味噌で炒めた京醤肉絲《ジンジアンロウスー》、肉団子を揚げた干炸丸子《ガンジャーワンズ》、豚モツを味噌味で煮込んだ炖吊子《ドゥンディアオズ》、揚げたタチウオを醤油味で煮た紅焼帯魚《ホンシャオダイユィー》、白菜をお酢と醤油で炒めた醋溜白菜《ツーリウバイツァイ》、そして炸醤麺《ジャージアンミエン》などなど、北京を代表する料理がたいてい揃っている。

これらの料理、ほとんどが茶色くて、実に地味ななりをしている。言ってみれば、華がない。だが、辛子、黄醤（または干醤）と呼ばれる味噌、醤油、酢など調味料の使い方は多彩だ。全体的に塩気の強い味つけではあるが、じっくり味わうと、味噌など発酵由来の酸味が実にうまくきいていて、飽きの来ない味に仕上がっていることに気づく。

老北京菜を味わうなら、東直門の懂事児という店が面白い。店内には一昔前の胡同の街並みが再現され、さながら老北京胡同文化のテーマレストランといった様相だ。店内装飾ばかりに力を入れて、老北京とは名ばかりの創作料理を出すのかと思いきや、料理のほうはなかなか実直な作りで、いい意味で予想を裏切られる。一部に奇をてらった盛り付けの料理もあるが、全体的に飾り気がなくて好感が持てる。

老北京と銘打ってはいないが、ごくごく普通のレストランで庶民の味を楽しみたいなら、燕莎橋近くにある福満園という店がいい。ここの名物は紅焼帯魚だ。骨ばかりあって食べにくい紅焼帯魚だが、この店のものは肉厚でふっくら煮上がっており、骨離れもいい。間口の狭い小さな店で、大げさなサービスはないが、店主の目が行き届き、店員もよく気がつく。いくつか料理を取り、燕京ビールか二鍋頭《アーグオトウ》を飲みながら、北京なまりで賑やかに話す北京っ子たちが醸し出す豪放磊落で鷹揚な空気に浸るのも一興だ。

お手軽値段で日々にささやかな楽しみを――「窮人楽」北京小吃

老北京の味といえば忘れてはいけないのが北京小吃《シャオチー》だ。小吃とは気軽に食べられるちょっとした軽食のことで、甘いおやつも含まれる。旧時は「窮人楽」と言われ、北京の貧しい人々のささやかな日々の楽しみだった小吃。一時は廃れかけたが、近年見直され、今ではすっかり老北京を味わう観光コンテンツの一つになっている。

先に挙げた爆肚や麻豆腐も実は北京小吃。他にも、緑豆を挽いた上澄み液を発酵させた豆汁《ドウジー》、小振りの肉まんで故宮の赤い扉の飾り釘に似ていることから名づけられた門釘肉餅《メンディンロウビン》、棒餃子のような褡褳火焼《ダーリエンフオシャオ》、豚の腸とレバーを煮込んでとろみをつけた炒肝《チャオガン》、豚のモツを大鍋でじっくり煮込み固焼きパンと一緒に丼で食べる鹵煮火焼《ルージューフオシャオ》、清朝の宮廷が発祥と伝わるヨーグルトミルクプリンの宮廷奶酪《ゴンティンナイラオ》、エンドウマメで作った豆羊羹の豌豆《ワンドウ》黄《ホアン》などなど、枚挙に暇がない。

これらの小吃には、その由来に興味深い逸話を持つものが少なくない。例えば褡褳火焼は、箸で真ん中を挟むと両側がくたりと下に垂れる様子が、往時商人が物入れや財布として用いた褡褳に似ていることからその名がついた。門釘肉餅は西太后の歓心を得るために編み出した創作料理で、一口食べて気に入った西太后に名前を問われ、とっさに故宮内の扉にある飾り釘に似ていることから口をついて出てきた名前だと伝わっている。ただ、西太后に料理名を問われてとっさで答えた名前が定着した、という話は他の料理の由来としても数多く伝わっていて、正直なところ眉唾ものだ。だが、料理名の由来に数多く登場する西太后がそれだけ庶民に愛されたのだと考えることもできる。縁りの食べ物に舌鼓を打ちながら北京の歴史や歴史上の人物に思いを馳せる。それもまた北京の庶民料理のもう一つの醍醐味である。

（勝又あや子）

棒餃子のような「褡褳火焼」。往時の物入れに似ているところからこの名がついた

36

北京の食

★老舗ものがたり★

北京の食文化　その特徴

北京の食文化はさまざまな要素が入り組み、積み重なりあって、奥行きと厚みのあるのが大きな特徴である。北京が中国の首都に定められてから約七百五十年、元・明・清と三代の王朝が生まれ、さらに中華民国、中華人民共和国と続いた。

王朝の頂点に位するのは皇帝と貴族階級であり、その拠点は紫禁城である。紫禁城の中では節目の行事のための豪華絢爛たる宴席料理と、宮廷独特の日常食が誕生した。一方、支配される側の庶民たちにも、質素ながら、小吃《シアオチイ》（点心など）に代表される質の高い食文化が存在した。

元王朝の支配者は遊牧民族のモンゴル族であり、清王朝は狩猟民族の満洲族《まんしゅうぞく》が漢族《かんぞく》を支配した。即ち北京には、歴史的に食習慣の異なる三つの民族が住み暮らしてきたことになる。また北京には、イスラム教を信奉する回族《かいぞく》の人たちが中国西方からやって来て定住し、イスラム料理店を開く。彼等が供する料理は「清真菜《チンジェンツァイ》」と称され、当然のことながら、漢族や満洲族が好む豚肉は禁忌であり、羊肉が食材の中心であった。

北京には、文化レベルと民度の高い東隣りの山東省の食文化が、影響を及ぼすことになる。高度の技術を持った山東省出身の料理人が宮廷料理をはじめ、北京の名料理店で腕を揮い、北京料理の源流は、山東料理と言われるようになった。そして、北京の西隣りは山西省。ここは地理風土的に稲作ができず、その主な食べものは小麦やトウモロコシをはじめ、アワ、キビなどの雑穀である。その食習慣が北京にも伝わり、マントウ、包子《パオズ》、焼餅《シャオビン》など、主として小麦粉食品の小吃が発達するのである。今でこそ北京では米飯を食べる人が増えているが、初めて映像取材した1970年代末から1980年代前半は、上述の点心類の方が日常食卓で優勢という印象を受けていたのである。

北京の料理店、その老舗の数々

(1)「厲家菜《リイジアツァイ》」……この店はいまだに看板も掲げず、外見は全く普通の民家で、営業スペースはたったふた間という不思議な店である。その場所は、故宮の西北、景勝地・什刹海《シイチャアハイ》を東に控え、観光用輪タクが列をなす柳蔭街《リュウインジエ》のすぐ近く、落ち着いた住宅街の羊房胡同《ヤンファンフウトン》にある。しかも創業者の厲善麟《リイシャンリン》氏は大学教授で、清華大学をはじめ幾つかの大学で数学や化学を講じていた。ただ、彼の祖父にあたる人は西太后のとき、官位二品官の内務府総管《ないむふそうかん》（宮内大臣）であり、西太后以下、宮廷内の食事を管掌することも重要な責務であった。

その食事とは「内御膳房《ないごぜんぼう》」、即ち宮廷内家庭料理の流れを汲むもので、学者でありながら「厲家菜」を創業しようと決心したのは、祖父の代からの宮廷日常菜レシピが連綿と伝わっていたためである。例えば、豚バラ肉の皮目を虎皮のように茶色に焦がし、これを蒸してご飯の上にのせ、スープをかけ

厲家菜、一般民家風のたたずまい

虎皮肘子（豚バラ肉の揚げ蒸し）

て供される「虎皮肘子《フウピイジョウズ》（豚バラ肉の揚げ蒸し）」。気取りのない味は家常菜《ジアチャンツァイ》（家庭料理）そのものであるが、脂身のプリン・トロンとした歯ざわりや、スープの淡い塩加減に、宮中の日常料理の真髄を実感させられる。

「虎皮肘子」は熱菜であるが、この店の料理の際立った特徴はむしろ10種類の冷菜にある。例えば「炒麻豆腐《チャオマアドウフ》（豚ひき肉入り麻豆腐炒め）」。「麻豆腐」というのは、緑豆をすり潰した汁の、滓を除いた灰色のペースト状の食べものであり、けっして高級食品とは言えず、漢族の庶民クラス、満洲族の貧乏八旗の日常食であった。火加減が難しく、現在家庭レベルでは幻の料理になりつつある。厨房で作られる炒麻豆腐の撮影の際、師傅《しふ》は非常に巧みに火を操作し、完成したその味は、植物性食品と思えないほどマッタリと濃厚な舌触りで、「良くできた炒麻豆腐は、上質のフォアグラを思わせる」と評する人がいるのも肯ける。

宮廷で食べていた家庭料理というのは、こういう料理、こういう風味だったのかと感じ入るメニューの数々。全体に薄味であるが、塩分のバランスが素晴らしい。２００７年・北京オリンピックの前年、ここの値段（コースのみ）は３００元（約

5000円）から3000元であった。最低料金の300元でも10種類の冷菜は3000元のコースと同じく供されるので、これはお値打ちと言うべきであろう。

⑵「護国寺小吃店《フウグオシイシアオチィディエン》」……宮廷料理・厲家菜の対極にあるのが、朝食時に行列ができるほど繁盛している庶民の味、「護国寺小吃店」である。「護国寺」はもともと明代、元の丞相・トクトの故居があった所に「大隆善寺《ダアロンシャンシィ》」が創建され、それが成化八（1472）年「護国寺」に改称、月初めの八日に市が立った。これが北京城市における市場の始まりで、城内の有名な小吃の露天商が、各自独特の小吃を商った。彼らの味のいい小吃は貴族・大官から庶民に至るまで、大勢の人の人気を博したのである。北京の人々はこれらの小吃のことを「碰頭食《ポントウシィ》」と呼んだ。その意味は新鮮で美味しくて、安価なものを次々試食できるということである。

護国寺小吃店の外景

新中国が誕生した七年後の1956年、この露天商の人びとが合同して、国営の小吃店の経営を始め、店の名を「護国寺小吃店」とした。この店の小吃は回族の風味の食品が主体、即ち清真菜の流れを汲むもので、豚肉は使用しない。

蒸食《ジョンシイ》（蒸しもの）、熱流食《ルオリュウシイ》（熱い汁もの）、炸食《ジャアシィ》（揚げもの）、烙食《ラオシイ》（焼きもの）など六系統の大きなカテゴリーに分かれ、約80種類にものぼる小吃が供される。朝食の定番的食べものと言えば、「豆汁《ドウジィ》・焦《ジャオ》圏儿《チュアル》・漬けもの」がある。豆汁は緑豆から春雨を作るときにできる上澄み汁で酸味が強い。焦圏儿はカリッとした腕輪状の揚げた点

朝食3点セット「豆汁（左）焦圈儿（真中）漬けもの（右）」

心。「麺茶《ミエンチャア》・薄脆《バオツオエイ》・芝麻焼餅《ジイマアシャオビン》」という組み合わせもある。麺茶はキビ粉や小麦粉をノリ状に煮て、芝麻醤《ジイマアジャン》をかける。薄脆はパリパリした薄焼きせんべい。芝麻焼餅はゴマをまぶして焼き上げた小麦粉餅。いずれも日本人なら食べ慣れるまで、少し時間がかかりそうな朝食メニューである。その点、「豆腐脳《ドウフナオ》・牛肉包子《ニウロウパオズ》」の組み合わせは、おぼろ豆腐のあんかけに牛肉のアンマンで、とっつきやすく美味である。店は朝5時半から、夜9時半まで開いているがいつも混み合っている。庶民の味の点心、小麦粉食品、そして清真菜という北京の食文化の特徴を備えた老舗だけに「老北《ラオベイ》京《ジン》」（生粋の北京っ子）たちは強い愛着を持っているのである。

(3)「東来順飯荘《ドンライシュンファンジュアン》」……ここは「涮羊肉《シュアンヤンロウ》」、すなわちヒツジ肉のシャブシャブを商う。涮はすすぐという意味。紙のように薄い羊肉を熱湯の中に、さっとすすぐようにくぐらせ、すぐ引き揚げてタレにひたして食べる。これは、極寒の冬の北京を乗り切るのにピッタリの滋味豊かな鍋料理であり、世界中で一番おいしい羊料理かとおもわれる。

ヒツジは内モンゴル産。シャブシャブに最も適しているのは生後3～4カ月の雄の去勢羊、その肩ロース、ばら肉などを用いる。タレは特製の醤油をベースに酒、醤豆腐《ジャンドウフ》（腐乳）をすり潰した汁、辣《ラア》椒油《ジャオイオウ》（トウガラシ油）、芝麻醤（ゴマペースト）などを調合する。以前は卓上にこれらが並び、客が自分の好みで混ぜ合わせていたが、最近では、あらかじめ調製済みのタレを供するようになっている。

王府井店の店頭を飾る巨大火鍋

美しい色合いの羊肉スライス

東来順飯荘は、1903年に回族の丁子清《ディンズチン》という回族の男が開業した。最初はごく小さな店だったが、北京ですでに盛名を馳せていた「正陽《ジョンヤン》楼《ロウ》」から羊肉を薄く切る腕っこきの職人を引き抜き、タレの味や鍋の形を改良するなど経営努力のおかげで、三階建てのビルで営業するまでに成長した。しかし現在、百年を超えるこの店も、じつは、他の老舗と同じく、苦難の連続であった。まず、最初の店（このときは羊肉を扱わず、麺を売っていた）は袁世凱《ユアンシイカイ》の軍によって焼き討ちに遭い、その後再起を期して羊のシャブシャブ店を興す。これは上記のように成功を収めたものの、今度は日本軍の北京占領により、商売を継続するのに難渋するが、中華人民共和国誕生により、国家との公私合営の形で一応の安定を見た。しかし再び試練のときにさらされる。文化大革命である。伝統的価値の全否定により、店名も「民族餐庁《ミンズウサンディン》」、「民族飯荘《ミンズウファンジュアン》」など風情のカケラもない名前に改名させられ、やっと東来順飯荘の名前に戻れたのは1979年のことであった。このように北京で、百年以上の老舗と言われる店のほとんどは、この東来順飯荘のような辛酸を舐めたものと思われ、刻苦の歴史を考えると、よく守り抜いたものと素直に頭の下がる思いがする。

⑷「砂鍋居飯荘《シャアグオジュイファンジュアン》」……東来順飯荘は創業百年を記念して、王府井《ワンフウジン》店の店先に七宝の大火鍋を飾っているが、この店も創業年を大書した大土鍋が店頭を飾っている。乾隆六（1741）年、二百七十余年の老舗である。この店の名物は「砂鍋白肉《シャグオバイロウ》（豚肉の土鍋煮込み）」。料理は清真菜とは正反対、すなわちイスラム教が禁忌とする豚肉を商う。豚肉は漢族も満洲族も大好きな食品であり、彼ら日常の嗜好が二百七十余年の歴史に重なっている。創業は乾隆帝の長子・定親王《ディンチンワン》が住む「定王府《ディンワンフウ》」に隣接する店から始まる。といっても、王府第館の塀にもたれかかるような小屋掛け規模だったらしい。王府での天を祀る朝祭には、毎朝生きた豚一頭が供えられる。祭りが終わると豚は祭神殿の管理人に下げ渡され、管理人はこれを砂鍋居の初代に売った。「白肉」は塩も香辛料も入れない豚肉の水煮で、色が白いためこの名が付いた。

砂鍋居の店先に置かれた巨大土鍋

砂鍋白肉と特製のタレ

現在店では砂鍋、すなわち土鍋を用意し、その底に、少し醗酵して酸味のある白菜（酸菜）と春雨を敷き、その上に肉を何枚も重ねて行く。肉は、赤身と脂身の交じり合った「五花肉《ウウファロウ》」と呼ばれる腿肉。これに調味料・香辛料を入れて煮込む。煮上がったら、腐乳や辣椒油などで作った特製のタレにつけて食べる。豚バラ肉と酸菜との取り合わせが絶妙で、酒に佳し、マントウや飯にも佳い伝統の味である。

(5)「同和居飯荘《ドンホォジュイファンジュアン》」……清朝後期以後、老北京たちは事物や場所に「八」という冠をつけることを好んできた。例えば「八大楼」や「八大戯院」がそれで、その中に「八大居」というのも存在した。〈居〉はレストランの別称である。清末民初には八つの〈居〉が営業を続けていたが、「砂鍋居飯荘」と「同和居飯荘」はその生き残りである。同和居飯荘は道光二（1822）年に生まれた。最初から「山東菜《シャンドンツァイ》（山東料理のこと）」の高級料理店として店を張っていこうという気概が見られたようである。この店には、「三不粘《サンプゥヅァン》（卵黄に砂糖、かたくり粉を入れ、油で熱しながら練り上げたデザート）」、「火燴烏魚蛋《フォホエイウゥユイタン》（いかの卵の葛びきスープ）」、「葱焼海参《ツォンシャオハイシェン》（なまこのねぎ風味煮）」など数々の名菜が世評に高いが、なかでも「三不粘」はその筆頭であろう。もともとこれは河南彰徳地方の「桂花蛋《クエイファタン》」という甘い点心がオリジナルとされ、同和居で改良を加え、名物に仕立てたもので、このレシピと製法は長らく門外不出であった。2007年、「北京の食文化」撮影の際、どうしても映像項目に加えたく、正面からストレートに申

溥傑書「同和居」

しこんだところ、思いがけず許可が下りた。当方が非商業ベースで、中日文化研究所の記念事業の一環ということが理解されたようである。我が国では初めてだったらしい。鍋を熱し始めてからほぼ8分、一度もカットせずキャメラを廻し続けたが、師傅の両手は一時も休むことがなかった。玉杓子を握る右手は緩急自在の速さで操られ、手首のスナップの強靭さは、日頃の手練の技を物語っていた。箸、ちりれんげ、そして歯にも粘りつかないので、この名がついたと言われるが、完成した美しい姿を写真で確かめてほしい。

これまで述べてきた店以外にも、羊の焼肉「烤肉季《カオロウジィ》」、乾隆帝がお忍び訪れたという伝説のシュウマイ店「都一処焼麦館《ドウイィチュシャオマイグアン》」、そして創業が明代・嘉靖九（1530）年という超老舗の味噌・漬物店「六必居《リウビイジュィ》」などもぜひ紹介したかったが、紙数が尽きたので筆を擱くことにする

（重森貝崙）

門外不出のデザート「三不粘」

37

日中、北京ダック談義

——★もう少しこの「名物」のことを知るために★——

ダック・バーガー登場

最近の報道によると、有名な北京ダックのレストランの北京の「大董」が北京ダック・バーガーを売り出しているとのこと、北京の「食」を代表する北京ダック（烤鴨子、烤鴨、焼鴨）も新メニューによって新たな発展を見せているようだ。

さて、北京ダックの日本人とのかかわりについて調べてみると、記録の中に、食としての「鴨」は明治、大正期に現れるが、明治四十一年に清国駐屯軍司令部編纂の『北京誌』には、「家鴨には肥鴨と称して特別の養法により脂肪甚だ多きものあり之は北京の誇るものなり」などと記しているが、これは北京ダックのことであり、肥鴨は塡鴨（＝餌を口から詰め込んで太らせたアヒル）のことであろう。おそらくそのころから日本の中華料理店でも北京ダックを出す店が現れた。その段階で、北京ダックは皮を食べるものとの認識が一般の日本人の間でも定着した。

１９３９年から六回にわたって北京に滞在した画家の梅原龍三郎は日記（『画集北京』所収。１９７３年）の中で、前門の全聚徳の「焼鴨」を、「頗る美味し」と書いている。戦前二回長期滞在した奥野信太郎も著書で食べ物について書き、ダックについても触れているが、奥野は北京ダックだけを特別のものとは見ていなかったようだ。

その後にいろいろな本を読んでいて気になったことがある。それは、「日本人は皮をたべ、中国人は肉も食べる」という日本人が書く文章を見た時だ。どうもこれは一般の日本人にもかなり信じられていることらしい。

広く中国関係の書籍の執筆をされている譚璐美《たんろみ》さんは、『中華料理四千年』（文春新書、2004年）の中で、「北京ダック今昔」と題して、かなりのページを割いて、ニューヨークでの体験として、中華料理店で「中国人は皮も肉も食べるが、日本人は皮だけ食べる」ことを店の人から指摘されたと書いている。わざわざニューヨークで、というあたりがよく分からないが、譚さんにとっては驚きだったのだろう。しかし譚さんの本を読んだ読者は、きっと「日本人の食べ方は異常なのか」と思うだろう。北京オリンピックの期間中、北京から発信していた読売オンラインで、もとアナウンサーとかのYさんという日本人女性が、日本では皮しか食べないが、ここ北京では肉も食べます、と書いていた。原口純子さんも、北京では、日本のように皮だけでなく、肉もたっぷりついてくる。北京ダックは、日本に渡ってまるで懐石料理のようになった、と書く（『北京・上海［小さな街物語］』JTB、2003年）。たまたまだろうが、日本人の女性による、日中のダックの食べ方の違いについての、皮だけたべるのは日本人だけ、のような言葉足らずの書きぶりに抵抗を感じたわけだ。これでは読者が誤解する。先祖が広東省出身で北京事情をあまり知らないらしい（？）「中国通」の譚さんと、北京に来て日が浅いYさんたちの認識不足ではなかろうかと思ったのだ。そこであえて誤解を解こう。

もともと皮を食べるもの

食としての家鴨（アヒル、鶩）自体は中国の社会で長い飼育の伝統と歴史がある。中国には様々なアヒル料理がある。しかし、料理として完成された北京ダックの歴史は、張競氏も『中華料理の文化史』（ちくま新書、1997年）で指摘するように、百年ちょっとのものであるし、北京ダック以外のアヒル料理で、皮をここまでメインにするものは少ないだろう。

アヒルの品種改良と料理の一部の店におけるたゆまぬ調理技術の向上が、これを「名物料理」に育てたのであって、もともと「北京ダック」は家庭で発達した料理ではなかった。全聚徳の場合、この料理の調理には四十数工程あるそうだが、完成の目標や極地は、「おいしい皮」だった。皮に味は凝縮された。その味覚を食通たちは楽しんだ。普通のアヒル肉を食べるだけなら、有名な料理店に行く必要はない。アヒルは安い食材だから、丸ごとのアヒルで満腹になろうなどとは口の肥えたお客は思わなかった。次第に完成度を高めた北京ダックは、アメリカのローストチキンや七面鳥の丸焼きとは、そもそも作り方、食べ方が根本的に違うものだったのだ。そこが肝心だ。

皮をスライスする

張競氏は『中華料理の文化史』の中で、昔の北京ダックの食べ方は、「鋭いナイフでその皮を銅銭の大きさに切り、肉は絶対に（皮に）付着しない」（『清稗類鈔』飲食類京師食品）と百年ほど前に書かれた史料を引用して述べている（原文は、「以利刃割其皮、小如銭、而絶不黏肉」）。（傍点筆者、以下同じ）

戦前の北京に駐在し、北京ダックを味わった臼《うす》井《い》武《たけ》夫《お》氏は戦後、著書（『北京追憶』東方書店、1981年）

の中で、「日本で食べさせる烤鴨子は、特殊な飼育法を施さぬ普通の家鴨を使うので皮に脂が充分乗っていない。だから炙っても薄い皮がパリパリになるだけで、大概は皮の裏にまで肉まで薄く附けて出すがこれでは烤鴨子とは言えないのである。本物は皮下脂肪が厚く、栄養が皮そのものに凝縮している。だから火に烤いても皮がパリパリになることなく、口に入れるとトロリととける様に柔らかくしかも香味が高いのである。皮だけ食べる、それが烤鴨子であって肉は食べない。」と書く。私の記憶でも、1970年代ごろの全聚徳で供される北京ダックは、こげ茶色の皮だけだった。

1970年代の北京で「北京ダック」を初めて味わった中国料理研究家として名高い波多野須美さんは、北京ダックは「皮が命」として、「事情にうとい外国人客が『リーンパート・プリーズ』(赤身を下さい)などといっている。今では(中略)中国人の宴会でも、皮だけでなく赤身をつけて削ぐようになった」と書いている(『中国美食の旅』1987年)。

「北京鵞について」のこと

さて、戦前の北京ダックと日本人の関係についていささか述べておきたい。

昭和十七年に、北京にあった華北交通の華北事情案内所が発行した『北京鵞《あひる》について』という珍しい本がある。主として北京ダックの飼育について書いてあり、その中で、北京ダックの料理法を、写真や図版を載せて紹介している。料理店の取材は、全聚徳と前門にあった六合坊である。飼育状況の調査は、市内の東便門、朝陽門付近で行われた。今の二環路だ。

この本に載せられている、全聚徳で北京ダックを皆で食べている写真は、印刷が明瞭ではないが、皿も小さく、ダックは「肉厚」のようには見えない。臼井氏が食べたものと同じだろう。臼井氏も全聚徳と六合坊の名をあげている。私は戦前の北京の絵葉書も収集しているが、戦前の北京ダックが写る絵葉書などには、この東便門付近の城壕に泳ぐアヒルの姿が写っているものが多い。

中野江漢は著書（『北京繁昌記』東方書店版、1993年）で、今の二環路に当たる部分を、東便門から朝陽門まで船に乗り、このあたりに群れをなして飼われていた野鴨が川に浮かんでいる様子を描写している。大正年間のことである。

中野は日暮れ方、飼い主が「テレレレー、ハアアー」と呼ぶ声に野鴨（＝アヒル）が追われていく光景を堪能して眺めている。このように、やはりこのあたり一帯が、いくつかの史料から往時における北京ダックの主要な生産地・飼育地の一つであったことが理解できる。なお南から食料品などを運んだ大動脈の大運河に接続する通恵河は、東便門のところまで通じ、ここに一閘という水門があった。20世紀の初めにはまだ通恵河の運搬船が東便門まで通っていた。それらの船が荷揚げ、運搬の際にこぼした米をアヒルが食べ太った、との指摘があるが、なかなか面白い意見だ（『中国の食文化研究』北京編、辻学園調理製菓専門学校、2006年）。

なお東便門跡から北へ長富宮方向の地名（現在は居民委員会の名称）を「鴨子嘴」という。昔は城壕に面していた場所で、アヒルには縁がある地なので、ダックと何らかの関係があることが推測される。嘴とは岬のように尖った土地に使用される地名語彙であり、運河の閘門の間の水位を変えるための細い水路を月河というが、すぐ横に南北に残る月河の遺称であると思われる月河胡同と城壕とに挟まれた帯状の場所をこう呼んだのではないかと思われる。

ダックは変わる

以上述べたように、料理としての北京ダックは進化しているのであって、日本人と中国人の食べ方の差がもともとあったわけではない。「日本に渡ってから」、あのように皮だけ食べるようになったのではない。本場の北京における食べ方が近年変わってきたのだ。あまり油の強くない料理への最近の嗜好、ダックがメイン料理になったことからくる料理の注文の仕方の変化、ダックをトコトン味わおうという傾向と要求、あるいはダック自体が昔よりおいしく大きくなって、その肉が楽しめるものになったこと、など、複数の原因によって、「肉」も出されるようになり、皮と肉を一緒に楽しむために、ダックの切り方も、そぎ切りだけでなく、皮と肉の斜め切りなどという切り方が店によって増加して

東便門付近のダック(『北京鶩に就いて』)

全聚徳で北京ダックを食べる市民(『北京鶩に就いて』)

きたのではないか。「食」には歴史があり、中華料理はことさら歴史の所産なのである。誤解は解けただろうか？　余談だが、ダックを注文する時に、オス、メスを選べるそうだ。

なお、従来、出身地方の関係で、横浜・東京などの中華料理店に北京料理は少なく、メニューに北京ダックがあっても、高いだけで美味しくなかった。

しかし近年、横浜の中華街に北京ダック専門店が営業を開始し、味が本場に近く、値段も安いダックが楽しめるようになってきた。

（櫻井澄夫）

38

餃子の話

★北京の歴史と餃子★

北京は中国の古都として世界に知られている。ただし政治都市としての性格を色濃くするのは10世紀以降のことで、しかも長城以北に北アジア系民族の建てた国が中国本土に南進統治するために必要な中国本土内の政治拠点としてであった。具体的には契丹族の遼では南京（燕京）として、続く女真族の金では中都として国都の一つとなり、さらにモンゴル族の元で初めて首都（大都）となって新城が築かれた。そして現在の南京で建国した漢族の明でも遷都を経て永楽《えいらく》帝以降の首都となったことで北京の呼称が生まれた。その明の後を受けて中国最後の専制王朝となった満洲族の清は、中国本土の統治に際して明を継承する立場をとり、明からの北京を政治の中心とする京師体制を強化した。極言すれば、明の時代を除く10世紀から20世紀初頭まで、北京は地理的には中国の中に位置しながら、辮髪に象徴される北アジアの薙髪《ていはつ》（剃髪《ていはつ》）世界に属して中国の外に置かれるという稀有な歴史を積み重ねてきたことになる。北京こそは、北アジア世界と中国世界とが一体化した領域の中央に位置する都であり、中国と北アジアを結ぶ広大な世界の正しく中心に位置する政治都市なのであった。旧内城・外城には他の旧都には

写真の慈禧皇太后にまつわる太后鍋餃子（菊花鍋）を含む「天津百餃園」の餃子は世界最高水餃子品種賞の栄誉に輝いた

見られない胡同《フートン》や四合院《しごういん》などが残存する。北京の都市構造に見られる独自性はこうした歴史上の背景から生れたものなのである。

　こうした北京に固有な事例はほかにも数多くあるが、ここでは食物の中から特に日本でも人気の高い餃子を取り上げてみたい。というのも、満洲族の清朝には全体が満席（計六等席の等級）と漢席（計三等席と上・中席の五類の等級）とに大別される宮中宴席があり、このうちの満席は、満洲族伝統の菓子であるsacima（炸斉馬《サチマ》、沙其瑪《サチマ》など）などのほか、giyose（餃子）と称される多彩な餑餑《ポーポ》（点心）類に大きな特色を有すると記されているからである。加えて清朝の歴代皇帝はもちろんのこと、清末に破格の権勢を極めた女傑として知られる慈禧皇太后《じきこうたいこう》（西太后）が殊に餃子を好んだと伝えられているうえに、この餃子については清朝の国語であった満洲語が深く関わっていることにもよる。

　多種多様な種類が提供されるようになった現在の日本ではあるが、それでも一般に餃子と言えば、広く焼きギョーザを指す。対して北京に限らず、東北三省などの中国各地で外国人客があまり通わないような伝統的な店に入って普通に餃子を注文した場合、出てくるのは水餃子か蒸し餃子である。煎餃《チエンチャオ》という揚げ餃子もあるが、焼きギョーザはまず登場しない。日本でいうところの平鍋に油をひいて並べて片面だけ焼いたものは、中国語（北京語）で餃子とは言わずに鍋貼《ゴオティエ》（儿）と称するからである。餃子が重さの斤単位計算の値段で営業されるのに対し、鍋貼は個別の単価で売られていることが多い。両者は次元を異にする別種の食物として取り扱われているのである。

ここでいう中国の鍋貼が日本では餃子になってギョーザと呼ばれていることについては、実のところ清朝が深く関わっている。なお餃子（チャオヅ jiao-zi）をギョーザということについて、中国語の辞典類では多く、山東方言の発音である giao-zi の訛ったものという説を示している。確かに北京語の発音よりは遙かにギョーザの音に近付いている。北京語が山東方言を基にしている点を考慮すれば、こうした面の可能性も否定はできない。とはいえ、これはあくまで中国語の範囲内に限ったことなのである。

餃子に対する語彙の音としてさらにギョーザの音に近いものとして、満洲語の giyose がある。この場合の満洲語とは、20世紀の満州国（中国でいう偽満州国）時代に誤解されて呼ばれていた言語のことではない。17～20世紀に存続した清朝の第一公用語であった満洲語のことである。清朝は数多くの国語辞典類を編纂したという特徴を持っているが、このうちの1771（乾隆《けんりゅう》三六）年付けの序を付した清朝の国語辞典である『御製増訂清文鑑《ぎょせいぞうていしんぶんかん》』の巻二七を見てみる（写真は次頁）と、満洲語彙の giyose に「餃子」の漢字表記を併記したうえで満洲語による説明文を付している。同辞典には他に「水餃子」の漢字表記を併記した満洲語彙も収録されているが、そこには hoho efen とあり、giyose

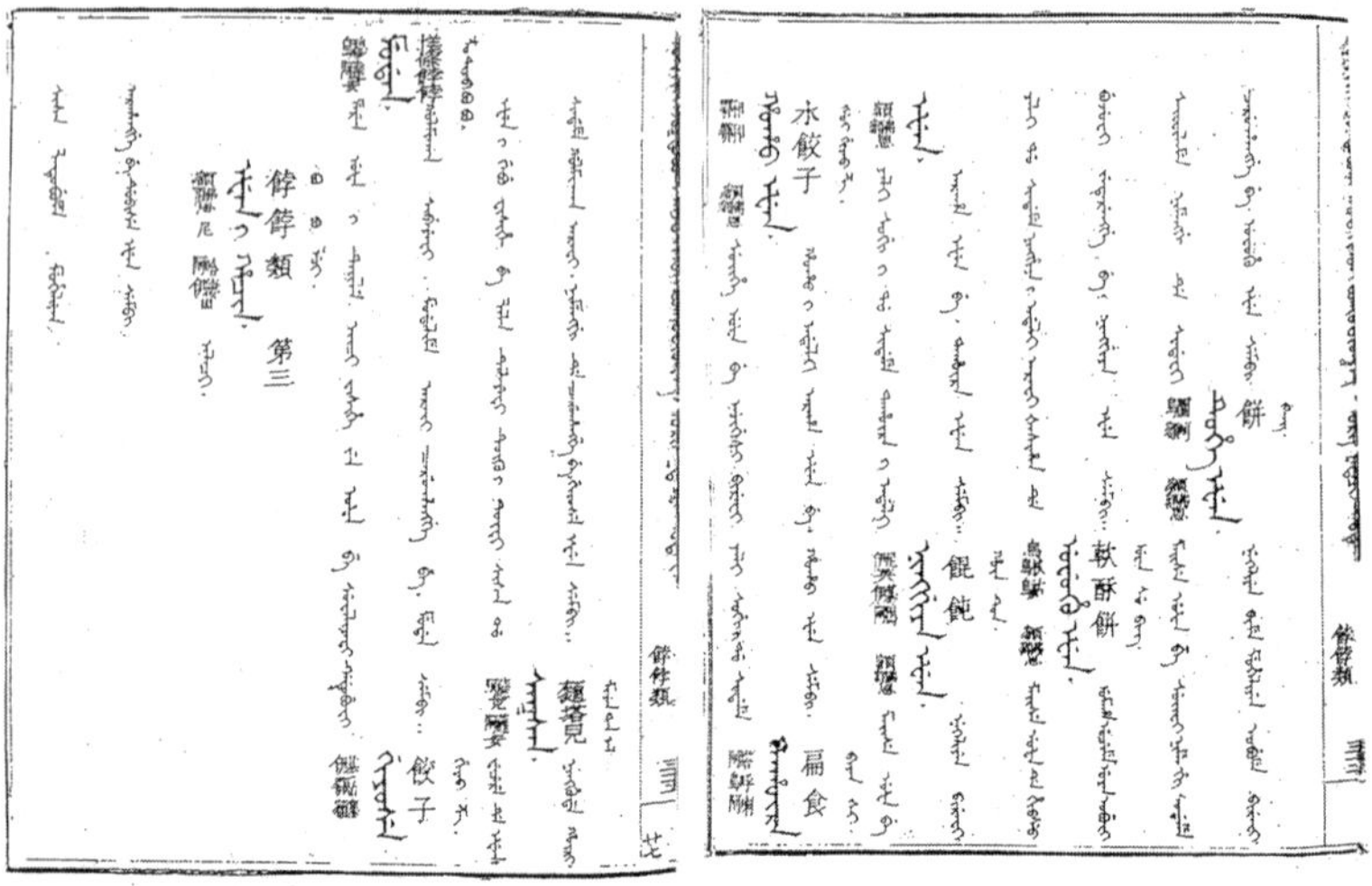

『御製増訂清文鑑』巻二七にみえる「**giyose,** 餃子」と「**hoho　efen,** 水餃子」（左から右への縦書き）

とは記されていない。中国語の場合と同じく、餃子と水餃子とでは満洲語彙としての表記が異なっていたのである。

それでは語彙説明はどうなっているのか。『御製増訂清文鑑』は「giyose, 餃子」について、「餑餑（点心）の名。稷《きび》を稷飯に蒸した上で棒槌で打って、小豆餡《あずきあん》を包んでやや長めのものを作って、油で揚げたものを、giyoseという餑餑（点心）と称する。」と説く。ちなみに「hoho　efen, 水餃子」については、「混ぜた穀物の粉をやや小さい形に捏ねて、肉と野菜の餡を包んで、豆の莢のように作った餑餑（点心）を、hoho　efenと称する。」とある。

水餃子の方については、その直接の調理方こそ明記されていないけれども、餡の内容と外形からみて、中国語でいう水餃儿や煮餃とほぼ同じ物と考えられよう。問題は餃子の方である。油で揚げる調理法だけみれば煎餃と同じ様であり、外形から言えば鍋貼に近いのであるが、いずれにせよ餡は全く異なっている。ただ、餡を包む皮の材料が稷であったり、餡の内容が小豆であることから見て、常食ではない特別な点心であったことは判断できる。

ところで、太平洋戦争前の北京や東北部に住んでいた経験を持つ人々から、前の晩に余って冷えた水餃は翌朝か昼に油で焼き、おやつなどにして食べたと聞き及んだことがある。これから先は推測に過ぎないが、このおやつにする際に、もしも特別な点心に託つけるように giyose と称していたのであれば、話としては非常につじつまが合うことになる。すなわち、北京や東北部などで満洲族あるいは旧旗人がこの焼き直ししたものを giyose と称したことがあり、それを東北部に行っていた日本人がそのまま聞き覚えて帰国して日本で広めたとすれば、日本における餃子が一般に広く焼きギョーザであることの説明としては最も筋の通ることになるからである。かつて機会あるごとに満洲語を解する旧旗人の方々に giyose を発音していただいたことがあり、いずれの場合にもギョーザとしか聞こえなかったことを懐かしく思い出す。それはともかく、餃子に対するギョーザという語彙の音については、管見の限り、清朝の満洲語が最も近いということになるのである。

餃子の起源はワンタンにあると言われ、角子や交子等の名称で記録されて長い歴史を持つという。この角子や交子と音を同じくする表記が餃子であり、富貴と子孫繁栄の象徴として中国では年越しの大晦日に家族や友人と卓を囲むのが習わしである。餃子を食されるたびに清朝のことを思い出していただけることにでもなれば幸いである。

（石橋崇雄）

39

絶品の麺

★北京の「おやじの味」★

広い中国、食文化一つをとっても、実は「中国料理」と一言で言い表せるほど単純ではない。東西南北行く先々で全く違い、どこの料理が中国を代表しているとは言えないからだ。

主食に関しては、「北では麺を食べ、南では米を食べる」と言う。中国北部は小麦の生産地、麦畑が多いため麺を食べ、中国南部は水田が多いので米を主食として食べることが多い。地産地消の食べ物は確かに美味しい。

中華圏では「麺《ミエン》（miàn）」は小麦粉やその生地をもとに作った食べ物、いわゆる「粉もの」全般を指す。ラーメンでもうどんでも餃子でも饅頭でもクレープでもピザでもパンでも、中国では大きく言えば「麺食」ということになる。小麦粉をこねて細長く伸ばしたもの、日本でいう麺類は「麺条《ミエンティアオ》（miàn tiáo）」と呼び、これを略して「麺」と呼ぶこともある。また小麦粉以外を使った物、米粉を細長くしたライスヌードルや、澱粉製の春雨、ビーフンなどは「粉《フェン》」（fěn）と呼び、形は細長くても本来「麺」としては扱わない。

記録によれば麺の起源はずいぶん古いらしく、中国に小麦が伝わった前漢時代に西方との交易路が開けてからであるとか、それ以前のおよそ四千年前の遺跡から見つかった麺類らしき遺物が最古のものであるなど諸説あるが定かではない。それだけ古くから、多くの人々が知恵を働かせて作り上げてきたものであり、一部の天才によってある日突然発明されたものではないことだけは確実だろう。日本には、二年三毛作などにより小麦が大量に収穫できるようになった飛鳥・奈良時代に遣唐使が唐菓子と果餅を日本に持ち帰ったことがその始まりのようである。

熱々の打鹵麺

麺大国の中国、中でも小麦どころの中国北部には美味な麺料理は数あれど、その中でも今日ご紹介したいのは北京の家庭料理である「打鹵麺《ダールーミエン》（dǎ lǔ miàn）」である。「打鹵麺」とは、とろみをつけたくずあんかけの和え麺のことで、具材から味付け、手順に至るまで各店、各家庭で大いに異なり、実にバラエティに富んでいる。

具には鶏肉、豚肉、卵、エビ、ナマコ、しいたけ、きくらげ、たけのこ、鹿角菜、トマト、グリーンピース、黄花菜（金針菜、ユリ科の植物のつぼみを乾燥させたもの）などを使うことが多いが、正式な具は卵、豚肉、鹿角菜、黄花菜、きくらげの5種類らしい。

打鹵麺はくずあんかけ麺なので、あんの出来でその味が決まる。

あんの元になる鶏がらスープと水溶き片栗粉を作っておく。中華スープでも可。

中華鍋に油を敷き、味付けの大元となるショウガ片を炒める。花椒でピリ辛風味にすることも。

シイタケ、グリーンピース、きくらげ、刻みネギ、水に漬けてふやけた黄花菜など各種具材を醤油で軽く味付けしながら炒める。本場ものは塩味が濃いので、しょっぱさの加減はお好みで。

鶏がらスープを鍋に注ぎ、温まったところで水溶き片栗粉を注ぐ。

片栗粉のとろみが効いて泡が出てきた所でさらに溶き卵を注いだところであんは完成。

茹でた麺を冷水で通し、あんをかけて食す。刻んだきゅうり、大根、ピータン、ゴーヤをかじりながら食べるのが北京式。

とろみをつけているので冷めにくく、寒い季節には欠かせない麺料理である。


筆者が中国での好物を聞かれれば間違いなく麺類、なかでもこの打鹵麺を挙げる。しかも、いかに立派な店で作られたものよりも、我が京劇の恩師・劉習中《りゅうしゅうちゅう》先生お手製の打鹵麺以上の一品にお目にかかったことがない。

劉師は京劇の立ち回りを演じる道化役「武丑《ぶちゅう》」の名優として全世界でその演技を披露し、また教師としても中国全土にその教えを受けた役者を持つ、まさに京劇界のグレートマスターである。筆者も大学入学時からプロの役者となった現在に至るまで、事あるごとに教えを受けに参上する。

京劇役者は美食家、料理自慢が多い。例えば、名優・梅蘭芳にはお抱え料理人がおり、その子孫が

刻んだ漬物、ピータンなどと合わせて食べる

梅蘭芳が生前に好んだ料理を提供する店が北京にある。我らが劉師もまた舞台での芸と同じく、食にも強いこだわりを持つ。

ある寒い冬の日。稽古終わりに劉師のご自宅に伺うことになっていた。ただその日は稽古が全くうまく進まず、ずいぶん遅くなっていた。心身ともに疲労困憊、空きっ腹を抱えながら急ぎご自宅へ向かった。

「待ってたぞ。さあ、どんどん食べろ」

かぐわしい香りとともに打鹵麺が温かな食卓に並べられた。師は麺好きの筆者のために腕によりをかけて作った麺料理とともに待っていて下さったのだ。

打鹵麺と同じく家庭料理の定番メニュー「炸醤麺（ジャージャー麺）」も目の前に。

その日は普段の倍は食べた気がする。

「お味はどうだ？」

師がいつものように張りのある声で問う。

「こんなに美味い麺は食べたことがありません！」

涙目になっていたと思う。

「そうか、美味いか」

麺料理をつくる筆者の恩師・劉習中先生

師は満面の笑みだった。今日の出来にも相当な自信がおありのご様子。

もちろん、空腹だったから美味に感じられたわけではない。もとより美味い師の麺が、その温かな心遣いとともに箸を進ませたのだ。

筆者は何度もその腕前に舌鼓を打ち、この方面のご指導も受けた。なにかと忙しい役者生活、手早く簡単に仕上げるのがその流儀。もちろん自分でも作ることはあるが、無論、未だ師の域には達しておらず。

ご本人曰く、

「テキトー料理だ。材料を順番通りに仕上げていけば難なく完成する」

とのことだが、なかなかどうして、舞台上の芸と同じく、筆者の作品にはどうにも味に締まりがない。やはり自分なりの何らかのコツ、さじ加減、思いとでもいうべき何かが目に見えない隠し味となって料理にも昇華しているような気がしてならない。「料理は愛情」という言葉があるが、その通りだと思う。食べる人への心くばり、愛情が感じられるからこそ、どこの店でも食べられない、何物にも代えがたい付加価値を持つ、まさに「絶品」となって、胃袋も、また心までも満たされるのだと思う。筆者にとって「おふくろの味」ならぬ「北京のおやじの味」である。

肩肘張らずに気楽に食べられ、素朴で美味い愛すべき「庶民の味」。筆者が己の芸にも料理にも満足できるようになるのは果たしていつの日だろうか。

美味な麺料理は北京の街角で、家庭で、至る所に存在している。北京を訪れる際にはぜひともお気に入りの逸品を探されることをおすすめしたい。

（石山雄太）

40

北京日本料理店㊙苦労話

★北京に住んで30年★

「北京」との遭遇

私が初めて北京に来たのは、今から二十七年ほど前の天安門事件直後の、まだ戒厳令が敷かれていた頃であり、街中に自動小銃を持った解放軍の兵士が警備についていた。私の勤める日本料理店は、北京飯店にあった、株式会社京樽と北京飯店との合弁でできた「五人百姓」という店であり、中国語は、見ても聞いてもチンプンカンプン。とても一人では外出できない私だった。当時、同じ会社から出向していた日本人の同僚とカタコトの中国語でタクシーに乗り、市内の他のホテルに食事に行ったり、買い物に行ったりの休日は、会話が通じる日本人同士のコミュニケーションを取るには、楽しい機会であった。

事件後ということで、お客様の数もめっぽう少なかった。事件以前は、毎日のランチタイムは、ウェイティングが当たり前と聞いていた。事件の影響で客数も少なくなったので、輸入した食材との戦いが発生した。賞味期限が近くなる食材や、賞味期限切れの食材の処分は、ただ捨てればいいと思うかもしれないが、ここでは食材管理の点から、一度に大量の食材を捨てると罰金が課せられる。このころは食料の供給や消費が、管理・

規制されており、一般の人たちは、勿論、配給券が無いと買い物もできない時代であったので、私たちの店は国営ホテルにあったから管理方面も厳しかった。各レストランのゴミ管理をする人達は、各店舗のゴミをいちいちチェックしているのだ。

一方、ゴミ資源は、とても重要なものでもあった。実にここ数年前まで北京市の到る所で、ゴミの争奪があった。ゴミを不要物と考えるのは、日本では当たり前なのだが、ここでは重要資源なのだ。

客数の多い店のゴミは、取り合いにならないように縄張りのようなものもあった。例えば日本酒の一升瓶は、よその店舗でも売れるので店の従業員が個人で管理していたり、ペットボトルは価格が安いのでゴミとして出す店、従業員が管理する店と分かれていた。ビニール袋などは、汚いのでゴミ収集業者が、振り分けていた。ダンボールや発泡スチロールの箱等は、従業員も欲しいので、ゴミ屋さんと取りあいになる時もあった。日本のように分別の習慣の無い人たちは、その後にゴミの廃棄が分別制になっても、ゴミ屋さんがやるから構わないと言い、すべてごちゃまぜのままで捨てる癖がいまだ治らないでいる。

野菜を地元で作る

食材の入手に困難があったので、郊外に農場を設け、無農薬有機野菜の栽培も委託した。小松菜の種を五袋渡すと一度に蒔かれ、使いきれない程の収穫があったり、逆に収穫があまりに少ないと一度も店では使えなかったり、収穫物を勝手にどこかに横流ししていたりの時もあった。ある年は、6月の日本への帰国前に畑へ行き、あと十日ほどで収穫できる野菜を確認して、安心して帰国したが、戻ってみると、まだ野菜が届いていない。すぐに担当者に電話してみると、雨と雹で全滅と言われ、翌日、畑に行ってみて、無残にも葉のない枝にポツポツと花が咲いている茄子を見たときは、とてもがっかりした。胡瓜、トマトも例外ではなかった。トウモロコシは、茎が全て折れ収穫不可能状態だった。翌年には畑の場所を3カ所に増やして栽培したので、すべてが順調に育ち、使えきれず、各栽培担当者に、他所へ売ってもらった。水なすを栽培すれば、通常のなすと同じように栽培するので傷だらけ。まともなものは三分の一程度。胡瓜・トマトは無農薬で育てると、収穫期間が短く一カ月半位で枯れるので、年に数回の種まきをしていた。勿論、冬は土地柄、栽培不能だから、南方から来る物を利用することになるのだが、これが奇妙なものを売っているのだ。よく育った胡瓜の先には黄色い花が揃って付いている。これは見かけ上、新鮮さを示すためであるのだが、これらがホルモン剤を使用している胡瓜と知ったのは、二年位過ぎての事だった。中国国営放送で、特番として放映したのを偶然見たのだ。字幕と、中国語の番組だったので100％は理解できず、後日、インターネットに出ていたので、中国人スタッフに聞いて内容を理解した。それからは目に見える物、目に見えない農薬の含有量は、どうすれば良いか、ネットで調べ、野菜をよく洗うことを徹底させ、市場で売ってる野菜もよく品質や状態をチェックしてから使用して提供している。

北京市内で売られている、花付き胡瓜

独立して開店

現在北京市の北東部に、純日本料理を提供する店舗『藏善《くらぜん》』を立ち上げ営業を始めまもなく12年になる。その間二号店を開店させ、調理長やスタッフを派遣して、同じ料理を作らせても、違う料理になってしまい戸惑ったことがある。同じ材料、同じ調味料、同じスタッフが作るのに違うのだ。原因は火の調整が悪かったようで、ごく弱火で煮込む料理を、中火強で調理していたのである。よく手抜きをして調理するので、味が本店と違うと言われ、噂を聞いた人たちからは、同じ屋号の本店の味も悪いとの噂が広まってくるのだ。結局その店は、屋号を変えグループ店として営業をしている。料理も本店とは違う料理を提供して、客層も違うので、ユニフォームにメイド服を着用させ、メイドレストランに変更したら、評判になり、春休み・ゴールデンウイーク等の長期休暇中には、日本からもお客様が来られたのだ。

あるお金持ちの恋人を持つ女の子は、給料は要らないからこのユニフォームを着て仕事してみたいと言い、出勤する子もいたが、残念ながら遊び心の人には、まともな仕事はできなかった。店の前に、ランボルギーニ社の高級車がよく停車していることを見かける。

私の店「藏善」

彼らはいったい何を食べるのか、聞いてみると、オムライスを食べながら、この店で時を過ごすのだと言っていた。言うまでもなく、オムライスは日本生まれの「洋食」だ。

日本料理はステータス

北京市内に日本料理店が少なかった頃は、日本料理を食べる現地の人たちのほとんどが、ステータスで食べていたようであったが、最近では、多くの人が、日本料理が好きだと言いながら食べてくれるようになって来た。料理と一緒に飲まれる日本酒も、銘柄を重視しているようだ。東日本大震災後日本からの輸入規制で、入荷できなくなった、久保田の「萬寿」、「千寿」は、前から多くの中国人に親しまれていたが、「獺祭」は、最近になって好まれるようになってきた。あるお客様は、どこから入手するのか、「十四代」を、自慢げに持ち込み、私に見せびらかすのである。それも一本、二本ではなく、一升瓶1ケース六本もだ。

北京市の条例で、お客様の飲み物持ち込みは可能だから、常連の方になるとお酒を1ケースずつ持ち込みキープするのだ。そういう方は、料理だけで一人日本円で1万円以上の料理を食べて頂けるので、断れない。

中国人で国内出張で来られるお客様の中には、電話で「十四代」を予約してこられる方もある。北京で仕入れると、当時のレートで日本円で原価14万円もするので、店での販売価格は40万円以上になるのだが、これを飲まれるのだ。日本酒一本40万円、普通日本人の方は、こんな価格では飲まないと思うが、こちらでは、特別な方だけは、そういう物を欲しがるのだ。世間では、中国バブルははじけていると言われているが、市場経済の規模の大きさからすれば、地方都市が一つ無くなっても、蚊に食われたくらいにしか感じない方もおられるようだ。

変化する「日本料理」

現在北京市内に、三千の店舗が、日本料理を提供しているとも言われていて、海鮮料理店（中国料理店）でも、お刺身は当たり前のように提供されている。伊勢エビの姿作り、サーモンのお刺身、最近では本マグロの大トロ等もメニューに並んでおり、勿論店では、高級価格で販売されている。日本のラーメンは、すっかり日本料理としてメニューに定着しており、ラーメン屋さんには、日本酒、お寿司までもがメニューにある。居酒屋では、ラーメン、寿司はあたり前のようにあるものだが、今度は、お寿司専門店にラーメンも登場してきて、びっくりするのは、私だけかもしれないが、普通、ローカルの人たちには、なんの違和感もなく受け入れられているのが現状だ。北京に赴任したばかりの頃は、メニューに野菜炒めを、こんなものを日本料理店のメニューに載せていいのか戸惑っていた私だが、今では、お客様の食べたいものを、提供する事に努め、最近では、ファミレス世代の要求で、スパゲティー、ハンバーグ、カレー等も取り入れなければいけなくなり、世代と共に変わりつつある料理と、伝統料理をコラボさせなくてはならないと、実感する次第だ。

新しい料理開発には、日本のテレビが欠かせない！

長く海外にいるので、B級グルメ番組、食材を扱う番組等、見ているだけで新しい料理のアイデアが浮かんで来る日本のテレビ番組は、現在の私の料理教材だ。日本にいれば、雑誌等で目にできるが、海外では、情報源が限られている。昔自分が書き留めていたノートと、お客様との会話くらいしか材料が無いものだが、テレビで紹介されると、目からウロコが落ちる思いもするのだ。おでんを炊くときに、出汁はかつおと昆布が、あたり前だったものが、オイスターソースを出汁に使っても、素晴らしい味に仕上がる等、調理師の私がびっくりするような事がたくさん出てくる。

昔ながらの作り方だと、繊細な味付けには、作り方に多少差があるだけで、味の変化が大きくなり、クレームの原因になるのだが、新しい作り方だと、ほとんどの調理員が同じ味に出来るのだ。

「日本料理店」と一口に言っても、国情によって状況は大きく異なる。経験を積みながら、社会の変化を見つめ、文字通り試行錯誤を重ねながら、愛される店づくりに毎日、頑張っている。（小林金二）

41

消えゆく「菜市場」文化

★その現状と源流★

2014年9月、北京の市場がまた一つ消えた。9000平米に及ぶ市場に六百五十一の陳列台を擁し、旧城内で最大の規模を誇っていた「潤得立市場」、通称「四環市場」だ。西城区の四環胡同にあるこの市場は、八百屋だけで三百もの露店が軒を連ねる、いわば胡同っ子たちの台所だった。都心の有名な湖、後海のほとりの露店が1980年代、環境整備のために一カ所に集められたのが始まりだと言われている。

この市場の敷地は現在、国務院系の大手デヴェロッパーが所有している。だが意外にも、市場の建物は「違法建築」だったらしい。つまり、十何年にもわたって、9000平米にも及ぶ違法建築が放置されていたわけだ。そして「違法建築」だったゆえに、今回、テナントへの補償などは、一切行われなかった。今後は、小規模の生鮮食品売り場のみが設けられ、それ以外の土地はオフィスビルなどになる可能性が高いようだ。

四環市場が閉鎖された2014年、実は北京では十一の市場が閉鎖された。その理由は、胡同の環境や古都の景観を保護するためだとされている。確かに、衛生面の管理などは必要だっただろう。だが、世界に目を向けても、古都の景観と青物市や

在りし日の四環市場（2014年９月、張全撮影）

バザールの文化が見事に共存した空間はあちこちにあり、観光資源としても、生活の場としても、独特の魅力を放っている。
それにそもそも、昔の北京にだって市場はあった。
そこでこれを機に、北京の「菜市場（食料品市場）」について振り返ってみたい。

地名が伝える市場の痕跡

北京の「菜市場」の歴史は、少なくとも10世紀の遼の時代に遡ることができる。「菜市場」を「都市の活力の源泉」とみなす清華大の胡双婧氏の論考（胡双婧『古代北京旧城菜市場空間研究』２０１４年）によると、当時の城北の市、つまり現在の北京では広安門内外大街にあたる場所に並んだ各種の店舗には、「陸海の百貨」が集まっていた（『契丹国誌』）。しかも、当時はすでに、宿駅の機能が発達していたため、皇室の野菜やその他の食べ物の産地はすでに１０００キロを超えた場所にある南宋の領地にも及んでいたという。

やがて時代が元になると、今の北京は大都と呼ばれるようになる。興味深いのは、当時、鐘鼓楼、灯市口大街と並んで、「三大市」と呼ばれたのが、現在の西四にある羊肉胡同一帯だったことだ。当時、この一帯には、米市、麺市（粉物市）、馬市、羊市、駱駝市、羊市角頭（羊市）があり、街全体が言わば「菜

市場の閉鎖後、周囲の壁に掲げられた標語（2015年10月）

市場」だった。大都は羊肉を好むモンゴル族を支配階級とし、ムスリムも多数擁していた。だから、羊市が大いに賑わったことは容易に想像できる。その名残か、明代以降も、羊肉胡同という地名は受け継がれていった。

じつは現在、イスラム系の美食が集まる繁華街として知られている西安の西羊市も、名がは元代の「羊市」に由来し、生きた羊や羊肉の交易が行われていた場所だという。地図を見るだけで、かつて遊牧民族やムスリムの食文化が街にもたらした影響が感じとれるのは、何とも楽しい。

もちろん、豚肉文化も負けてはいない。

現在の東四西大街は、清の光緒帝の頃には東馬市街、民国期には猪市《ジューシー》（豚市）大街と呼ばれていた。北京の地名に詳しい多田貞一氏はその『北京地名誌』（新民印書館、1938年）で、清末からこの一帯に馬市、猪市（豚市）、百鳥市、肉市などがあったことに触れている。中でも猪市では1930年代末まで、「毎朝、脚を縛られた何百、何千の豚が、聞くに絶えぬ鳴き声を上げていた」そうだ。もっとも、やがて屠殺場が城外に移り、道路も整備されると、「まったく昔のことなど忘れたような」風景に変わる。

だがその後も、東四一帯と食肉市場との縁は密かに受け継がれた。地元住民によれば、1950年代にできた朝内菜市場は、屠殺前の生きた動物があれこれ並び、生きた七面鳥までいる、「ちょっとした動物園」のような場所だったそうだ。

外国人とのゆかりも

この朝内菜市場を含め、解放後の北京には四つの大型菜市場があり、四大菜市場と呼ばれていた。中でも東単の十字路の西北角にあった東単菜市場の前身、東単市場は、中国最初の近代的な市場だとされている。最初はEAST MARKETの名でフランス人が管理し、外国人向けの輸入品を多く扱っていた。各国の大使館が集中する「東交民巷」や北京飯店、のちにはロックフェラー財団の設立した協和医院の関係者などが顧客に含まれたようだ。もっとも、１９３８年からは、日本人設計士の手による改修を経て、日本人が管理するようになった。

閉鎖前の崇文門市場（2009年９月、張全撮影）

じつは「四大菜市場」の内、一番最後まで本来の場所に残っていた崇文門菜市場も、近代的な市場としてのスタートは遅いが、由来は古い。

そもそも清代には、南方から運ばれた食材が城内に入る際、崇文門で検査や税金の徴収が行われた。そのため崇文門は北京の城門の中でも、最も豊富な物資が集う場だった。当時、崇文門の城壁沿いに立った市が、崇文門菜市場の源流だと言われている。

民国期になると、「東交民巷」との近さから、崇文門には外国の食品も集った。周辺にはフランス人の開いたケーキ屋や、日本人向けの和菓子店なども現れたという。新中国の成立後は多くの変化を経るが、それでも1976年に近代的市場として復活すると。やはり外国人客の買い物の接待スポットとなった。

北京っ子たちが老舗市場に抱く信頼感には絶大なものがあった。私の知人のおばさんも、近くに別の市場があるのにも関わらず、かつては自宅からバスで12駅分の距離がある崇文門菜市場で頻繁に野菜を買っていた。交通渋滞をも厭わず、あえて都心を貫くバスに乗って通う熱心さには、どこか「思い入れ」のようなものも感じた。

ソ連の影響

じつは先日、ロシアのハバロフスクにある中央市場を訪れた時、その構造が、かつての崇文門菜市場とそっくりであることに気づき、はっとした。崇文門菜市場とモスクワの某自由市場の類似性を指摘した論文もあるようなので、崇文門市場の建物がソ連文化の影響を受けて建てられたのは、ほぼ間違いない。

旧ソ連の技術者たちが、新中国の建設に大きく関わったことは広く知られている。中ソ関係は1960年より氷河期に入るが、1977年頃までソ連からの技術面での影響は続き、全面的に吸収・

ハバロフスクの中央市場（2015年８月）

内化された（参考論文：『「蘇聯規劃」在中国』）。つまり、もし崇文門菜市場が残されていれば、特殊な時代の記憶を後世に伝えることができたはずだ。

当時、ソ連の専門家、ムーヒンは都市計画に携わる者がある都市の現状を理解するさいは、「主婦が家庭の瑣事を理解するのと同じくらい、明確で細やかでなくてはならない」と語ったという。その方針に照らすなら、庶民のニーズとぴったり合っていた市場の数々が「不要」とされたのは理解しがたい。もっとも、都心から出稼ぎ人口や貧困層を追い出し、土地財政によって最大の利益を生み出すのに熱心な近年の北京では、菜市場の消失という寂しい変化も、「消費型」より「生産型」を理想としたソ連式の理念には、意外とマッチしているのかもしれない。

（多田麻美）

VI

文化・芸能

42

北京の「でんでんむしむしかたつむり」

★わらべうたの中の北京★

水牛儿水牛儿
先出来犄角后出了頭儿（喂）
你爹你媽
給你買来燒肝儿燒羊肉（喂）
你不吃也不喝猫儿叨了去（喂）

でんでんむしむしかたつむり
ほらほら角出せ頭出せ
お前の父さんと母さんが
お前に豚のレバーや羊肉の
煮付けを買ってきたよ
食べないんだったらほらほら
猫がくわえて行っちゃうよ

これは北京に広く伝わる〝儿「（児）」歌〟、日本で言うところの〝わらべうた〟である。私の日本語訳は、思わず出だしが童謡（文部省唱歌）の「かたつむり」になってしまったが、北京の「かたつむり」は、昔から子供たちの間で歌い継がれてきた〝伝承童謡〟ということになるであろうか。また中国では、〝儿（児）歌〟は〝民間歌曲（一般には略して〝民歌〟と呼ばれる。日本の民謡に相当）〟の中の一つの形式とされており、日本の民謡同様、その地の言語（方言）や風習的な特徴が色濃く反映されている。

「水牛儿」楽譜（許洪帥編『悠揺車・49首中華伝統経典民歌　歌唱、吟誦和遊戯』中央音楽学院出版社、2015年）

200年以上前の「かたつむり」

まず〝伝承童謡〟として見ると、この歌は、今から二十数年前に、中国56民族それぞれの音楽における優れた伝統を継承し、より高めていこうという目的で、中華人民共和国文化部と国家民族事務委員会、そして中国音楽家協会とが共同して、各省・自治区・直轄市ごとに計31巻編集、出版した内の『中国民間歌曲集成　北京編』にも収録されており、その解説部分で、この歌が早くは1795年（清・乾隆六十年）に編纂改訂された『霓裳続譜』（全八巻からなり、当時の民間で歌われたり、踊りの伴奏に使われたりしていた曲を集めたもの）の第八巻に「雲散雨収（雲が晴れて雨が上がった）」という題で収められていて、次のような生き生きとした描写がなされていると紹介されている。

雲散雨収（呀呀喲）
有一个女孩在房檐底下溜瞅
口口声声叫水牛
揀在手里叫它長

雲が晴れて雨が上がった（ヤヤヨ）
一人の女の子が軒下で目をキョロキョロ
しきりに蝸牛を呼んでいる
手のひらに乗せて蝸牛に話しかける

説是牛儿啊牛儿啊　你出来吧　　蝸牛さんや蝸牛さん、出ておいで
媽媽帯来的牛肝牛肉　　お母さんが持ってきた牛のレバーやお肉があるよ
牛儿啊　你先出觝角后出頭　　蝸牛さん、ほらほら角出せ頭出せ

残念ながらここからは、当時一体どのようなメロディーで歌われていたのかを知ることはできないが、後半部分の歌詞は、確かに現在歌われている「水牛儿」の原型だと考えられる。

北京の〝儿化音《アルホワイン》〟

次に歌詞について見てみよう。まず〝水牛儿〟という言葉であるが、これはかたつむりを指す北京語である。〝普通話《プートンホア》〟と呼ばれる中国語の標準語では、〝蝸牛《ウォーニィウ》〟と言う。こちらは見てお分かりの通り、用いられている漢字は日本語と同じだ。

さて、話は北京語のかたつむりに戻るが、最後の〝儿〟がとれて、ただ単に〝水牛《シュイニィウ》〟と発音された場合には、そのものずばり水牛のことになる。北京語の主な特徴の一つが、この〝儿〟にあるのだ。

これは、〝儿化音〟と呼ばれる一種の語尾変化で、一般にある名詞の後について、小さい・愛らしい・かわいいといった意味を表現したり、ある動詞や形容詞の後ろについて、その語の品詞を名詞に変えたりする働きを持つものである。そしてこの〝儿化音〟が、北京語の中ではかなりの頻度で使われており、『北京話儿化辞典』（語文出版社、１９９０年）なる辞書まで出版されている。

私は留学時代を含めて、北京滞在歴は二十年を超えるが、生粋の北京人、とくに年配の方たちの会

話では、この〝儿化音〟が多用されており、あまりうまく呂律の回らない人が話しているようで、よく聞き取れないことがあるくらいだ。

北京の羊肉と臓物料理

さらに歌詞の内容について見てみると、子供たちがかたつむりに角を出させようとして餌にするものが、〝豚のレバーや羊肉の煮付け〟となっている。一般に中華料理と言った場合、それがどこの地方の料理（例えば、四川料理や広東料理など）であれ、肉料理でメインとなるのは、豚肉か鶏肉であろう。ところが北京人は、もちろん豚や鶏も食べるが、それ以外に羊肉も好んで食べる。「北京の名物料理と言えば〝北京ダック〟」というのが定説だと思うが、〝涮羊肉《シュワンヤンロウ》〟と呼ばれる羊肉のしゃぶしゃぶも、より庶民的な北京の名物料理だ。また豚も、その肉ではなくレバーとなっており、ここにも臓物を好んで食べる北京人の食生活が反映されているように思う。

今ちょっと考えただけでも、〝爆肚儿《バオドウアル》（牛や羊の胃袋を熱湯にさっと通してから、タレにつけて食べるもの）〟〝炒肝儿《チャオガアル》（豚レバーの炒め餡掛け）〟〝牛羊雑碎《ニィウヤンザアスイ》（牛や羊のもつ煮）〟〝滷煮《ルーヂュー》（豚のもつ煮）〟〝溜肥腸儿《リィウフェイチャール》（豚の大腸の餡掛け）〟〝溜肝尖儿《リィウガンジアル》（豚レバーの餡掛け）〟などの料理が浮かんでくる。そしてここでも、〝儿化音〟が多用されている。

北京におけるかたつむりの生存環境

ところでこのかたつむりであるが、一般的には〝雨〟とは切り離しては考えられない生き物である。

待ちに待った雨の一日。ちなみにこの日（2016年6月19日）から翌20日にかけて、北京は6月1日からの増水期で一番の大雨に見舞われ、豪雨警報や地質災害警報、洪水警報などが相次いで出されるという、人間にとっては大変な日だった

だが北京は、典型的な大陸性モンスーン気候であり、夏以外の季節はいずれもかなり乾燥している。北京市気象局によれば、２０１５年の年間降水量は５９８・１ミリメートルであった。ちなみに同じ首都である東京は、気象庁のデータによれば１７８１・５ミリメートルで、北京の年間降水量は東京の約三分の一しかない。しかもそのうちの七割強が6月〜8月にかけて降る。かたつむりにとっては、かなり過酷な生存環境だと思う。北京のかたつむりは、この時期をどれほど待ち望んでいることであろうか。そして北京の子供たちもまた、雨の日にどこからともなく現れて、窓ガラスや家の外壁にへばりついているこのかたつむりを、まるで魔法によって出現した宝物でも見つけたかのように喜び、目を輝かせながら「水牛儿」を歌い継いできたのではないだろうか。この歌が北京のわらべうたを代表するものだというのも、何だか分かる気がする。

ただ残念ながら現在の北京では、かたつむりは意識して探さなければ目にすることができず、また日常の中でわらべうたを歌いながら遊びに興じる子供たちに出会うこともない。こうした状況は、な

現在は意識的に探してもなかなか見つけられないかたつむりだが、なぜか日本大使館周辺にはかなり生息しているもよう

にも北京に限ったことではないだろうが、専門家の間では、もうかなり前から伝承や保存に対する問題提起がなされている。とは言え、北京市では二十年も前に、自分たちの郷土を知ることを目的とした教材を編纂したことがあったが、当時すでにその中の北京民歌を実際に歌える教師がいなかったこと、また師範学院（元々は教員養成を主な目的とした大学であった）で〝民歌学科〟を設けたが、受講生がほとんどおらず、一年でなくなってしまったことを紹介した新聞記事を、以前読んだことがある。

雨の日に、今や世界第二位の経済大国となった国の首都、一大グローバル都市・北京のかたつむりと「水牛儿」の話をふと思い出してくださる方がいらっしゃるようであれば嬉しい。

（鈴木さなえ）

コラム9

日常生活の中の北京の言葉

傅　薔

　北京生まれ北京育ちの私は小さい頃から、よく人に「きれいな北京語を喋っているのね」と褒められてきた。北京は中国の首都として、中国の人々に憧れられてきたようであるから、生粋の北京語を喋ることができるということは、よその地方の人たちにとって、いかにも羨ましいことのようである。

　さて、中国の標準語（普通話）は、六十年ほど前に北京語を基礎にして定められたと言われるが、両者はアクセントや言葉の使い方、語彙などに多少違うところがある。発音では単語の語尾に「児《アル》」（簡体字では「儿」）をつける「児《アル》化音」は北京語の特徴だと言われている。

　友達の李さんは南方の出身で、もう二十年近く北京に住んでいるが、北京の町に溶け込もうとするため、北京語の勉強に必死で、北京人のふだんよく使っている慣用語まですっかり覚えたが、しかし「児《アル》」（ピンインでは「er」）の発音となると苦手で、すぐ「外地人」（地方の人）だとばれてしまう。

　私の家では四匹の猫を飼っている。中の二匹は、「宝三《バウサン》」、「宝四《バウスー》」という名前だが、「宝三《バウサ》

私の四匹の猫たち

児《アル》」「宝四児《バウスーアル》」と「アル」をつけて呼ぶのが普通だ。同じように猫が好きな彼女は、どうしても舌そりができないから、「アル」を付けず、大きな声で「宝三《バウサン》」、「宝四《バウスー》」と猫を呼び、いつも私を笑わせる。児（アル）という発音は長江以南出身の人には難しそうである。

確かに北京人の言葉には「アル」という発音が多い。例えば「胡同《フートン》」、「四合院」「電話号碼」（電話番号）などの場合、いずれも語尾に「アル」をつけて発音している。なお「今天」（今日）は「今児」（ジーアル）、「哪里」（どこ）は「哪児」（ナーアル）と言っている。しかし、「アル」を濫用してはいけない。北京人は飯館（レストラン）を普通「飯館児《ファングアル》」と言っているが、「図書館《トウスウグアン》」を「図書館児《トウスウグアル》」と言ってはまずそうである。北京市は朝陽門《チョウヨンメン》や建国門《ジャングオメン》、崇文門《チュンウンメン》などの地名があるが、「開門《カイメン》」（ドアを開ける）の場合、「開門《カイモ》児《アル》」と言っているけど、「朝陽門児《チョウヨンモアル》」、「建国門《ジャングオモ》児《アル》」は絶対言わない。「ここが崇文門児《チュンウンモアル》ですか」と道を尋ねたら、笑われてしまう。

北方の人は大体「児」（アル）の発音ができるけれど、舌のそり方や言葉の使い方などは、何だか北京語とちょっと違うような気がする。数年間前、仕事関係で山東に出張に行った時、山東省の人がクレジットカードなどのカードのことを「カー（卡）アル」と言うのにやや驚かされた。「カード（中国語では「卡」）」に「アル」とつけて言っていうのは山東人に限っているようである。なお東北三省の人や山東省の人に、とくに年配の人々には「**re**」と「**ye**」の区別が付かない人がいる。例えば、「熱」（**re**）、「日」（**ri**）、「肉」（**rou**）の発音が（**ye**）（**yi**）（**you**）となっている。だから「日本人」（**ribenren**）のことを **yibenren**（イーベンレン）と言っている。

こういう笑い話を聞いたことがある。北京出身のお嫁さんは、スーパーに行く前、姑さんに何か買うものがあるのかと聞いたたら、「買点イユ吧」（イユを買って下さい）と答えたので、肉を買ってきたら、姑さんは怪訝な顔をして、「違う、イユじゃなくてイユだよ」と、身振り手振りでようやく分かった。姑は食用油を買ってほしいと言っていたのである。山東弁では、「肉」と「油」の発音はまったく同じだから肉だと思ったのだ。

学校の教育、テレビの普及、加えて交通の便利によって、いまの若者は、大体上手に標準語を操るようになった。各地方から北京に来る人が増えるのにつれて、北京語の語彙が豊富になる一方、古い言葉も次第に忘れられかけていて死語になる恐れがある。この間、「北京語テスト」という民間人発起によるテストがネットで行われたが、北京人自慢の私であるが、百点満点でたったの80点しか取れなかった。

なお、北京に長く住み、北京人の奥さんを持っていた村上知行《むらかみともゆき》さんの著書『北京十年』（現文社、1967年、絶版）には北京の猫の名の語尾に「児」を付ける話が載っていることを、櫻井澄夫さんに教えてもらった。この文章は、かなりユニークなので、猫に興味がある方には、とくに読むことをお勧めしたい。

43

北京と京劇

★人間性を表現する演劇★

京劇《きょうげき》、中国を代表する伝統的な古典演劇の一つ。その魅力は多岐にわたる。一体どう楽しめばよいのだろうか？

中国の旧社会において、文字や学問というものは一部の特権階級に独占されていた。大部分の庶民は講談や演劇などの娯楽に触れることで、人としての道徳を学んでいたのである。

伝統演劇である京劇にはいくつかの「決まりごと」がある。それを理解していれば、さらに楽しみやすいのではないだろうか。

（四つの演技術）京劇役者は通常、幼少より訓練を始め、多種多様な演技術を繰り返し訓練していく。演技術は大きく「唱《チャン》、念《ニエン》、做《ツオ》、打《ダア》」の四つに分けられる。

京劇のことを英語では「ペキン・オペラ」と訳されるが、演技術の中でもまず「唱《チャン》」は京劇の命とも言えるほど重要。唱は弦楽器の京胡にて伴奏する明快な「西皮」、重厚な「二黄」の二種類と笛などを用いた曲調に乗せてうたう。楽隊の指揮者は役者の演技に合わせ太鼓で拍子をとり、役者は強烈な銅鑼の響きと管弦楽の音色に乗って物語を演じていく。京劇はそれ自体がきわめて音楽的な演劇なのである。

「念《ニエン》」と呼ばれるメリハリの利いたセリフ回しも重要な演技術の一つ。セリフは唱についで重要で、歌うようなリズム感が必要。時に方言を交えることも。筆者は日本公演の折、日本語でのセリフ回しを手がけたこともある。

動作、所作、しぐさのことを「做《ヅオ》」という。伝統的な京劇の舞台上では本来大道具は使わず、机や椅子等の限られた小道具とそれを使う役者の全身を使ったパントマイム的な演技で全ての物語を表現する。

扉：役者が門を開け、敷居をまたぐ動作で扉の開閉や出入りしたことを表す。

移動：舞台上をぐるりと歩き回れば遠近を問わず距離を移動したことになる。

乗馬：舞台上を馬の鞭を振るって歩き回れば乗馬していることを表している。舞台上に実際の馬は登場しない。

乗船：船の櫂を持っていれば乗船を表す。

こうした演技によって実際には存在しない物をあたかも存在しているように、またニセモノを本物らしく見せる、観客の想像力をかきたてる表現力が必要とされる。

「打《ダア》」はいわゆる「立ち回り」、戦闘場面や武芸の腕前を表現する。武術や雑技を元にしたもので、跳躍や宙返り、武器などを舞うように演じる。

激しい動きが最高潮に達したとき、動きと伴奏をピタリと止めて観客の視線を集中させる、いわゆる「見得を切る」動作を「亮相《リアンシアン》」と呼び、役者としてはここで割れるような拍手を心待ちにしているところである。

立ち回りも京劇の見せ場の一つだが、さもすれば雑技のごとくその技術の高さばかりが注目されてしまうという誤解がある。京劇はあくまで演劇、物語性こそが最も重要である。立ち回りは演技全体から見れば「調味料」であり、「主な食材」にはなりえない。物語の中にスパイス的にほんの少量混ぜることによって、はじめて観客の心に強く響く。まずはその他の演技が出来てはじめて技の素晴らしさも特長の一つとして効果的に活きるのではないか、というのが我々立ち回りを演じる役者の信条である。

ちなみに立ち回りで多用する特徴的な小道具や扮装の紹介もしておきたい。

各種武器：役者が動かしやすく、見映えがするよう、実際の物よりも小さく、軽く作ってある。

孫悟空を演じる筆者
（写真：木村武司）

武将の背中の旗：大軍を率いた将軍役は背に四本の旗（軍隊を表す）を背負う。軍勢の具体数は不問。
冠に挿すキジの羽根：本来は異民族を表すものだが、武人の持つ威厳や興奮した感情を表現することもある。

京劇役者はそれぞれが演じる「役柄」の範囲が決められており、その演技を究めることに生涯をかける。日本の宝塚での「男役」、「娘役」に似た区別の

孫悟空を演じる筆者（写真：木村武司）

しかたである。通常は入門と同時に専攻する役柄も決められる。役柄は大きく分けて四種だが、さらに人物の年齢や演技の上での特徴などに応じて細分化される。

「生《ション》」男役。

老生：須生ともいう。中年以上の男性役。必ずしも高齢とは限らず、成人としての分別ある振る舞いや社会的身分の高さを表現することもあるため、「三国志」の劉備や孔明など物語の中心人物も多い。

武生：武将役や侠客役など激しい立ち回りを交えた演技をする。「三国志」の趙雲など。

小生：若い男性役。発声に地声と裏声を交える。

「旦《ダン》」女役。かつては男の役者が演じたが今は女優が中心。伝説の女形、梅蘭芳《メイランファン》はこの役柄の代表人物。通常は裏声で発声する。京劇というとこの裏声でのセリフや唱を連想される向きも多いのでは？

青衣《チンイー》：貞淑、高貴、美貌など伝統的な女性の美徳を持った人物。楊貴妃など。

花旦《ホアダン》：若い女性、少女。

武旦《ウーダン》：女傑や妖精など立ち回りを専門とする女性役。

孫悟空を演じる筆者

刀馬旦《ダオマーダン》：武旦と同じく立ち回り役だが、唱やセリフなどの演技の幅も広い。
老旦《ラオダン》：老女役。裏声は使わず、地声で歌う。
彩 旦《ツァイダン》：女性の道化役。通常は男の道化役者が演じる。
「浄《ヂン》」顔全体に隈取《くまどり》を施した男役。「カラフルな花のような顔」を意味する「花臉《ホアリエン》」ともいう。
　正 浄《ジョンヂン》：銅錘花臉《トンチュイホアリエン》ともいわれる。唱を中心とし、忠義の人物が多い。
　副浄《フーヂン》：架子花臉《ジアヅホアンリエン》とも言う。しぐさやセリフなどの演技が中心。「三国志」の曹操など。
　武浄《ウーヂン》：立ち回り役。
　隈取は人物の性格、容貌や身分、未来の予言など様々な意味が込められており、例えば、赤（正義）、白（邪悪）、黒（剛直）、黄（勇猛）、金銀（神仏）といったように一目でその特徴が分かるようになっている。
「丑（醜《チョウ》）」は道化役、ユーモラスな人物が多い。
　文 丑《ウェンチョウ》：滑稽なセリフや歌がメイン。顔の真ん中を白く塗ることが多い。
　武丑《ウーチョウ》：豪傑や義賊などを多く演じ、コミカルな演技と立ち回りを演じる。筆者はこの役柄に属する。

演目の題材も実に様々で、その多くが中国伝統の歴史物語が主な題材になっている。「三国志演義」、「史記」に代表される古典小説を題材にした演目、神様仏様の登場する神話劇、庶民のつつましやかな生活を描いた小芝居、また21世紀の現代を舞台とした演目まであり、およそ宇宙で起こる出来事は全て京劇の演目の題材になると言っても過言ではないだろう。
孫悟空を主人公とした「西遊記」演目も数多く、筆者も演じている。

このようにその演技術はもちろん、衣装や小道具の舞台美術に至るまで、京劇の楽しみ方は多種多様なのである。そもそもが多くの演劇や音楽や舞踊、雑技や講談などからもそれぞれの芸のよい所を吸収し、多様にからみあって完成した演劇である。明快な筋書き、鮮やかな立ち回りや心に響き渡るような唱など、演者の研ぎ澄まされた演技を交えて楽しみながら観客の心に残るようにそっと語りかけてくる、そんな「粋」な演劇、民族を分かたず人類に共通する「人間性」を貪欲に表現する演劇、それが京劇に代表される中国の演劇の魅力ではないだろうか。京劇を観ていけば中国という国を少しずつ、深く理解することができると思う。
何よりもまずはライブでその魅力に接してみることをお勧めしたい。見るほどにハマること請け合い。

（石山雄太）

44

進化する北京の書店

★出会いと物語が生まれる空間★

北京の書店は、進化している。1994年から2010年まで約十六年間北京に暮らした筆者にとって、北京の書店はいつでも居心地の良い、心躍る場所である。東京在住となった現在でも、北京に行くたびにいかに滞在時間が短くとも、ミーティングや会食の合間を縫って書店めぐりをするのは何よりの楽しみであり、喜びである。

かつて中国で書店と言えば、全国各地に存在する国営の新華書店を指した。本はガラスケースやカウンターの奥に並んでおり、無愛想な店員に「お願い」して気になる本を取ってもらい、ようやく中身を確認することができる閉架式書店であった。タイトルにひかれたものの中身が期待外れだった場合、それを返却した上でいかにも面倒くさそうな表情の店員に再び「お願い」して他の本を取り出してもらわなくてはならない。不便極まりないシステムであった。

北京で最初に民営書店・三味書屋《さんみしょおく》がオープンしたのは1988年のこと。西単《さいたん》の民族文化宮の長安街を挟んだ南側、中南海からも遠くない場所である。国営書店とは異なり、日本の書店と同様、本を好きなだけ、自由に手に取れる開架式がここに登場した。国

三味書屋外観

営書店のようにテナント料や税金の優遇がない分、政治的圧力を感じさせない品ぞろえも魅力的で、当時の北京の人々にとって、非常に刺激的な書店文化の新時代到来であった。

三味書屋は、紆余曲折を経て今も健在である。現在はオーナー夫妻の住居となっているため非公開だが、かつては週末ごとに二階の茶館で、民族楽器の演奏会、前衛的な知識人や文化人の講演会などを、学生や若者を中心とした市民向けに採算度外視で頻繁に開催していた。懐かしさを感じさせる古風なたたずまいの独特な空間で開催されるエキサイティングなイベント、またオーナー夫妻の魅力的な人柄に人々はひき寄せられ、静かな活気を呈していた。新しさと懐かしさが共存するその不思議な空間は、長安街に近く、中南海、天安門広場から徒歩圏でもあり、意識の高い人々が多く出入りするというその影響力が脅威に感じられたのか、たびたび当局から営業を続けることに圧力がかかった。また、道路拡張、再開発の波にも幾度となく脅かされてきたが、オーナー夫妻、そして多くの人々の努力が実り、ひっそりと、今も凛然と同じ場所に建っている。めまぐるしい経済発展、オリンピックを経て、道路、地下鉄の整備、高層ビルの建設が急速に進み、劇的に変化した北京の町並みの中で、二十年以上もその姿をほぼ変えることなく古き良き北京の面影を残す三味書屋は、書店ファンならずとも一度は足を運ぶべき美しい場所である。

1990年代に入ると北京大学・清華大学をはじめとする大学が集まる地区に万聖書園、松入風書店などの民営書店が続々と開店する。厳密には民営ではないが、市内中心部に香港資本もからむ北京三《さん》聯《れん》韜《とう》奮《ふん》書店のようなこれまでの国営書店とは異なるタイプの書店も登場した。その後2000年前後にかけて、思考楽書局、光合作用といった上海や福建省など中国南部、沿海部発で全国展開する書店グループの書店も次々に北京に支店を出した。

街の至るところの屋台で、道端で、安価な海賊版書籍が売られていた北京であったが、本を愛する人々は、そこに果敢に挑んだのである。

中国の書店では、棚の前のフロアや階段にどっしりと座り込み、本を買わずにその場で読書をしている人々が溢れている。民営書店もまたそれを敢えて禁止することはなかったが、より心地よい読書空間を提示することで自然な形で人々の意識を促そうとするかのように、店内に美しいカフェを併設するなど新しい書店のあり方を模

三聯韜奮書店内

索していった。バーのスタイルで洋書を中心に揃え、外国人も集う三里屯の書虫など、書店と呼ぶのをためらうような本と出会えるスポットも増えた。雨楓書館のように会員制の女性向け書店なども登場。蒲蒲蘭絵本館は日本のポプラ社による中国初の児童書専門書店として２００４年にオープンし、広い層の支持を集めている。読易洞、単向街などは隠れ家的な探しにくいロケーションで、おしゃれな芸能人やマスコミの人々が出没した。いずれもスタイリッシュで明るい店内、ときには本をモニュメントのように積み上げたり並べたりした芸術的なディスプレイ、いきいきとした表情で働くスタッフ、そして独自の企画やイベント開催などで個性を主張し、人々を引きつけた。

ところが、そうした華々しい時期を経て、若者を中心に北京の人々に愛されてきた風入松、光合作用などの民営書店が２０１１年前後、相次いで閉店、北京支店撤退、倒産に追い込まれた。営業は続けても、再開発、不動産価格の高騰で家賃値上げあるいは立ち退きを迫られ、人通りの多い路面店の維持が不可能となり、目立たぬ場所や交通の不便な郊外への移転を余儀なくされた書店も少なくない。もはや海賊版は敵ではなくなっていたが、ネット書店では正規版の新刊でも定価の半額ほどで買えるようになっていたことも、民営書店の経営を圧迫した。それに対抗しようと会員カードなどでなんとか囲い込み、一割程度の値引きをしても焼け石に水で、かさむコストに無理な価格競争が首を絞めたようだ。

しかし、それでも北京の書店文化が廃れることはなかった。挑むように、次々とオリジナリティにあふれる書店が町中に増え、むしろますます活気を呈しているといっていい。リアル書店の最大の敵をつくりだしたインターネットも味方につけ、24時間営業を実施し、サイン会やトークショーなどのイベントをさらに充実させ、ネット、SNSとの共存の道を探ってゆく。アトリエやギャラリーの集まる「芸術区」などと呼ばれるエリアには、必ずと言っていいほど個人オーナーや常連客の好みが色濃く反映された品揃えの小さな書店があり、再開発地区、オフィスビル、マンションの一角にも思わず足を踏み入れずにはいられない書店が増えている。豆瓣書店、蜜蜂書店、模範書局、旁観書社、麗書、字里行間、庫布里克書店……中国語がわからない人でも、漢字から自由な書店のイメージは伝わってくるのではないか。それぞれのオーナーもさまざまな形で書籍、書店、文化、芸術、社会などそれぞれについてオピニオンを積極的に発信し、著名な文化人となっている。三里屯のPAGE ONEなどのような大型書店では、日本関連書籍の棚や平積み台がおかれたスペースだけでも、一軒の小さな書店ほどの広さがある。カフェもあれば、スタイリッシュな雑貨を売るエリア、小さな子供が靴を脱いで座りこめるスペースもある。どこの書店も若者を中心に賑わっていて、書店文化の浸透を肌で感じることができる。

若者に人気の**PAGE ONE**三里屯店

　カフェからただようコーヒーの香り、決してうるさすぎないざわめき、著者を囲むサイン会、読書会、映画の

日本関連書籍が平積みされる

上映会などの催し、そして思いがけぬ本との奇跡的な出会い――ネットでは決して味わえない非日常空間――それが書店である。もちろん、ネット書店も発展し続けており、単純に価格競争では太刀打ちできない街の書店の現実の厳しさは変わらない。

それでも、新たな書店が一軒、また一軒と登場し、人々が足を向けるのはなぜなのか。それぞれの書店に、書店の、またそのオーナーの物語がある。そこにやってくる人々、一人ひとりに物語がある。そこでまた、物語が生まれる。誰もがきっと、そのことを心のどこかで知っている、あるいは求めているからではないか。ここに挙げた以外にも、魅力的な北京の書店はたくさんあり、またこれからも新しい書店が生まれ続けるに違いない。中国語ができてもできなくても、北京の書店に足を踏み入れてみれば、経済発展とひとくくりにできない、進化する書店文化から感じられるものがあるはずだ。

（泉　京鹿）

45

「北京本」を分類する

★視角を変えもっと「北京を知る」ために★

これまでに日本語で出版された北京についての本に関しては、本書でも森田憲司氏ほかの方々によって詳細に紹介されているが、本の内容をここでもう少し角度を変え、その特徴ある傾向に絞って概観してみたい。

「青春の営み」を残す

戦前の北京に新聞記者として駐在し、『北京横丁』『北京百景』などの、「北京もの」を新聞に、単行本に書いた高木健夫《たかぎたけお》（高建子）は、1981年1月、病床にあって、生前最後の「北京もの」「北京本」の出版に際し、次のような和歌を残している。

青春のわが営みの一つなり「北京歳時記」上板すいま
「北京歳時記」いま上板すこれやこのわが青春が学びし証
（『カレーうどんの歌　高木健夫闘病歌集』所収）

高木は、同年6月7日、75歳で長野県の諏訪中央病院にて亡くなった。

『北京歳時記』（永田書房）は、高木の北京でのこの町への思いを綴ったもので、年も押し詰まった1980年12月25日に出版されているから、この歌は東京の出版社から高木の枕元に本が届けられた直後の喜びを詠んだものだろう。

時代が「北京本」の内容を決定的に変えた

北京について書かれた、あるいは北京について書いた、本章で呼ぶところのいわゆる「北京本」は、戦前、戦中にも多数出ているが、高木のように、戦後日本に引き揚げてからも、細々と、あるいは思い出をたどるように書き続けた人たちがいた。この歌を詠んだ時、高木が北京を離れてから、すでに35年が経っていた。

先の戦争の前から北京と関わった、多くのさまざまな職業の「書き手」にとって、戦後の二十年以上の日本と中国の国交の断絶が、書き手の世代的な断絶と、両国関係や中国の国内事情の大きな変化とともに、日本人が書く「北京本」の性格や内容を決定的に変えたのは確かだ。

1960年代以降、国交回復で、戦前の北京を知らぬ人たちも、あらためて「北京本」書きの隊列に加わったが、その北京は体制が全く違う、闘争に明け暮れる北京だった。とは言っても、読み手にとっての北京本の特徴や魅力は、時間軸とその時代時代を反映しての、老若男女の執筆者による、内容の変化とバラエティーの豊かさであろう。そういった理由から、その特徴に気がつかず、ただ北京に関する本を羅列して、「北京本」やそこに記された「北京」を他の都市と同じように論じる訳にはいかない。

第45章

「北京本」を分類する

「北京本」の多さと特徴

なおここにあげた以外にも、書名に「北京」を関していないものも含め、多数の良著、好著があるが、ここにあげた書籍はそれらのごく一部であり、ここでの「北京本」は、分類も選択方法もかなり恣意的、部分的であることをまずお断りしておく。しかし、ジャンル、時系列ごとに読むと何らかの「発見」があるだろう。

1 案内記の類

江戸時代の『唐土名勝図会《もろこしめいしょうずえ》』は、北京に関するまとまった古典的書籍として知られ、今でも利用されているが、その中に多くの珍しい図版や地図を含んでいることから、中国語にも訳され、この種の本のなかでは、数少ない日本語から中国語に翻訳、出版された本になっている。

明治時代に入って、清との国交が活発になると、中国や北京に関する案内記の類や、実際の訪問をベースにした書籍が現れる。案内記の類は、最近の多数のガイドブックやムック、史跡、名勝の案内書、解説書にまで続くわけだが、明治期には代表的なものとして、清国駐屯軍司令部編の『北京誌』(博文館、1908年)が出ている。

これは案内記というよりも、北京についての広範な基礎資料といった内容である。発行者が、軍部であることももちろん関係あるが、発行の経緯や社会的な背景はともかく、ここに明治期における「北京本」の内容の充実度の頂点を見ることができ、そのためには、1000ページが必要であったのだろう。本書で森田憲司氏が紹介しているように、最近、『近代中国都市案内集成』北京・天津編・全13巻(ゆまに書房)など複数の「集成」が復刻され、多数の北京本が入り便利になった。大正から昭和にかけては、北京の日本人の居住者数が増加し、新聞記者、文学者、学者、長期居住者などの著作が目立つようになる。芥川龍之介《あくたがわりゅうのすけ》を北京で案内した中野江漢《なかのこうかん》の『北京《ペキン》繁昌記《はんじょうき》』（支那風物研究会、1922年）などが代表的なものだが、石橋丑雄《いしばしうしお》には『北京観光案内』（ジャパン・ツーリスト・ビューロー、1922年）などがあり、そして安藤更生《あんどうこうせい》編の『北京案内記』（新民印書館、1941年）は、戦前の案内記の頂点と言えるだろう。この本には、増えてきた日本人への利便性を考えて、北京生活者のための項目が加わっている。そのため日本人女性の執筆者が珍しくも参加している。

その間、「北京本」の「案内記」は、次第に観光・史跡案内と生活情報に分化していったことが理解できる。戦前にはこの種の本がかなりあるが、戦後、ずっと時期が下っては、1991年に北京の日本人会が編集した『北京生活情報』（改訂版は東方書店刊、1995年）がある。今では、この種の居住者・滞在者のための生活情報はネットが中心になっている。一方、観光案内は多数のムックなどのガイドブックが数としては主流になった。北京の一般向けの概説書・研究書としては、竹内実《たけうちみのる》の『北京』（文藝春秋、1992年）、陣内秀信《じんないひでのぶ》・高村雅彦《たかむらまさひこ》他編の『北京――都市空間を読む』（鹿島出版会、1998年）などがあり、本書の編者の一人の森田憲司の『北京を見る読む集める』（大修館書店、2008年）などもある。

2　随筆類

「随筆」という分類や用語が適当であるかは意見があろうが、一個人が個人の資格で書いた本で、北京の滞在が長くなった人たちの経験を元に書かれた本だ。村上知行《むらかみともゆき》の『北京十年』（現文社、1967年）、奥野信太郎《おくのしんたろう》の『随筆北京』（平凡社東洋文庫、1990年）、『北京留学』（読売新聞社、1952年）、高木健夫の『北京横丁』、『北京百景』、臼井武夫《うすいたけお》の『北京追憶』（東方書店、１９８１年）などであり、『朝陽門外』（朝日新聞社、１９３９年）の清水安三《しみずやすぞう》などもこれに加えていいかも知れない。著者の中には「シナ通」と呼ばれる人もでてきた。この種の本は従来、よく読まれ、「北京本」を代表とする本として紹介され、また戦後復刊されたものが多い。中薗英助《なかぞのえいすけ》には『北京飯店旧館にて』（筑摩書房、１９９２年）など一連の「北京もの」がある。

3　歳時記

案内記や随筆とも分類上は重なるものが多いが、「歳時記」と題するものも目立つ。北京の四季の移り変わり、風俗や市民生活などの魅力を記したいという欲求からのものであろう。

中国人が書いたものの翻訳の、小野勝年《おのかつとし》の『燕京歳時記《えんけいさいじき》』（平凡社。もとは『北京年中行事記』として。岩波文庫）、そして村上知行の『北京歳時記』（東京書房、１９４０年）、高木健夫の『北京歳時記』、戦後の村山孚《むらやままこと》の『北京新歳時記』（三省堂、１９８４年）などひとつのジャンルを形成している。長期滞在者の北京への想いがにじみ出ているものが多い。

中野謙二《なかのけんじ》の『新北京歳時記』（東方書店、１９８１年）や、原口純子《はらぐちじゅんこ》の『歳時記中国雑貨』（木楽舎、２００７年）などというものもある。

4　引揚者

第二次世界大戦の終了によって、北京の日本人は日本に引きあげた。戦後の混乱期についての記録は多いとは言えないが、興味ある本や記述を伴うものがある。「北京本」でしばしば登場する村上知行は『北京から東京へ』（桜井書店、１９４７年）で、中国人妻を日本人と偽って日本に連れて帰る苦労

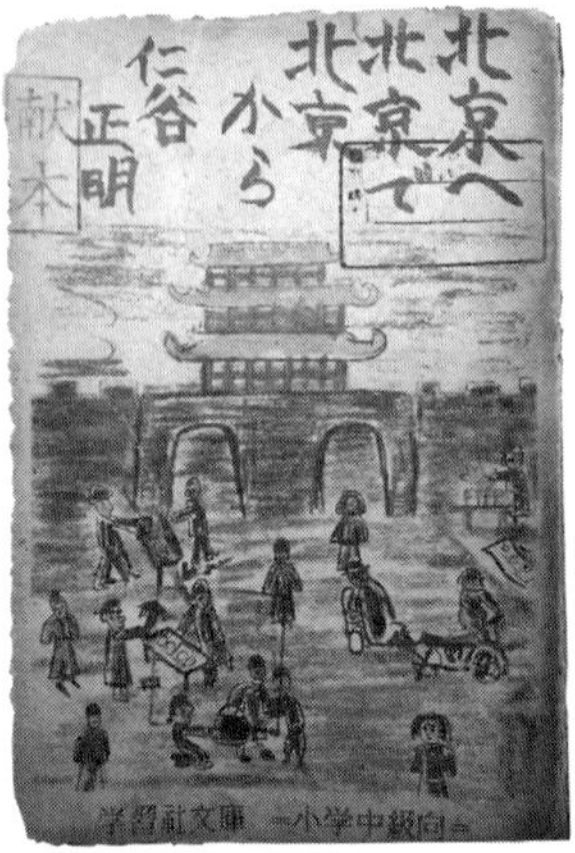

話を語り、小学生の仁谷正明《にたにまさあき》は、『北京へ北京で北京から』（写真、学習社、１９４８年）で、北京での家庭生活だけでなく、引き上げの様子を子供の眼から描写する。その中に、引き揚げ船を待つ天津の貨物廠で、「おとうさまは、奥野さんというけいおう大学の先生となかよしになられた」との記述があり、奥野の本にも、天津から米軍のＬＳＴに乗って帰国したという記述がある。「北京本」を並べて見ていると、日本人社会での各人の接点がふと見えてくることがある。

なお、吉村勝行《よしむらかつゆき》は『「以徳報怨」の恩義に報いられた父吉村是二——戦争中の北京に育って』（朱鳥社、２０１３年）で、天津で米軍のＬＳＴに乗りこむ時に「村上知行夫妻と偶然会うことができた」と書き、北京での両者の交流が記されている。村上は１９７６年に妻子を残して自殺した。『北京案内記』を編集した安藤更生の引揚げや北京での生活については、更生夫人の安藤きよの『安藤きよ　インタビュー回想録』（平成二十一年、更生の娘の小山弥湖の編）というものが印刷されていて、その様子が記されている。安藤きよは平成十五年、98歳で亡くなった。

５　記者たちの「北京」

１９６０年代に日中の記者の交換が始まって、その結果、「ある種」の「北京本」も多く書かれた。文革期には記者の国外追放が目立つが、江頭数馬《えがしらかずま》（毎日新聞）の『北京を追われて』、柴田穂《しばたみのる》（産経新聞）

の『報道されなかった北京』、秋岡家栄《あきおかいえしげ》（朝日新聞）の『北京特派員』、紺野純一《こんのじゅんいち》（赤旗）の『北京この一年』などがあり、中国から追放された人、されなかった人の名前や事情は今でも折に触れマスコミに登場することがある。各記者の取材方法が詳しく書かれていて内容の「比較」も可能だろう。時期が下ると、石川昌《いしかわあきら》（毎日新聞）の『北京特派員の眼』、信太健三《しだけんぞう》（時事通信）の『北京特派員』など多数がある。戦前（戦中）に北京で出ていた「東亜新報」の関係者がまとめた『東亜新報おぼえがき』（東亜会編、１９８４年）は、新聞記者の人たちなどには、おそらく特に興味深い内容であろう。古森義久《こもりよしひさ》の『北京報道７００日』（ＰＨＰ、２０００年）なども、その系列に連なるものとも言えるだろう。

6　女性が書く

「北京本」を眺めていると女性が書くものが増えているのに気が付く。浜口允子《はまぐちのぶこ》の『北京三里屯第三小学校』（岩波書店、１９７６年）あたりが単行本としては初期のものだろうが、長澤信子《ながさわのぶこ》『台所から北京が見える』（講談社、１９９９年）、戦前の北京の子供時代の体験を書いた佐野洋子《さのようこ》の『北京のこども』（小学館、２０１６年）などの他、最近は、北京に居住して本や文章を書く職業ライターが目立つ。原口純子、谷崎光《たにざきひかり》（『今日も北京てなもんや暮らし』、『北京の愉しみ』）などの人たちだ。主婦や教師、会社員、漫画家や写真家のものもある。最近では、多田麻美《ただあさみ》の『老北京の胡同』（晶文社、２０１５年）など庶民の生活に密着した興味深いものが現れている。

7　「北京○○年」という本

北京本のタイトルを見ているとひとつの面白い傾向を見出す。古い順に村上知行『北京十年』、藤《ふじ》原鎌兄《わらかまえ》『北京二十年』、紺野純一『北京この一年』、西園寺公一《さいおんじきんかず》『北京十二年』、西園寺一晃《さいおんじかずてる》『青春の北京・北京留学の十年』、香坂純一《こうさかじゅんいち》『北京大学二年』、小川平四郎《おがわへいしろう》『北京の四年・回想の中国』、山本《やまもと》市朗《いちろう》『北京三十五年』、周令飛《しゅうれいひ》『北京よさらば。魯迅の孫が綴る中国の三十年』、近藤妙子《こんどうたえこ》『北京の三十年』、石川郁《いしかわいく》『北京で七年暮らしてみれば』、伊藤律《いとうりつ》『回想録・北京幽閉二七年』、鈴木正信《すずきまさのぶ》・香《か》取俊介《とりしゅんすけ》『北京鑑——幽閉五年二カ月』、向山寛夫《むこうやまひろお》『文革後の中国一年日記』、山本英史《やまもとえいし》『北京餐庁情報・北京を食べて三十五年』など、書名に年数が入っている本が実に多い。この種の本はまだまだあるだろうが、それぞれの年月の意味は深く、重く、北京とそれぞれの著者の人生の特別、特殊な接点や関係をこの年数が表現している。「北京のようなところで、こんなに長く住んだんだ」という、北京ならではの著者の本音がこの「〇〇年」から垣間見ることができるようにも感じられる。

8　東京と北京

北京本の著者には東京について書いた人が多い。安藤更生は若いころの『銀座細見』でよく知られているし、奥野信太郎は『随筆東京』、『東京暮色』など東京もの多数、高木健夫は『東京の顔』、『東京の季節』などを書いた。大都会という共通性、魅力が書き手の心を刺激したのではないか。

9　そのほかの本

残留者、拘留者、中国人を配偶者に持つ人たちの苦労について書いた本など、他にも紹介すべきものが少なくない。その中で、日本人の戦犯として北京で日々を送った佐藤亮一《さとうりょういち》の『北京収容所』（河出書房新社、１９６３年ほか）の名をあげておきたい。これはこの人にしか書けない特異な本だ。

アメリカ人記者のジム・マンの『北京ジープ』（ジャパンタイムズ、１９９０年）は、中国理解のため、ビジネスマンには是非読んでもらいたい。

また、最近では1937年に北京で起きた殺人事件を扱ったポール・フレンチの『真夜中の北京』なども面白い本だが、これは英語の原本や、中国語の訳本『午夜北平』（台湾で出版）などと読み比べると、理解が進む（写真、エンジンルーム、2015年）。当時の日本人の著作や古地図と比較し、このような欧米人の情報を重ね合わせると日本人が知らなかった過去の「重層的な」「北京を知る」ことに役立つだろう。町歩きにも使える。

英日中三つの言語にある版を読み比べると、学習にもなる。ただしこの本は、まだ配備されていなかった零戦を飛ばしてみたり、北京の外国人数に大きな誤りがあったり、歴史記述はかなり怪しい。

（櫻井澄夫）

Ⅶ

社　会

46

陳情村

★地図に載らない救済部署★

北京南駅の北へ数百メートル行くと、全国人民代表大会（全人代＝国会に相当）の陳情を受け付ける部署、信訪局がある。その近くに、市販の北京地図に載っていない、陳情村と呼ばれる場所がある。全国から集まる陳情者が、高架橋の下やテントで暮らしており、周りのモダンな高層ビルと対照的に、陳情村の近くはゴミが散乱しスラム街のような雰囲気が漂う。

多いときは千人以上の住民もいる。各地の地方政府によって住宅や土地が強制収用されたり、家族が不当な理由で投獄されたりなど様々な形で人権侵害を受けている陳情者たちは、問題の解決を求めて中央政府に直接訴えようとして来ている。風呂にも入れず、一日三食も満足に食べられないホームレスのような生活を送りながら、解決率僅か0・2％という陳情制度に人生のすべてを賭ける。十年以上住み続けた人もいる。

新聞社の北京駐在記者になってから、何度も陳情村を訪れ、多くの住人と仲良くなった。共産党の一党独裁政権に虐げられた彼らの悲しみと絶望感に深く同情し、涙したこともあった。

◇

胡成という重慶出身の男性は2011年ごろから陳情者と

なった。建設労働者として広東省へ出稼ぎに行っていたとき、離婚した妻は子供を連れて実家に戻ったため、重慶にある自宅は空き家となった。その年の暮れに故郷に戻ると、自宅はすでに当局に取り壊され、跡地では高級マンションが建設中だった。隣人たちはみな賠償金を支払ってもらったが、彼だけは「規定の時間内に手続きをしなかった」という理由に、一銭も貰えなかった。

陳情村の近くで、冤罪を訴える陳情者たち。左から３人目、メガネの男性は胡成氏

家財道具も親の形見も思い出が詰まったアルバムも勝手に処分されてしまった胡は当初、法律的手段で問題を解決しようとしたが、裁判所は相手にしてもらえなかった。北京にやってきて、陳情生活を始めた。

警察に捕まり、暴行も受けたこともあった。２０１１年冬、抗議のために公安局の前で焼身自殺を試みたが、死にきれなかった。「社会治安を攪乱した」という容疑で一カ月も拘束され、その間、やけどの治療をしてもらえなかった。

胡はこれまで、自分の冤罪を手紙にして指導者に送ったり、インターネット上に書き込んだりなど、いろいろと試みたが、ほとんど反応がなかった。何度も重慶に送還され、地元警察から「問題児」として厳しく監視されるようになったが、それでも、時々に抜け出した。長距離バスを乗り継いで北京に来る。

「中国当局に何を訴えても意味がない」と思った胡はここ数年、訪中した外国指導者への直訴を狙っている。北京空港の待合室などで接近を試みたことは何度もあったが、そのたびに捕まり、成功したことはなかった。

数年前、胡に渡した名刺のコピーが陳情者の間であちこちに出回っているらしく、携帯電話によく見ず知らずの人から電話が入る。深夜、「いま、陳情村にいる。夫は警察に捕まった。私と子供はこれからどうすればよいのか」といきなり涙声で訴えられたこともあった。彼らは藁を摑む思いで私たち外国メディアを「駆け込み寺」として頼ってくるが、こちらとしてはたまに記事にする以外、ほとんど何もしてやれない。いつもながら自分の無力さを痛感した。

◇

北京で毎年3月に全国人民代表大会が約二週間、開かれる。全国からやってくる代表たちに直訴しないように、その前の2月末に陳情村が警察により強制撤去される。陳情者たちを強引にバスに乗せて連行され、本籍地に送り返され、周辺も清掃業者によって一時きれいになるが、全人代が終了した4月頃になると、陳情者たちは再び戻ってくる。様々で深刻な問題を抱える彼らの居場所は、もはや陳情村しかないのが実情だ。

習近平政権が2013年に発足後、陳情者に対する締め付けが強化されたことを受け、陳情者による大量殺傷を狙った暴力事件が多く発生した。「陳情テロ」という新しい言葉が生れた。2013年10月末、新疆出身のウイグル族の一家三人は北京中心部の天安門楼上の毛沢東の肖像画を目指して、四駆自動車を突入・炎上させ、死傷者約40人の大惨事が起きた。関係者によると、一家の親族が武装警察によって殺害されたが、陳情しても相手にされなかったことが動機だったという。

その後の11月上旬に山西省太原市の共産党委員会の建物前で起きた連続爆発事件も同じような構図だ。事件後、容疑者として逮捕されたタクシー運転手の男は以前、窃盗容疑で九年間も投獄された。出所後も冤罪だったと訴えたが、当局は事件の再調査をしなかったことに不満だったという。

その同じ年の12月8日に陝西省旬邑県で16人が死傷した爆発事件も起きた。村幹部による公金横領に不満を持つ農民が村民の集会で手製の爆弾を爆発させ、容疑者自身も死亡した。

2013年以降、陳情テロが急増したことについて、北京の人権派弁護士は「2012年秋の政権交代と関係している」と指摘する。この弁護士によると、それまで十年間続いた胡錦濤政権は、貧富の格差解消などを目指し「和諧（調和のとれた）社会」との政策スローガンを掲げ、弱者に対し政策的に一定の配慮を示した。例えば2005年に「陳情評価制度」を全国で導入し、北京で全国からの陳情を受け付けたうえで集計する。同じ地域から来る陳情者の数が多ければ、その地方指導者の責任を問うというやり方を実施した。陳情者の問題を早期解決するように地方政府に圧力をかける目的だった。

しかし、こうした胡政権のやり方は陳情者の数を減らすことはできなかった。富国強兵路線を歩む習近平政権が登場してから、首都の治安維持という名目で陳情者を北京から追い出すという高圧的な政策に転換した。「陳情評価制度」は実質的に廃止され、陳情者だけではなく、彼らを支援する大学教師の許志永や投資家の王功権氏ら著名人を公共秩序騒乱罪でつぎつぎと逮捕したことで、陳情者の間で一気に絶望感が広がったという。

「希望を失った弱者には自殺するという最終手段しか持っていない。今後、陳情テロはますます増えるだろう」と同弁護士は言った。

1978年に始まった改革開放以降、中国は三十年以上も高度経済成長を遂げ、国際社会における影響力も向上した。しかし、北京の陳情村に暮らす人々と接すれば、中国の一般国民はけっして幸せになっていないことを実感する。彼らの思いや悲しみを日本の読者に伝えることも、新聞記者の重要の仕事の一つだと考えている。

（矢板明夫）

47

引越し

★最近北京転居事情★

北京にまつわる日本人の最大で、最も深刻な状況、社会的な環境下で行われた「引越し」は、なんと言っても先の大戦の直後に行われた日本への「引揚げ」という名の、強制された、緊急の「引越し」であろう。

もちろんその厳しさは、北京や天津では、旧満洲各地からの引き揚げほどの悲惨さはなかったと考えられるが、これが「大事件」であったわりには、北京や天津が戦乱の主要な舞台にならず、都市居住者が中心の比較的な「静かな」引越しであったからか、あまりその実態は知られていない。また北京という大都市が、外港としての天津を近くに持っていたから、比較的おだやかに集団での日本への帰国を可能にしたと言えることは、北京の居住者にとって不幸中の幸いだったと評価できるだろう。終戦後も日本人の居留民団などが、戦犯に指定された人たちへの援助を含め、活動していたことが知られる。

しかしながら、個人が著した書籍には、終戦後すぐの城壁内の市内各地での慌ただしい転居、西郊の施設での集結、生活、日本人同士の争い、鉄道での天津への移動、塘沽《タンクー》からの米軍の引揚船のＬＳＴでの帰国などの様子が記録されていて、その間の、社会の状況の変化、中国人による盗難、略奪、使用人との悲しい別れ、家財や金銭の譲渡、贈与、乗船時の荷物の厳しいチェックなど、経験者でなければ知りえないことをそこから知ることができる。

当時小学生だった仁谷正明《にたにまさあき》君の『北京へ北京で北京から』には、仁谷家の天津経由の引揚についてもかなり詳しく書いてあり、子供にとっての「引揚」の記録として貴重だ。「引揚」についての直接の記述はないが、昭和十三年、北京生まれの絵本作家の佐野洋子《さのようこ》さんの『北京のこども』にも、北京からの引越しや子供の心理や生活についての記述がある。有名な北京原人の骨の化石の紛失も、北京—天津間の日本人による鉄道移送中。つまり化石の「引越し」途中のことであったという「説」がある。

私は、自分の引越しの最中に、作業をさぼりながら、段ボールの中のこのような本につい手を出して、「引越し常習者」として、さまざまな北京での日本人の「引越し」について考え、過去に思いを馳せ、現在の姿と比較することがある。

さて、私はこれまでの人生で四十数回引越しというものを経験してきた。京都、大阪、東京、京都、埼玉、千葉、東京、そしてその都市の中で何度も転居したが、京都の地を離れてからは、吹っ切れたような気分になり、居所にこだわらず、まさに「人間到《じんかん》るところ青山あり」という心境になってきた。

江戸時代末期の僧釋月性（1817〜1856）の七言絶句の詩「將東遊題壁」の転句・結句に、「……埋骨何期墳墓地　人間到処有青山」（……骨を埋む何ぞ墳墓の地を期せんや　人間到るところ青山あり）とあり、北宋蘇東坡（1036〜1101）の「授獄卒梁成以遺子由」七言律詩の聯五句目に、「……是処青山可埋骨……」（是《こ》の処青山骨を埋む可し……）とあるところから着想しているわけだが、私も故郷の京都でなくても、まあどこで死んでもいいとは思っている。

北京では、合計で七回引越ししているが、１９８１年に日本から北京（北京語言学院）に初めて転居し、１９８３年３月に北京大学勺園《しゃくえん》に住まいを替え、帰国後は、退職して久しぶりに２００８年から北京のホテル住まい、その後、市内のＧマンションＢ棟12階、２０１２年に隣のＹマンション12階、２０１３年にＹマンション別棟の12階、２０１５年３月にＧマンションに引っ越しして、２０１６年に北京での生活を終え、完全に日本に「定住」することになった。よく見るとなぜか12階が多い。

筆者が住んでいたマンション

部屋を借りるには、大家さん（所有者）、不動産会社（あっせん業者）、管理会社（管理人）などがからんでくる。ここでとくに重要なのは、大家さんとの関係である。大家さんとの相性がいいと問題は少なくなる。

部屋を賃借した経験から言うと、一般に大家さん、つまり貸し手は、お金に細かく、なるべく経費を負担しないようにする。北京ではマンション（アパート）は一般に家具付きが多いが、家具付きなどと言っても、どんな家具がついてくるのか、故障していないかを確認しておかないととんでもないことになりかねない。ソファー、タンス、ベッド、テレビ、冷蔵庫、洗濯機、エアコン、カーテン、Wifiなど、あればいいというものでもなかろう。ひどいベッドにはちょっと寝られないだろうし、壊れたエアコンでは役に立たない。

しかたなく修理したり、買い替えたりしても、捨てるわけにはいかないから賃貸契約が終了するまで、もともとあった家具類を別の場所で保管したり、元の場所に戻したりするために余計な経費が発生することもある。

また賃借中に、次の借室希望者が頻繁に訪れたり、契約途中にその部屋が売られてしまい、関係者が室内の写真を撮りにきたりするのも、かなりやっかいである。

こういうことでも、大家さんといい関係を持ち、気まずい思いや煩わしさを避けるような工夫が必要だろう。

日本と中国や北京とのあいだの引越しは、今では日系の業者を中心に運送業者が多数存在してレベルの高いサービスを実施しているから、比較的に問題は少ないし、情報も多いだろう。会社が経費を負担するような人にはあまり問題や悩みがないだろう。

以前なら、留学なら、段ボールのいくつかを郵便局から発送して完了したかもしれないが、外国人が居住できるアパート（マンション）の制限がなくなってきたので、今は状況が変わり、市内での引越しも増えてきた。

北京で発行されている日本語のフリーマガジンには引越しの特集をするものがあり、引越しには国際間にも共通した問題はあるが、北京市内での引越しに的を絞って、現地に住み、経験も豊富な方にも取材して、「市内引越し経験者」として、これから増加が予想される「市内」での賢い引越し方法について書いておきたい。

まず、誰に委託するかという問題だが、大きく分けて日系の業者、地元の業者がある。選択にあたっての、ここでのキーワードは、安いか、安全か、確実かどうかがあげられる。

もちろん安いか高いかは、荷物の取り扱い（＝丁寧か）、パッキング（＝破損防止）、安全確実（＝紛失がないか、時間厳守か、など）にも関係してくる。

地元業者の中には、安くとも見積もりをしない、後で追加料金が発生する、破損・紛失の責任を負わないなどの問題があることがある。

高い順に具体的な例をあげると、日系の業者で中国人の作業員が行う場合、市内10キロ以内で、エレベーターつき、家の前に車を停められる、ピアノなしで4000元程度。梱包の材料は業者負担、パッキングもやってくれる。部屋への運び込みも行い、割れ物にも注意してくれる。これには保険などもついているものが多いようだ（なお料金は事前に確認して欲しい。もっと安い業者もあるだろう）。

次は、町に走っているトラックの車体などに大きく会社名が書かれているような業者。「兄弟搬家」が目立っているが、ネットで検索するとたくさんある。見積もりには問題があることもあるが、最初の日系ものより安い。パッキングは一般に雑。1600元〜1800元くらいか。

その次は、道端でトラックの横で休んでいる運び屋に声をかけて運んでもらう。パッキングはこちらでやり、大ものだけ包んでもらう。1000元程度。

最後は、全部自分で荷づくりして、アプリでトラックを借りることができるようになった。夜中でも来てくれる。1トントラックで車代250元プラスチップが100元から150元くらい。安さでは一番。バンなら最低で80元というのもあるそうだ。要するにタクシー料金並みということだ。

皆さんの意見を聞いていると、荷物には外に通し番号を振ること、段ボールの中には水への対策でビニールを敷くこと、荷物は破損、紛失、盗難に備えてガムテープで巻き、十分なパッキングをして箱を強化して、収納物は間に紙や衣類などで包み、破損を避けることが注意点だ。思わぬ紛失や損害は自ら避けなければならない。つまり荷物の確認は人任せにせず、自分で行うということだ。

昔なら、市内の引越しは、恐らく会社のトラックや馬車などを利用したのだろうが、今は有蓋の車がほとんどだ。

引越しトラックの前の筆者

21世紀になって急に増加した中国のビジネスホテルのチェーンなども、日本に学んだと言っている。宅配便なども明らかに、日本の影響を受けている。引越し業者も同様だろうが、まだまだ細かな点では日本並みとはいかない。日本の引越し業者さえも今のようになってきたのは昭和五十年代だと言われている。まだまだ「新規業務」なのだ。

そのことを認識して業者を選び、個人で一定の「手当」や「準備」をして、安全、確実な引越しを完了させて欲しい。業者の選定は、引越し経験者に聞くのもいいだろう。

引越しは、考えようによっては、人生の一大問題だ。単なるものや移動や「家替え」にとどまらず、環境、隣人、生活様式の変更、あるいは健康や食事にまで影響を及ぼしかねない。

「青山」を求めるならば、引越しで大事なものを壊したり、無くしたりしては、元も子もない。いやな思い出を作らないためにも、手抜きをせず、経費にばかりこだわって後悔しないことも大切だろう。

新居の選択や契約条件は、現地・現物で「しっかり内容確認」、引越し自体は、「丁寧に」「慎重に」これが「平時」における引越しのコツだと思う。

状況は変化している。この文章も、直に古くなるだろうが、日本人と北京での引越しというテーマでの記録として参考にして、あるいは記録として読んでいただければ幸いだ。

（人見　豊）

48

北京の女

――★プライド高く難攻不落も、一皮むけば良妻賢母★――

「北京の女」（北京女人）と言うと、そういうタイトルのテレビドラマや小説があった。テレビドラマは１９９８～９９年にちょっと流行った。改革開放に伴って激変する都市・北京に暮らす女性のライフスタイルや考え方の変化、葛藤がテーマであった。２００５年に中国友誼出版社から出版された李清棟《りせいとう》の小説は、前衛的な美人、優しい良妻賢母、美しい知識人女性、情熱的な胡同の少女といったいかにも北京にいそうな女性たちが登場する。こうしたドラマや小説の題材になるほど「北京の女」のいくつかの典型、イメージが中国に存在する。

胡同《フートン》という下町と、海外ブランドショップや五ツ星ホテルが入る国貿第三基《こくぼうだいさんき》など高層ビルが並ぶ中央ビジネス区が隣り合わせにあり、いまだに紫禁城に隣接する中南海の古い歴史的建物に政治の中枢が置かれる。伝統と現代、文化と権力が融合する、そういう都市に生きる女性たちであるから、極めて保守的なところと合理的なところが併存する。情緒的なところとドライな性格の両面を持つ。

改革開放前から北京で暮らす女性は、胡同の大雑院などで生まれ育ち、隣の一家の夕食の中味まで筒抜けの下町でひしめくように暮らしていた。共同体にすんなりなじむ柔軟性や社交性を備え、気働きもきく良妻賢母型の女性も多い。夫の出世のために、内助に尽くし、子供の教育に熱心で、老人の世話をいとわずする。今でも胡同にいくと、こういう肝っ玉母さん的北京女性に出会うことができる。

同時に政治の街・首都・北京という土地柄のため、「単位」と呼ばれる共産党や国の機関にと勤めるワーキングウーマンも多く、また家族・親戚の中に官僚や軍人がいることも多いので、プライドが高く自立心も強く自信にあふれている、というのも一つの特徴だ。依存心が少なく、勉強でも出世でも一位を目指す努力家で、かつ官僚気質なところがある。北京には北京大学・清華大学という中国で最もレベルの高い大学が二つもあり、しかも北京戸籍をもっていれば他の地方出身者よりは有利にそうした最高学府に進学できる。党や軍にコネがあり、学歴が高い知的な女性、つまり中国で最も出世する女性が多い、とも言える。

2008年に夏季五輪が開催され、2022年には冬季五輪が開催される点で、スポーツやジム通いが他都市よりも盛んなことも確かで、近年は北京女性に健康的なイメージを持つ人も増えている。

女性としてはかなりハイスペックということになり婚活市場でも、北京戸籍女性というのは一つのブランドである。だが独身女性は、「扱いにくい」「難攻不落」というのも男性たちの北京女性評である。北京女性を口説くことは「蛇が亀に挑む」ようなものだ、という言い回しもある。なので、出世や財産、人脈形成など実利的政略的意味を恋愛相手や結婚相手に求めない視点で、北京女性と上海女性、つきあうならどっち?と問うとなると、たいがい北京よりは上海、という選択をする。性格と容

背が高く色白の北京女性

姿のよさ、という基準で女性を判断すると一番人気は、気は強いが美人で情が深く働き者の東北女性や四川女性なのだが、北京・上海という大都市の女性、この二択で比較してみると、性格上、よりかわいげがあるのは上海で、北京女性はプライドが高すぎると、たいてい男性は感じることだろう。よそ者に対する寛容度も上海の方が北京よりも上だ。容姿は北京女性の方が、背が高く色白の美人系が多く、上海は背が低く肌は浅黒く美人というわけではないが、国際社会に開かれた中国のショーウィンドーという立地から、化粧やファッションのセンスは磨かれている。双方ともプライドは高いが、北京は権力や地位に拘り、上海は金銭に執着する。男性の目から見れば、金に執着する女はかわいいと思えても、権力や地位のない人間を見下す態度は敬遠しがちだ。

権力があれば金は手に入るが、金があるからといって簡単に権力が手に入らないのが中国だ。意外に血統意識が強い国で、だからこそ「太子党」「紅二代」（親が政治家・官僚）という階層の独特のネットワークを持つ人たちが、政界や経済界に君臨するのだ。北京の女性は、こうした政治的な階層に属する、あるいは近いという点にプライドを持っている人が少なくなく、保守的で血統にこだわる人もけっこう多い。そしてこれは金で買えない財産だと思っているので、金に執着する上海人やその他地方人に対しては、田舎者と見下す傾向がある。

例えば、北京市内でとある会員制の婚活パーティで友人が見かけた光景である。北京市の高級官僚の娘も参加していたのだが、彼女に懸命にアプローチする駆け出し青年実業家がいた。彼は北京大学卒のエリートでハンサムで金持ちらしくファッションセンスも洗練されていたが、じつは河北省の農村出身であった。最初、娘の方も青年と普通におしゃべりしていたのだが、彼の出自が分かると、とたん白けた顔になった。あとで、私の友人が、その娘に「彼、ハンサムじゃない。お金持ちそう」と言うと、「農村出身なのに身の程しらず」と一蹴した。友人が私に、あれが生粋の北京女性のプライドというものね、と驚いて私に話していた。

　中国の男たちがイメージとして持つ「北京女は扱いにくい」という部分はこういうところからきている。ただ、この首都に暮らす女性特有の優越感、傲慢さの壁を、男性が情熱でもって果敢に突き崩すと、「落花生の皮をむくように」素直でかわいい女、良妻賢母型が現れる、という意見もある。女性の本音を上手に隠しとおし可愛い女も演じることができるが、結婚後もその実、計算高いクール＆ドライと言われる上海女性よりも、実は「扱いやすい女」ということになる。

　そういう「北京の女」のイメージはあるものの、実際のところ、外地からの人口流入が多い北京で、北京女も多様化している。２０１６年現在北京市人口は２２００万人、過去十年で６００万人増加しているが、ほとんどが流入人口だ。ミス北京大学、ミス清華大学に選ばれる女子大生も地方出身者が多く、生粋の北京っ子が、北京女性を代表する時代でもなくなってきた。ミス北京大学からＣＣＴＶキャスターとして何度も春節聯歓晩会の司会者も務めている李思思《りしし》は、吉林省長春市出身。ミス清華大学からネットアイドル・奶茶妹妹（ミルクティーシスター）としてブレイクし、青年実業家にして富豪の劉東強《りゅうとうきょう》の妻に収まった章澤天《しょうたくてん》は江蘇省南京市出身だ。いずれもすでに北京戸籍。北京女性の定義そのものが変化している。

（福島香織）

49

北京偽札談義

★私の現地体験から★

昔から「偽金は日常」だった

大正時代から昭和にかけて北京にいた中野《なかの》江漢《こうかん》は、いわゆるシナ通として知られ、『北京繁昌記』(1922年刊。1993年復刻)という大著を著しているが、その本の中で、当時の北京における通貨事情について書いている。また偽札、偽銭についてもかなり詳しく書いている。前年の1921年に丸山昏迷《まるやまこんめい》が編著した『北京』には、永野武馬が「支那貨幣」についてかなり細かく記載し、偽の貨幣についても触れていて参考になる。

当時の中国は、社会が乱れ、外国系を含め様々な銀行が紙幣を発行し、その信用力も違っていた。取り付け騒ぎもある。紙幣も貨幣も問題だらけ、その上、北京市の発行した銅銭票《どうせんひょう》(＝紙幣)が使えなくなり、中国を旅行するには「贋でない銀貨」を持っていくに限るというのが、当時の「シナ通」のご託宣だった。これは百年近く前の話である。まだまだ本物でありさえすれば、秤量《ひょうりょう》貨幣への信頼は揺るぎなかったのだろう。中野江漢より少し前の19世紀の終わりに中国を旅したイギリス人女性のイザベラ・バードは、旅行に大量の穴あきの銅銭をひもに通して運搬しなければならなかったが、毎日の支払いに、質が悪い銭をより分けるのに、長時間かかったことを記している。（『中国奥地紀行』平凡社、東洋文庫版2002年、ライブラリー版2013・14年）

中国人が個人でもいやというほど体験した、もともとただの「印刷物」である紙幣の信用力や、不純物が多い貨幣に対する中国人の歴史を超越した不信感は、自衛策として、財産を（換金性が高く、純度が高い）金製品で持ったり、外貨や不動産で持ったり、あるいは全世界の流通量の過半が中国人によるものと推計されている最近のビットコインへの中国人の関心の強さにまでつながり、それは今までの中国の貨幣というものについての「伝統」や「習慣」として連綿と続いていると見るべきであろう。

なお北京におられた浅井裕理《あさいゆうり》さんには、『これニセ札でしょ！ シングルマザーの戦う北京生活』（都築事務所／祥伝社、2002年）という日常生活を綴ったエッセイがある。

つまり、偽札問題は、最近始まったことではなく、もっと長い間、この国の人を煩わせ、悩ませてきたことを過去の記録から知ると、中国人にとっては贋金は「日常」であったことを、あらためて知り中国理解が進む。一枚の偽札でも大騒ぎする日本人と中国人の彼我の差だ。

「日常」だから、使用だけでなく、偽札作りにもあまり罪の意識がないのだろう。銀行や警察に持っていっても真札と交換してくれるわけでない。だからまた使う。トランプのババ抜き、あるいは「ばかしあい」だ。なお日本には、「偽造通貨発見者に対する協力謝金制度」というものがあって、警察に持っていくと、その金額程度の謝礼金が支払われるようになっているそうだ。

ATM から出てきた人民元の偽札。番号が同じ

私の偽札体験

偽札体験は、もはや珍しい話ではないし、前から他の人の体験談をたびたび聞いていた。今度は私に実際に起こった「事件」だ。少額のおつりではすでに経験があったが、生まれてこのかた、初めて偽札と真剣に向き合うことになった。

２０１４年初めのある日、中国銀行北京朝陽支店のＡＴＭでＪＣＢカードを使って1万元を引きだしたら、その後に判明したのだが１００枚の１００元札に少なくとも四枚の偽札が混じっていたのだ。ＡＴＭの機械には、HITACHIの文字があった。

話はこうだ。次の訪中は同じ年の７月27日から8月20日までの間で、北京の家の冷蔵庫には何もないので、前回未使用の人民元紙幣のうち、２００元をポケットに入れて買い物に出た。自宅近くのスーパーで朝食用の野菜、果物、牛乳、ヨーグルトなどを選び、支払いのためキャッシャーの女店員に１００元札を渡したところ、「偽札だ」と受け取りを拒否した。それならこれはともう一枚の１００元札を差し出したら、これもダメだ、銀行

第49章
北京偽札談義

へ届けろと言う。紙幣をじっくり眺めたが、問題があるようには見えない。彼女の勘違いかとも思い、少々腹も立ったが仕方がない。せっかく揃えた食品はレジで止められ、何も買えずに、偽札らしきものを握りしめ、「敗残兵」はトボトボと帰宅するしかなかった。

しかし、そう言えば到着したばかりの7月27日の夜、市内の行きつけの中華料理店での食事の帰りに、タクシーを利用した際、支払い時の100元札を出したら断られたのを思い出した。そんなバカなことはないと、押し問答したが、最後は面倒になって小銭を集めて支払った。今度、持ってきた合計1万元足らずの100元札以外にも、家には数万元の紙幣がある。被害の大きさに気付き、私はだんだんと心配になってきた。どこの銀行に行ってもその紙幣は没収され、私は場合によっては、あらぬ疑いをかけられるかもしれない。あな、恐ろしや！　急に、アンドレ・ジイドの小説の『贋金つくり』の書名が頭に浮かんできた。

一人の老婦人が、年金を銀行から受け取ったらすべて偽札で、引き出した銀行に訴えたが、証拠がないと相手にされず、そのお金は警察に没収されたという話を、現地のラジオかテレビで知った。こんなことになったら、大変だ。そこで再チャレンジ。あわよくば、と、近くの果物屋で、キウィ、バナナ、オレンジを買って帰ろうと、件の紙幣をどうどうと差し出した。敵もさるもの、店員はお札を仔細に観察した後、答えは偽札判定。ここでも、「銀行へ行け」。万事窮す、だった。

偽札鑑別機も「ニセ」もの

家賃は三カ月分を前納するが、窓口の銀行員は一枚一枚ひっくり返して見てから、同じ方向にデザインを合わせ、シワはきれいに伸ばし、札を勘定する機械に二〜三度通して数える。もし破損があれば、遠慮なく返却される。なかなか厳しい。それなのに、銀行は紙で裏打ちされた紙幣や、少しちぎれた紙幣を寄こすことがある。このように銀行では、偽札対応は目視だけでなく、機械も使って、当然やっている。結局、被害は四枚で済んだので、もう銀行へ行くことは止めて、中国の、いや北京の滞在記念に保存しておくことに方向転換した。

ちょっと前のことだし、私の『ロング・グッドバイのあとで』（２０１０年、集英社）にも書いたが、北京の長富宮のオフィス棟に、偽札鑑別機を売りに来た男がいた。このビルは日系の企業が多いのだが、情報通の話では四社がこの機械を買った。男が帰ったあと調べてみると、この機械は鑑別・識別の能力がない偽物だったそうだ。この話は、ある晩、市内のバーで日本人駐在員の間で噂になり、笑いが巻き起こったそうだ。

「これが中国だ。だまされる方が悪い」というのが大方の評価だったらしい。

偽札事情は複雑

本書にも文章を書かれている福島香織《ふくしまかおり》さんが、その道の専門家の松村喜秀《まつむらよしひで》さんの報告を受けて、前にブログで書いておられる文章（『中国趣聞博客』）に、「偽の偽札と真の偽札と偽の真札と真の真札」というものがある。それによると中国には四種の紙幣があるという。そのうち「偽の真札」とは、番号以外、本物と紙も印刷も寸分違わぬ「優秀な」偽札のことで、本物の印刷工場や関係者が疑われているらしい。

すると、平凡社の東洋文庫に入っている、F・A・マッケンジーの『朝鮮の悲劇』を、「似たような話」として思い出した。この本が書かれたのは20世紀の初めだが、当時の韓国の通貨は、⑴良貨、⑵良い偽造貨、⑶悪い偽造貨、⑷あまりに粗雑なので暗いところでしか通用しない偽造貨、の四つに分類することができる、という。⑵以下は、私鋳銭であっても、価値は低くとも流通することもあったようだ。これはいわゆる鐚《びた》銭だ。中国で今これだけの量の偽札が「流通」する実情から考えると、これらの偽札は、昔の鐚銭の機能を社会で実際に果たしていると言えなくもないだろう。貨幣というものは所詮、人が信用さえすれば、どのようなものであっても機能・流通する。⑷の話は、北京のタクシーの中で起こる、偽札使用や拒否、運転手による真札の偽札へのすり替えの話と同じではないか？

　数年前から北京の銀行のＡＴＭでは、偽札対策で紙幣番号の記録機能を加えているという。偽札は大量に作られる場合、番号を変えずに、同じ番号で発行されるからだろう。北京の銀行の支店には、よく偽札識別用のパンフレットを置いているから、だれもが一応、学習した方がいい。専門の書籍もかなり出ている。北京の日本大使館のウェブサイトには、「中国の偽札に関するＱ＆Ａ」のページがある。広州総領事館のサイトにも、実例が紹介されていて注意を喚起している。

　偽札に関する報道は少なくないが、２０１５年の9月の新聞報道によると、広東省の公安当局は、２億１千万元（約40億円）の偽札を押収し、29人を逮捕したそうだ。また２０１５年に発行を開始した新１００元札の、北朝鮮製の偽札が早くも出ているという。中国では偽札は紙幣の総発行数の数パーセントを占めるという見方があるから、座視はできない。

　個人による、ただの小規模な金稼ぎならいざ知らず、国家機関が関与した計画的な偽札作りは、相

日本陸軍が作った偽札

手国の金融制度の破壊に繋がる。

日本もやっていた

先の戦争中、日本軍は秘密裏に中国の紙幣の印刷を行った。日本という国家により他国の偽札が印刷され、現地でまかれた。「インフレーションを引き起こして、中国経済を混乱、弱体化を図る構想」であり、25億円分ほどが使用されたとされ、これは１９４５年の日本の国家予算が２００億円程度であったから少ない金額ではなかった。川崎市の陸軍の登戸《のぼりと》研究所で印刷されたもので、研究・調査が進んでいる（『川崎市文化財調査集録』47、２０１１年）。日本もかつて中国で偽札（写真）をまいたのだ。北朝鮮がやっているらしきことと、かつて日本軍がやったことと、もしそれが同じ目的であるなら、中国政府がだまっているわけはないだろう。

（人見　豊）

コラム 10

北京っ子の日本製品好きに乗じた偽日本ブランド〝メイソウ名創優品 MINISO〟

大上智子

生粋の北京っ子の友達が「もちろんあなたも〝メイソウ〟で買い物するよね?」と日本人なら当たり前と言う態度でお店に連れて行ってくれた。一目でいかにも日本からの輸入品のように作られた中国製品のオンパレードだったので、親切心で「これはすべて中国製の偽日本ブランドだよ」と教えてあげたが、すっかり騙されている彼は疑心暗鬼な表情をしていた。同じ発言を会社でした人の話では、一人の従業員が飛んできて、「社長嘘ですよね? 〝メイソウ〟が日本ブランドじゃないなんて!!」と叫んだという話だ。

まんまと大量の中国人を騙し、王府井などの観光客の集まる目抜き通りに出店し、北京人だけでなく田舎から北京観光に来た人たちにまで「北京土産」の感覚で販売している。今や日本にも韓国にも同じコンセプトで店舗を出し、後付ながら形としては日本にも複数の店舗実体のある会社となったようだ。

なお最近の報道によると、北朝鮮のピョンヤンにも開店したそうで、これは日本の店(会社)とは関係なく、中国のメイソウの経営傘下として出資されたそうだ。

ロゴは〝ユニクロ〟の露骨な模倣、商品のデザインを有名デザイナーにさせているかのようなマーケティング戦略は〝無印良品〟、靴下、乳液からイヤホンまでごちゃごちゃと安価な

ロゴと店舗は UNIQLO 風(撮影:本田和秀)

ひどい日本語のオリジナル商品
（撮影：本田和秀）

ものを並べる庶民性は〝ダイソー〟、と中国の人の脳裏に刻まれた日本が、パッチワークのように組み合わされて出来ている。ほかにも電気製品のパッケージングなどは、日本の家電量販店やコンビニでよく見かけるおしゃれでシンプルなもの。値段で釣って無駄なファッション雑貨を買わせてしまう品揃え戦略は、「**3 COINS**」から学んだのではないだろうか？　ブランドコンセプトを盗むにしても、一箇所からでなく、いろいろなところから盗むと、オリジナルとして堂々と売り出せると考える商人根性が見事結実した作品だ。人だかりの多さは、本当の日本ブランド店舗をはるかに凌いでいる。

ウェブサイトに入ってこのブランドについて詳しく調べてみると、ある長髪日本人デザイナーが写真入り、名前入りで堂々と載っているが、「さて、一体誰だろう？」という無名な人物。公式ウェブサイトの日本語の間違いは最近は減ったが、いまだに字体や改行といったウェブサイト運営を知っている日本人には出来ないミスが残っている。そういうわけでこの会社の幹部に日本人がいるかどうかは疑わしい限りだ。

アメリカ、カナダ、ロシア、シンガポールなど四十数カ国進出に成功し、サイトには5カ国語が用意され、これからますます世界進出に挑もうとしている、メイソウという中国人によって作られた偽日本ブランドは、これからも快進撃を続けるのだろうか？

50

世界最長の北京メトロ

★北京っ子よりくわしくなろう★

1．ロゴマーク

北京で地下鉄の入り口を見つけるには、ロゴマークを探すのが手っ取り早い。長期にわたって図版1のデザインが北京地下鉄のシンボルとなっている。

このロゴマークの発案者は、地鉄総公司の張《ちょう》利《り》徳《とく》さんで、1984年4月に作成したもの。中央のBとその外側のDが北京地鉄の発音ローマ字Beijing DitieのBとDを示しており、その周りに地下鉄のトンネルを表したGの形が巡らされている。地下鉄の断面図のようにも見える。なお地の青色の理由は未詳。

さらに近年、北京の地下鉄事業に香港の会社が加わり、北京京港地鉄有限公司として、もうひとつのロゴマークが登場した。そのデザインは図版2で、四号線・十四号線・大興線の地下鉄に用いられている。その中央にはメトロ（地下鉄）のMが使われており、またその三本の縦線は、当社が三つのグループで構

図版1（青色）

図版2（茶色）

成されていることを示す。そして左右に伸びる白い線は無限の発展を願ってのもの。

2. 総延長

北京の地下鉄の総延長は世界一で、その長さは2015年末現在、554キロメートルに達し、2012年上海を抜いて、世界で最も長い。因みに東京の地下鉄は305キロメートルで世界七位。北京地下鉄は将来さらに拡張し、2020年には1000キロメートルに延びる計画であるという。

3. 地下鉄の目的

北京地下鉄の目的は、戦争に対する防備が第一のねらいであり、都市交通としての利用は副次とされた。これはモスクワ地下鉄に倣ったものである。

新中国初期の1953年から、第一次五カ年計画の一環として北京地下鉄案が提示されたものの、1950年代末の中ソ対立で一時頓挫したが、毛主席・周首相の指示のもと、戦時での兵站の分散を図る手段として、北京地下鉄工事が1965年7月1日（中国共産党創立記念日）から着工となる。

4年後の1969年10月1日（国慶節）に完成し（23・6キロメートル。北京駅から苹果園まで17駅。図版3の①）、1971年1月15日から徐々に試行営業が始まる。ただし当時の利用には職場の紹介状が必要であり、一般の乗客は1981年9月15日から使用可能となった。1984年には環状線が完成し（図版3の②）、3年後に東西方向を一号線、環状線を二号線と名づけた。1990年代になると、一号線が東に延伸し（図版3の③）、2000年には四恵東まで完成。そして2003年には二号線の北

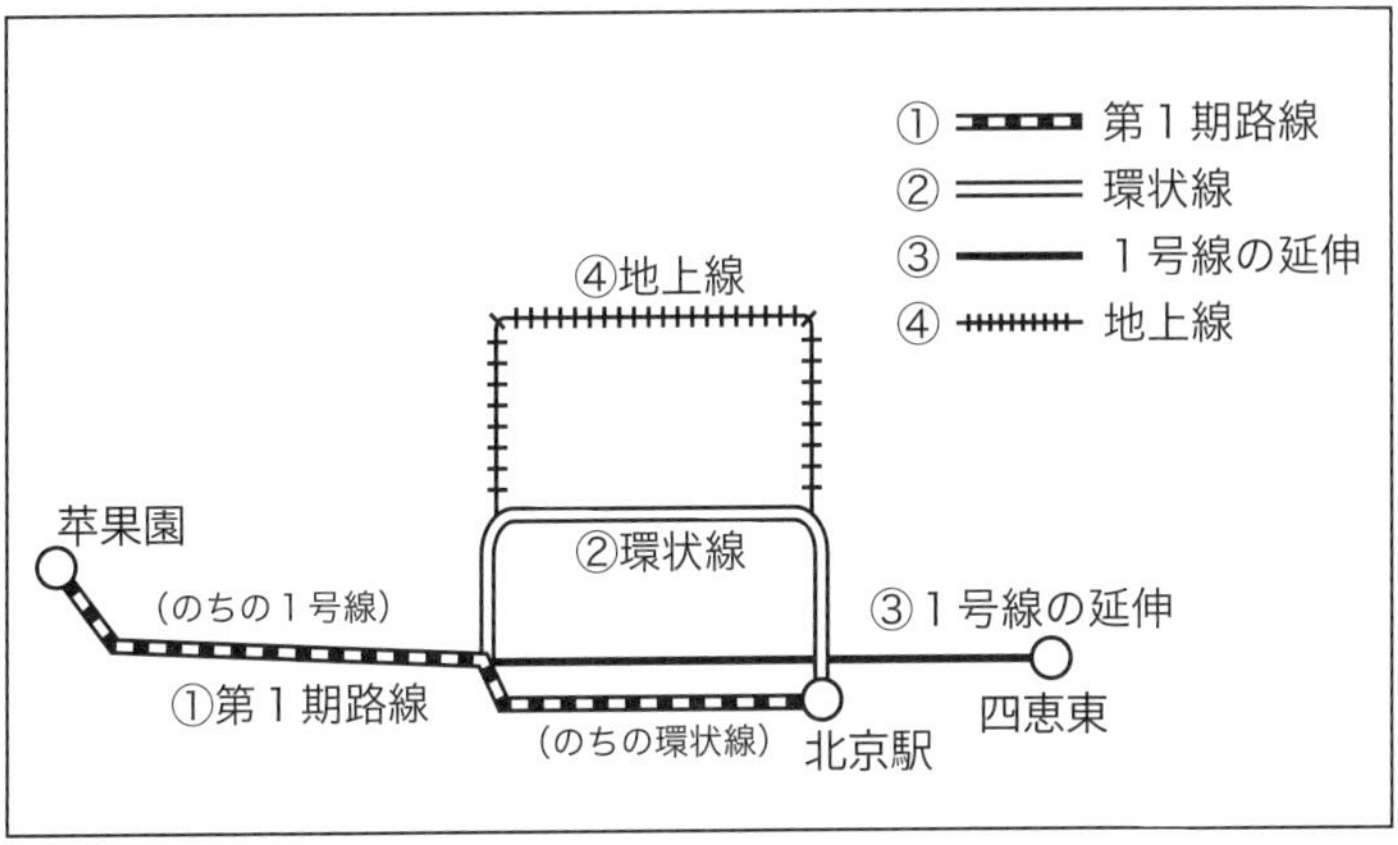

図版３　初期の路線の形成過程（①〜④の順）

側に地上を走る十三号線が敷設され（図版３の④）、戦時目的からの脱却となった。

4. 地下鉄網の拡大

一号線・二号線が徐々に完成するのに20年ほどを要したが、その後十年経過し、21世紀になると、工事方法の進歩に伴い、地下鉄の路線は急速に拡大し、２０１６年2月現在、18路線に及んでいる。その経過および路線図を次に示す（表1）。

5. 地下鉄工事方法の変化

初期の工事には人力や道具で掘り進む開削工法が用いられ、図版４Aで、そうした工事の困難な様子が窺える。その後次第に掘削機械が開発・改良されて、近代化が進み、トンネルを掘るための、直径10メートルにも及ぶ大型機械を用いるシールド工法が使われるようになり（図版４B）、作業能率が飛躍的に向上した結果、路線網の拡大がもたらされた。四号線では日本の

表１《北京地下鉄の拡張の経過》（路線番号を【　】で示す。一部開通を含む）

1971：一期区間（のち１号線）試行営業
1981：一期区間の一般営業
1984：環状線（のち２号線）営業開始
1987：【１号線】・【２号線】の名称となる
2000：１号線が四恵東まで延伸
2003：【13号線】・【八通線】営業開始
2007：【５号線】営業開始
2008：【10号線（環状）】・【８号線】・【機場線（空港線）】営業開始
2009：【４号線】営業開始
2010：【15号線】・【昌平線】・【大興線】・【亦荘線】営業開始
2011：【９号線】営業開始
2012：【６号線】営業開始
2014：【７号線】・【14号線】営業開始

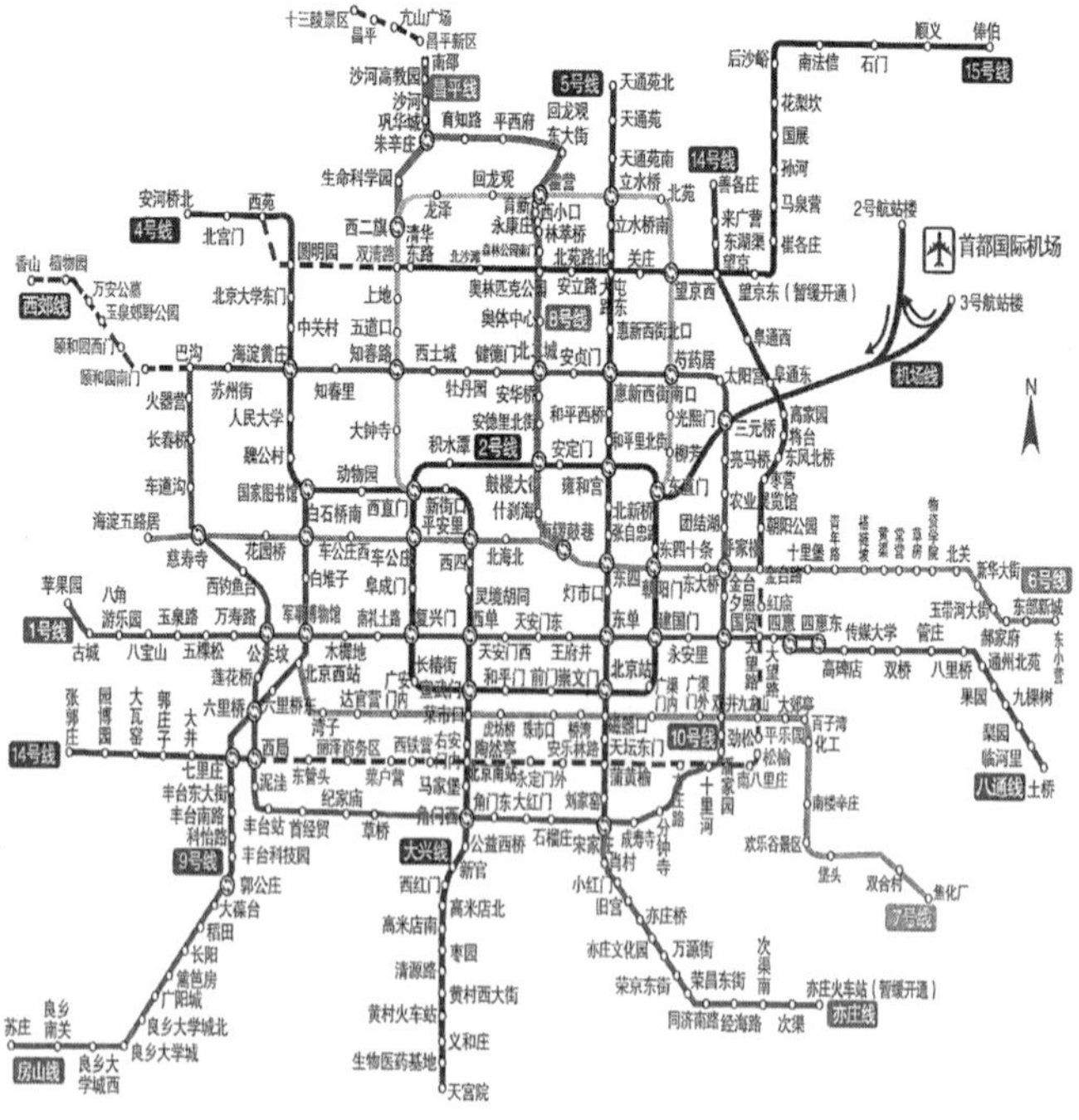

（『北京交通遊覧図　2017年版』中国地図出版社、2017年）

図版４　（A）初期工法、（B）シールド機械の写真
（A）（『北京晩報』1995年4月7日）（B）（「新華網」より）

シールドマシンが導入されるなど、世界の最先端の技術で施工工事が進んでいる。

6．運賃の変遷

地下鉄乗車料金は、１９７１年の１角（０・１元）から２０１６年現在の基本運賃３元まで、30倍に値上がりしている。地上のバスに比べるとやや割高感はあるが、渋滞が無く、数分おきに運行されているので至便である。運賃の年代別変化を表２にしてみた。

１９９６年の値上げ幅は四倍もあり、乗客数が減少。これに対し、２００７年の値下げ時に、人々は歓喜の声をあげたという。既存路線で30％以上の乗客増加が見られ、当時の活気あふれる混雑ぶりが想起され懐かしい。

7．北京地下鉄あれこれ

◎現行の地下鉄18路線のうち、番号は1～15までで、未敷設は3・11・12となっており、将来的計画の部分である。これに対し、漢字表記の路線は6あり（拡張の経過の表1参照）、そのうち【八通線】の八は地名の八王墳だが、現在その駅名はない。その理由は次の事情による。もとの路線計画では、今の大望路駅付近の八王墳を、復興門と通州の中間点とし、東部分を八通線、西部分を復八線とする予定であったが、復八線が四恵東まで伸びたため、四恵東を一号線の東端とし、四恵から通州（土城）までを、もとの名のまま八通線として残したのである。

◎乗車時の検査は北京オリンピックの安全対策を目的として、２００８年７月１日から開始され、世界初の地下鉄セキュリティチェックで、継続されている。この年６月９日から自動改札、ＩＣカードの使用が始まる

表２《運賃の変更》

1971年	1角（0.1元）
1987年	2角（乗り換えは3角）
1991年	5角
1996年	2元
1999年	3元
2003年	3元（13号線との乗り換えは5元）
2007年	2元（値下げ！　乗り換え自由）
2008年	空港線（機場線）のみ２５元（新設）
2014年	3元が基本で、距離により追加料金

◎北京地下鉄の深さは20メートルほどであるが、最も深いのが六号線の東四駅で34メートルとなっている。その理由は路線の重複によるもの。ちなみに東京の地下鉄は深さ8メートルほど、逆にロンドン地下鉄には50メートルを越す深さがあり、モスクワ地下鉄も最深は84メートル、平壌地下鉄では１００メートルを超えるという。

（松木民雄）

51

北京バスの思い出

★エピソードのベスト5★

最近は北京地下鉄のファンだが、かつて1980年頃の北京では、交通手段として、タクシーは高額ゆえ、専らバスを活用した。一日で13回乗り換えた自己記録（お疲れさま！）を持つ。そんなバス利用時のエピソードのうち、ベスト5をご紹介したい。

第五位「バス料金は身長で決まる！」

バス乗車口の扉には1・3の数字と横傍線が書いてある。これは1・3メートルの高さを示すもので、身長がこれ以上なら普通料金（日本の大人料金）で、以下なら無料となり、子供料金の制度はない。日本では小学生は子供料金で半額だが、中国では身長で決められるため、小学生でも1・3メートル以上は普通料金となる。背が高いと料金も高い。ガソリン消費からすれば体重であろうが、体重計の用意は困難。ところで1・3メートル前後の微妙な時はどうする？　素朴な疑問も湧く。この身長の表示はバス以外の切符売り場でも使われ、1・0メートルや1・2メートルの場合もある。

1987年の北京バス（左）と、車掌さんから渡されるバス切符（1979年当時）

第四位「満員の時、赤ちゃんは車掌席にどうぞ！」

中国人は子供が大好きで、初対面の赤ちゃんでも、皆でとっても可愛がる。そんな赤ちゃんが母親と乗車してくると、車掌さんは自分の席を譲って赤ちゃんに座らせるのである。周囲はとても優しい眼差しで実に微笑ましいシーン！　因みに車掌さんといえば１９９６年に労働模範となった李素麗さんが有名。

ところでバスの車掌さんは中央口あたりの専用席に座っている。乗客は乗車したらそこまで切符を買いに行く。しかも直ちに枚数と下車するバス停名を大声で告げねばならない。喋りが苦手な自分にはとてもプレッシャーだった。バスに乗るにはエネルギーが要る。

第三位「満員の車内で切符と料金のリレー」

切符を買う時、満員のため、車掌さんの席まで行けない場合､当人からの料金が､乗客たちの頭の上で手渡しリレーにより車掌さんまで届き、今度は逆方向のリレーで切符とおつりまでも当人に到着する。往復してやり取りが完結するという不思議な切符リレーである。皆で協力し合う精神を垣間見る。

第二位「降りますか？」「降りません」

満員バスの降車口近くの乗客たちは次のバス停で下車するか否かを互いに言葉で確認しあう。「降りますか？」「降りません」「ではちょっと譲ってください」などの言葉が行き交う。降りないのなら場所を譲り、下車する人に降りやすくする。極めて合理的である。日本なら以心伝心で無言だが、中国では意思表示をする。コミュニケーションの違いでもあり、中国語のシラブルの短さにもよるのであろう。上記のやり取りは、中国語の表記で「下吗？」「不下」「让一下」のように即時的である。

第一位「座席争いは、おばあちゃんが座り終わってから！」

あるとき、かなり高齢のおばあちゃんが朝の満員バスに乗り込むことになった。ふつう通勤時には皆われ先に座席争いをするので、一体どうなることかと心配していると、皆、乗車口の両脇に立ちどまり、おばあちゃんが乗り込む場所を充分すぎるほど空けて、無事にそのおばあちゃんが一人ゆっくり段々を上り、座席に着くのを見定めるや否や、一斉に座席取り争いが始まった。日常のことかは判らないが、この思いやりあふれた一瞬の出来事は忘れがたく、今でも目に焼きついている。

今日ではこのような昔の北京バスの光景は、まさに隔世の感がある。市内には９００以上のバス路線が行き交い、二階建てのバスもあり、エアコンも完備して、しかも乗り降りはＩＣカードを翳すだけというスピーディさは日本以上かもしれない。ワンマンバスの車内では電光掲示板で次の停車駅名がテロップで流され、とても判りやすい。以前のように大声で車掌さんに降車駅名と枚数を伝えなくても済む。暫く北京のバスを使っていなかったため、その快適さに驚きを禁じえなかった。バス停で若者に地下鉄への乗り換え方法を尋ねたところ、スマホで調べて丁寧に教えてくれたことも印象的であった。

（松木民雄）

北京バスのＩＣカード（地下鉄と共通、上）と今日の北京を走るバス（下）

52

もう慣れっこになっちゃった

★ PM2.5 ★

「地下鉄で何度も何度も赤色警報が出ていますって放送していて気持ち悪いよね」なんて世間話を同僚としている。もうすっかり冬の恒例の行事のようになってしまっている赤色、橙色警報なので、案の定マスクをするのを億劫がる人も増えたと同時に何度も発生するのでこの際使いまわしのきく高級マスク購入に踏み切った人も増えている。北京は地形的に何日の何時ごろＰＭ２・５が到着するかはっきりわかるため、前もって公立の幼稚園及び小中高校に休校の指示が出される。まだ小さい子を家に残して仕事に行くのも昼ご飯の用意やら何かと不便だし、家にじっとしていられないので子供も外に出たりするので全く休校の意味が無いので労働者にはただ迷惑なだけなのだが、市からの命令なので仕方が無い。うれしいのは学校の教師だけかもしれない。

幼かった頃「光化学スモッグ注意報」が出て帰宅途中に即頭が痛くなった経験のある私にとってはＰＭ２・５なんて舞台装置のスモーク以下の刺激でしかないので、へっちゃらだ。しかし児童専門病院は連日満員だとタクシーの運転手から伝えきいて、やはり弱い人達は被害をこうむっていることに気づく。し

PM2.5に煙る町。マスクをつける人も（撮影：川越一）

たがって冒頭の地下鉄放送は今後北京市が公害被害で追及されないための一手段なのかもしれないと感じる。

じつは北京は河北省などに較べたら軽い被害らしい。新幹線で通過する各駅はそれこそ紐をつけて散歩している犬の姿が見えなくなるほどひどいのだが、マスクをしている人は北京よりずっと少なかった。ここの方がもっと頻繁に起こっているので私のように症状が何も出ない人は億劫がってマスクさえ付けないのだろう。

北京のＰＭ２・５が予定より早めに収束するのは決まって「大風」か「雨」のおかげだ。かつて北京は冬のロシアからの空っ風と5～6月の砂漠から運ばれてくる黄砂で有名だったが、今はそれらの問題は解決した。日本の国際協力による砂漠の森林化が大きく貢献した為だ。しかし今の様に冬には雨は望めないので代わりに大風だけを待ち望む日が多くなると折角の日本の協力による問題解決も何だか報われていないようで寂しい気がする。命を削って植林してきた先人達に申し訳ないので、そういう方向での因果関係は考えないように努めている。

一番かわいそうなのは北京を含む六省圏内に工場投資を行った人達だ。赤色、橙色警報が出ると操業停止、他にもこの圏内からの移転を薦められるような事も多く、先日会った社長さんも「このままでは1年持たない」「補償金が出たらそのお金で移転したいが、まだ出るという保証が無い」などと暗い顔で話していた。こういう普通の経営者の人達の悲鳴も聞こえてこないし、公害反対のデモもないので社会は一見穏やかなので、冒頭の地下鉄放送だけががんがんうるさい状況なのだ。

　微信《ウェイシン》という日本のＬＩＮＥのような媒体にはＰＭ２・５にまつわるかなり笑える自虐ネタ、風刺ネタが満載（メリーＰＭ２・５ホワイトクリスマス、など）で、お金持ちの人は移住したり、旅行業者は「肺をきれいにする旅」と銘打って田舎に行く旅行を売り出したりしているのだが、昔の日本の公害問題に対する騒ぎっぷりと比較すれば静かなほうだろう。それもこれも私や私の同僚のように３年もこの騒ぎのど真ん中に居ながらちっとも体が弱ってこない人が多いからだと思う。一説には寿命が10年短くなるなんて報道もあるが、だれもそれを証明できないので大きくなっていかないのだ。私の周りの人達は発展の過程の一つで時間は掛かるがいつかは政府主導で解決する複合汚染なので今は我慢の時と思っているようだ。

　でも一つだけ政府の動きとして気になった情報は、巨大な空気清浄機を芸術のメッカである７９８芸術区に設置してそこで集まる灰色の粉でアートを作成していた展示が突如撤去されたことだ。他にもどこかの街で堂々とプロテストしている人達の動きが速やかに押し殺されているかもしれない。すぐに自分の利益につながらなくても正義感で皆の為に矢面に立つ中国では少数派の殊勝な人々がどこかで大目玉を食らっているのかもしれないとうっすらと想像したりしている。

（大上智子）

本書の完成に際して

人見　豊（瞳みのる）

慶應義塾大学の大学院の博士課程在学中で、かつ慶應義塾高校に奉職中の1981年に、北京に留学して以来、四十年近くが経過した。

若かりしころの中国や中国文学への想い、その後の中国留学などについては、十代のころ、メンバーとして参加したバンドのザ・タイガースとの関わりや、自身のこれまでの人生について書いた、自著の『ロング・グッバイのあとで』（小学館）に少し触れたことがある。

この数年は東京と北京の二都市を往復、居住し、すっかり北京との馴染みの度合いを深め、身も心も、食生活さえも「老北京」風になってきた。

自分自身が創作する詩、曲、劇などにおいても、あるいは出演する日中のテレビやラジオの番組においても、これまでの経験を生かした中国語や中国文化に関するものが少なくない。

これまで、文化活動以外にも、日本と中国の高校間での交流などにも尽くしてきたが（『中国のエリート高校生日本滞在記』）、今回、明石書店からのお話によって、このような北京に関する書籍の企画、編集にあたることになり、旧知の友人で「北京通」の中国史学者の森田憲司さん、大変な蔵書家で、北京滞在が長く中国関係のさまざまなもののコレクターとしても、中国のその筋でも名が知られている櫻井澄夫さんと三人で相談して、執筆者、執筆内容を選び、内容の充実をはかることになった。三人とも日本人だが、じつはお二方とは「北京」を通じて知り合ったのだ。

そこで私も、北京事情に明るい、親しい方々に執筆をお願いした。この本によってよりよく、より深く北京のことを知り、北京人やそれ以外の中国人と、日本人との密接な関係を理解し、日中の文化交流に役立てていただくことができれば、ささやかかもしれないが、私が大学入学以来抱いてきた、半世紀の中国への想いの「文字化」「具体化」への道程の一歩ということになろう。

あるいはこの本を自宅で繙き、あるいは北京に旅する際、カバンの片隅に入れ、ホテルのベッドの上でお茶をすすりながら読んでいただければ嬉しい。さらには、北京や中国に在住の皆さんの余暇での読書の相手にしてくださると、なお嬉しい。

最後に、執筆者をはじめこの本の完成にご協力いただいた数多くの皆様に対し、心から感謝申し上げたい。

とくに北京日本大使館の歴代の大使はじめ、大使館員の皆様、日本・中国の放送局、マスコミ関係者、学校関係、友人の皆様方に対して、日ごろのご支援、ご協力、ご高配、ご厚誼に対して、出版を機に、改めて御礼申しあげたい。

あらためてこの本を読んでみると、知らないこともたくさん書いており、これまでの本と趣を異にしている。中身が充実していてなかなか面白く、ためにもなるのではないかと思うので、ここに皆さんに広く推薦する次第だ。

私も次回の北京訪問時には、「北京をもっと知る」ための参考書として、そして北京居住の日本人へのお土産として使用したいと考えている。

本書出版の経緯

櫻井澄夫

今回私たちが企画・編集した『北京を知るための52章』は、中国の中でも、とくにその偉大な首都たる北京という町に焦点をあてて、この歴史都市に住み、あるいはそこを頻繁に訪問し、そこについて学び、報道し、食べ、酔っ払い、働き、教え、子育てをし、あるいは結婚し、討論し、悪口を言い、喧嘩もした（?）人たちにご参加願い、そういったさまざまな経験や知識、そして各自の視点で、平成二十八年時点でのこの町や人を論じるということを目論んだものである。

本書の執筆者は、北京に対し、相応の愛着と相当の趣味、知識、関心、見識を持っている方の中から、三名の編者がそれぞれの知人・友人のうちで、最も適任と思われ、執筆をお願いした方から構成されている。本の内容に魅力を加え、補強するため、中国人の皆さんにも、それぞれの知識や経験を伴って、執筆者に加わっていただいた。

従って執筆内容には、北京に関して、われわれが読者の立場で、普段疑問に思っていた事項、あるいはもっと知りたかった項目を提示し書いていただいたものが多い。

そういったわがままな要求にもかかわらず、この本の企画にあたって、執筆をお願いしたほとんどの方から、執筆を快諾していただけたことは、内容の充実にとって幸運なことであり、お名前はあらためてあげないが、まず執筆者の皆さんに心からの感謝と尊敬の念を表示させていただきたい。

それぞれの方々の文章を読むと、当代の最高レベルの豊富な知識や研究業績、職業・生活体験をお持ちであるから、恐らく読者のみなさんにも、参考になることが大であろう。

また、一般向けの読み物や参考書という範疇を超えて、研究のヒントや話の「たね本」にもなる気がする。

一方、最近のマスコミ報道や、テレビ番組、短期間の取材によるガイドブックなどにしばしば見られる内容のひどさ・間違いや「ワン・パターン」化の原因として、具体的にはここで上げないが、勉強不足、下調べや現地での調査不足、あるいは無知・誤解に基づくものがとても多くなっていることが指摘できるが、そのような傾向に対して、本書は、北京についての基礎知識を得るための、こういった業界の皆さんにも参考になる一書になると予想、待望している。

この本は、また、現地北京での長い居住経験や業務経験がある多数の女性にも、執筆者に加わっていただいているのが、一つの特徴になっているが、これは編者がとくに計画・推進した。

また別の視角から見ると、最近とくに、中国では「愛国」という言葉がしばしば使われるが、この本は、そういった点では、執筆者によっては意見や異論もあるかもしれないが、北京に対する日本人を中心にした執筆者の「愛市無罪」「良心の書」の本であるとも思う。

もし私も含めた一部の辛口、あるいは批判的な記述がお気に召さない方は、北京を愛する面々の、この町がもっと魅力ある町であるための課題や外からの一種の提言であり、参考書であると考えていただきたいと、僭越な意見ではあろうが、思っている。

中国の方の中にも、外国人が企画し著した「北京論」という点で、関心を持って下さる方が少なくないのではないかと思う。言い方を変えると、この本は日本人にしか書けなかった種類の「北京本」であろう。


さて、本書の中にも森田憲司氏や私が触れているが、今回、あらためて企画・編集担当という立場で、「北京本」、つまり北京に関して書かれた本、北京に住んで日本人が書いた北京に関する書籍をざっと眺めてみると、出版点数はそれまでも決して少なくはないのだが、先の大戦とその後の日中の国交の途絶によって、戦後、日本人で北京に住む人が激減して、書籍についても数十年の「分断」「谷間」の時期があったことを知る。この時期に日本人によって書かれた書籍は、中国政府と特殊な関係にある立場にあった人、戦後、何らかの事情で残留した人、中国人の配偶者を持ち中国に残った人、貿易・通商関係者などによるものであり、決して出版点数は多くないが、他人が知るすべもなかった、著者ならではの、それぞれの人生に応じた北京にまつわる個別のストーリーを持っている。その後の時代では、北京駐在が再開した後の新聞記者の書くものが中心になる。

一方、本書の中にも書かれているように、戦前においては、（出版自体は戦後になったものもあるが）ちょっと名をあげると、中野江漢、奥野信太郎（四度にわたって北京に滞在・訪問。慶大教授。なおご子息〔次男〕の名は「燕児」という）、高木健夫（読売新聞などの記者。高建子）、安藤更生（名著と言われる『北京案内記』の編者。

『銀座再見』などの著者）、村上知行（北京人を妻にし、戦後苦労して妻子を日本に連れ帰る）、石橋丑雄などが目立つ。この時期は、日本と中国のこの時代ならではの特殊な「関係」があったとは言っても、個人レベルでの著作は、ある意味で生き生きしており、偏見や誤解が少なく、北京や北京の人に対する関心や、愛情、愛着に満ちているものが少なくない。最近、こういった「民間人」たちへの、日中の研究者による再評価の機運が生まれていて、若い世代の中国人の研究者などによる研究も生まれている。

しかし北京について書いた人やこの地を経験した人は、これらの「有名人」にとどまらず、調べると実に多く内容も多彩だ。書き残したものの多くは分厚く立派な本とはなっていないが、これからこういった人たちの残した著作物や記録の再発見と、経済や政治、産業、文化交流などをも含めた、分野を超えた日本と中国の過去の多角的な「総括的」作業――つまり総合的歴史研究や、その過程で明らかにされるであろう北京に関わった名もなき人々の人生や業績の再評価の機運が生まれることを望みたい。

一部の特定の期間だけを対象にしてざっと見てみても、この百年あまりの中国と日本、あるいは北京と日本や日本人に関する書籍や記録には、混乱、戦乱、紛失、未発見、未確認などにより、よく知られていない部分があるために分からないことが少なくなく、その上、海を隔てた両国の情報量の差や情報の質や内容には、時期によってあるいは内容的にも時代を反映した相当の違いが存在する。

しかし、必ずしもそのような資料の「偏り」はこれまで一般に十分理解されてきたとは言い難い。

この本は、このような日中間の過去の関係が生んだ様々な北京に関する情報の、足らざる部分を少しでも埋め、諸先学、諸先輩が書かれた書籍の、ささやかかも知れないが平成の時代の後継者たらんとするものであって、現時点での我々のこの町に対する理解や経験、知識を、それぞれの項目での記述は、中には字数制限により、短く言葉足らずのものもあろうが、それぞれの立場で書き記し、読者諸氏に提供せんとするものである。その中には、執筆経験が少ない人も含めた多数の執筆者により書かれた書籍に特有の内容的な偏りや限界もあろうが、反面、それがゆえに、これまであまり論じられたことがないような事項を含めて、かなり多面的な構成にもなっているとも考えている。

もちろん、ここに書かれていない「北京の貌」「北京の表情」「北京の真実」は他にも無数にあるので、これによって北京のすべてを知ることはできない。従って本書は、「概説書」とは呼べないかもしれない。「観光案内」でもない。

しかし、これもまた勝手な書きようだが、この小著の足らざる部分は読者の皆さんの知識や経験、そして他の書籍などで個人的に補っていただき、この町や人に対する認識を深めていただきたいと思っている。

また編者としては、もし機会があれば形を変えてでも、この本の発展的な続編を編みたいとも考えている。それは本書の編集の過程で、今更ながらではあるが、既述のごとく、北京と日本人との関わりの深さや多様性が、現代の世に紹介されず埋もれていることを再認識したからであり、限られた文字数では書ききれない膨大な情報がまだまだ残っているからである。本書を編集していて、一冊ではあまりに惜しい。数巻のものでも編集可能と思い、同時に、今回執筆者として参加していただけなかった方の中にも、是非ともその貴重な経験を文字記録として残していただきたい方が少なくないと考えるからである。

なお本書は、かつて同種の本の企画にかかわったことのある櫻井澄夫と森田憲司が、北京に詳しい人見豊に企画・編集への参加を求めて、全体を構成し、それぞれの知人への執筆を依頼した。

つまり今回の文章の中には、かつて我々が企画、編集した『アジア遊学』（勉誠出版）各号に連載した「私の北京」シリーズをベースに、原稿をごく一部分だが改稿使用したものがある。

なお、「アイディア」「祖型」「発想」にあたるこの「私の北京」は、本書の「まえがき」にもあるように、長く北京に住み、定期刊行物『北京かわら版』を発行され、1997年に亡くなられた「北京通」の根箭芳紀氏が櫻井とともに北京で企画した歴史、社会、ビジネス、法制、経済、文化など一連の中国理解に関する出版物の嚆矢となるはずのものであったが、当初単行本になる予定であったものが、当時の出版事情によって連載形式となり、今回、ようやく内容を大きく改めて単行本という形にすることができた。

なお森田と櫻井は、この『北京かわら版』での常連の長期連載執筆者という関係でもあった。

今回、この当初の「祖型」から、形態や内容、分量を大きく変えて、「進歩形」「発展形」として世に出すことができるのも、執筆者や出版社のご理解、ご協力はもちろんだが、中国や北京に関心を持つ方々の増加や、読者の皆さんのご支持あってのことである。

本書刊行後、もともとの「企画者」「発案者」の一人である京都の根箭さんの墓前に供え、出版の報告をしたい。

編者としては、本書が一人でも多くの方々に長く読まれ、広く活用されることを待望し、同時に皆様方の忌憚のないご批評、ご感想を期待している。

そこであらためて、このような書籍が自由に刊行できる我々の環境を認識しつつ、関係の皆様への感謝の気持ちを再度表明し、またこれが日中の相互理解への一石となることを期待して、明石書店のご支援・ご配慮と編集担当の佐藤和久氏ほかの皆さんへのご尽力、ご労苦に対してもお礼を申し上げ、あとがきとしたい。

なお末筆ながら、これ以外にもたくさんの方々のご援助、ご教示、ご指導をいただいたが、これまでこの本の企画や取材に直接、間接に関与しご支援いただいた、編者兼執筆者としての私個人の関係者で、本書の執筆者の皆さん以外の方々のご氏名を以下に記載して、感謝の意を表したい。

根箭直子（根箭芳紀氏夫人）、伊原弘（「私の北京」の序文などの執筆）、朝浩之（元東方書店）、（故）三井啓吉（創価大学）、勉誠出版、歴代の北京の日本大使館の大使など大使館の皆様（とくに、谷野作太郎元大使）、福島茂、袁愛華、王燕、柴田利雄、慶應義塾高校、（故）佐藤洋一、（故）陳正祥、（故）洪敏麟、（故）呉憲蔵、楊朝佐、（故）張紫晨、（故）張清常、王際桐、（故）櫻井蘭花、（故）櫻井雅人、張秀美、原哲也、王雲祥、石蘭、王陽、藤原佳道、（故）久田憲行、（故）高橋正毅、（故）田端秀臣、寺澤正好、松本幸則（小学館）。

そして個人的な事情になるし、すでに鬼籍に入られた方もかなりおられるが、私が長く北京に居住する機会を作ったという点で、私の以前の勤務先の上司であった河村良介、朝長正軌、谷村隆、池内正昭、村田和直、新村篤、吉澤邦夫などの方々のお名前を、感謝を込めて記させていただきたい。

これらの方々がおられなかったら、私がこのように北京に深く、長く関与することはなく、そうすると、編者の森田氏、人見氏や、多くの執筆者、そして何かと教えを乞うた中国の方々とも、私の北京居住中に現地で知り合うという機会もなく、本書はこのような形で誕生することもなかった。

冗長なあとがきをこうして書き残す理由は、本書は単なる寄せ集めのアンソロジーではなく、北京や中国との編者や執筆者の深い関りや、本書の作成のために集まった集団としての執筆者や支援者の皆さんとの長期にわたる親密な関係があってこそ実現した著作物であることを記し、後世の読者のためにも、その出版の経緯を明らかにしておきたいからである。

それゆえに、私は、いま、分不相応、あるいは自意識過剰と批判されるだろうが、現代の「安藤更生」になった気分で少しいる。

どうやら、これにて、私の愛する北京の町や人との四十年近い付き合いと、十年あまりの居住経験を踏まえ、皆様のご協力によって、「北京をもっと」知る・語る機会が与えられ、同時に北京への「想い」への一区切りを、とりあえずつけることができたようだ。

私たちも高木健夫氏や安藤更生氏、そして多田貞一氏らにならい、こうして本書の執筆者の皆さんの力をお借りして、新世代に対して情報のバトンタッチをしておきたい。

「中年のわれらが営みのひとつなり　『北京を知るための52章』上板す　いま」

みなさん、ありがとうございました。

（＊第45章の冒頭の文章をご参照願います。）
（文中、敬称略）

もっと北京を知るための主要参考文献

森田憲司、櫻井澄夫作成

本書の中でも書かれているように、戦前戦後を通じ日本人が北京について書いた書籍は少なくないが、ここでは再版が読めるものを中心に最小限とした。『明治以降日本人の中国旅行記 解題』（東洋文庫近代中国研究委員会編、東洋文庫、1980）が紀行を中心に解題しているのを参照されたい。近年では、「近代中国都市案内集成」（ゆまに書房）の13～25巻（2012）が北京天津編で、戦前の案内記を多く復刻している。

あ行

浅井裕理『北京で働く』（海外へ飛び出す6）、めこん、2006年

『アジア遊学』連載：私の北京　38号～49号（23本の文章）、勉誠出版、2002年～2003年

新宮学『北京遷都の研究』（汲古叢書55）、汲古書院、2004年

アーリントン、L・C他『In Search of Old Peking』、1935年

安藤更生編『北京案内記』新民印書館、1941年（「近代中国都市案内集成」収録）

阿堅他『中国美味礼賛』青土社、2003年

石橋丑雄『北京観光案内』ジャパン・ツーリスト・ビューロー、1922年（以後、改訂版あり）（「近代中国都市案内集成」収録）

石橋崇雄『大清帝国』講談社メチエ、2000年（『大清帝国への道』講談社学術文庫、2011年）

臼井武夫『北京追憶』東方書店、１９８１年
内田道夫『北京風俗図譜』平凡社、１９８６年（原色版）、平凡社東洋文庫、１９６４年
梅原龍三郎『画集北京』求竜堂、１９７３年
ＮＨＫ取材班編『大いなる都（大モンゴル３）』角川書店、１９９２年
燕山出版社『加摹乾隆京城全図』１９９６年
大田哲男『清水安三と中国』花伝社、２０１１年
岡田玉山『唐土名勝図絵』（影印本）、中文出版社、１９８１年、ペリカン社　１９８７年
小川一眞『清国北京皇城写真帖』小川一眞出版部、１９０６年　※現在いろいろな形式で再刊されていることは、本書第３章参照
奥野信太郎『随筆北京』平凡社東洋文庫、１９９０年（第一書房　１９４０年）
奥野信太郎『北京留学』読売新聞社、１９５２年

か行

加藤惟孝著／阪谷芳直編『北京の中江丑吉』勁草書房、１９８４年
菊池章太『義和団事件風雲録』（あじあぶっくす）、大修館書店、２０１１年
金受甲『北京的伝説』北京出版社、１９８３年（初出１９５９年）（村松一弥訳『北京の伝説』平凡社、１９７６年。瀬川正三訳『北京の伝説』角川書店、１９７８年）
クレーン、ルイーズ『China in Sign and Symbol』１９２６年（『支那の幌子と風習』朝日新聞社、１９４０年）
『月刊しにか　１９９２年３月号　特集古きよき北京を求めて』大修館書店
興亜院華北連絡部『乾隆京城全図』１９４０年
侯仁之『北京歴史地図集　１－３』文津出版社、２０１３年
故宮博物院第一歴史檔案館『清乾隆内府絵制京城全図』全５冊、２００９年
近藤妙子『北京の三十年』新潮社、１９８４年

さ行

清水安三『朝陽門外』朝日新聞社、１９３９年
清水安三『北京清譚』教育出版、１９７５年
陣内秀信他編『北京　都市空間を読む』鹿島出版会、１９９８年
清国駐屯軍司令部編『北京誌』博文館、１９０８年（「近代中国都市案内集成」収録）
杉山正明『クビライの挑戦』朝日新聞社、１９９５年

た行

高木健夫『北京横丁』大阪屋号書店、１９４３年
高木健夫『北京百景』新民印書館、１９４５年
高木健夫『北京歳時記』永田書房、１９８０年
瀧本弘之編『清朝北京都市大図典』（康熙六旬萬寿盛典図：完全復刻、乾隆八旬萬寿盛典図：参考図）、遊子館、１９９８年
竹内実『北京』（世界の都市の物語）、文藝春秋、１９９２年（文春文庫版、１９９９年）
竹中憲一『北京歴史散歩』徳間書店、１９８８年（改訂版、竹内書店新社、２００２年）
多田貞一『北京地名誌』新民印書館、１９４４年
多田麻美『老北京の胡同』晶文社、２０１５年
『地球の歩き方　北京』ダイヤモンド・ビッグ社（2年おきに刊行）
張清常『胡同及びその他』増訂本（日本語）、北京語言大学出版社、２０１５年
張清常『北京街巷名称史話』改訂版（日本語）、北京語言大学出版社、２０１２年
中華人民共和国文化部他編『中国民間歌曲集成　北京編』中国ＩＳＢＮ中心出版、１９９４年
東京国立博物館編『清朝末期の光景：小川一眞・早崎稉吉・関野貞が撮影した中国写真』東京国立博物館、２０１０年
敦崇『燕京歳時記』１９０６年（小野勝年訳『燕京歳時記』平凡社、１９６７年。同訳『北京年中行事記』岩波文庫、１９４１年、再刊あり）

な行

中尾徳仁『天理参考館の漢族資料』（伝道参考シリーズ30）、天理大学おやさと研究所、２０１７年
中薗英助『北京飯店旧館にて』筑摩書房、１９９２年（講談社文庫、２００７年）
中薗英助『わが北京留恋の記』岩波書店、１９９４年
中野江漢『北京繁盛記』（新訂補）、東方書店、１９９３年（原本。支那風物研究会、１９２２年）
仁井田陞『中国の社会とギルド』岩波書店、１９５１年

は行

パール、シリル『北京のモリソン』白水社、２０１３年
船津喜助編『燕京佳信』編者刊、１９７８年
北京市地名志編纂委員会『北京市地名志』全21冊、１９９１年〜１９９６年
北京市編纂員会『中華人民共和国地名詞典　北京市』商務印書館、１９９１年
北京日本人会『北京生活情報』１９９１年（改訂版は、東方書店、１９９５年）

ま行

松木民雄『北京地名考』朋友書店、１９８８年
丸山昏迷編『北京』１９２１年（『近代中国都市案内集成』収録）
満洲事情案内所編『満商招牌考』１９４０年
村山知行『北京（名勝と風俗）』１９３４年（『近代中国都市案内集成』収録）
村上知行『北京歳時記』東京書房、１９４０年
村上知行『北京十年』中央公論、１９４２年
村山孚『北京新歳時記』東京書房、１９８４年
森田憲司『北京を見る読む集める』（あじあぶっくす０６３）、大修館書店、２００８年

や行

山崎朋子『朝陽門外の虹』岩波書店、2003年

横田文良『中国の食文化研究・北京編』辻学園調理製菓専門学校、2006年

ら行

羅信耀著／藤井省三訳『北京風俗大全――城壁と胡同の市民生活誌』平凡社、1988年（原著は1940年）

李家瑞編『北平風俗類徵』商務印書館、1937年原刊（2010年北京出版社他再刊あり）

松木　民雄（まつき　たみお）［15、17、50、51］
東海大学教授、北海道大学非常勤講師を定年退職後、北京の歴史地理等を研究中。
【主要著作】
「北京の仏塔」（『北海道東海大学紀要人文社会科学系 2』、1989 年）、『北京地名考』（朋友書店、1988 年）、「孫悟空ネーミング考――並びに猪八戒・沙悟浄・三蔵法師」（『東海大学国際文化学部紀要 1 』、2008 年）

＊**森田　憲司**（もりた　けんじ）［1、2、11、23、コラム 1、2］
編著者紹介参照。

矢板　明夫（やいた　あきお）［10、46］
産経新聞外信部次長。20007 年から 2016 年まで北京特派員。
【主要著作】
『習近平の悲劇』（産経新聞出版、2017 年）、『戦わずして中国に勝つ方法』（産経新聞出版、2013 年）、『習近平――なぜ暴走するのか』（文春文庫、2014 年）など多数

横手　裕（よこて　ゆたか）［25］
東京大学大学院人文社会系研究科教授。
【主要著作】
『道教の歴史』（山川出版社、2015 年）

林　為明（りん　ためあき）［7］
在香港。現在、広告会社、旅行会社などを経営。北京での居住、中国全土での業務経験も長い。

渡辺　健哉（わたなべ　けんや）［3、12、コラム 3］
東北大学大学院文学研究科専門研究員。
【主要著作】
『元大都形成史の研究――首都北京の原型』（東北大学出版会、2017 年）、「常盤大定の中国調査」（『東洋文化研究』18、2016 年）

関口　美幸（せきぐち　みゆき）［8、コラム 8］
拓殖大学外国語学部准教授。
【主要著作】
「紹劇『孫悟空三打白骨精』に見る政治的影響」（『拓殖大学語学研究 131』2014 年）、「『三打白骨精』の謎を追って」（『異文化交流 2』拓殖大学中国語学科翻訳研究会、2012 年）、鮑十「ひまわりの咲く音」（翻訳、『中国現代文学 9』ひつじ書房、2012 年）

多田　麻美（ただ　あさみ）［30、41］
作家、アートライター、翻訳者。
【主要著作】
『映画と歩む、新世紀の中国』（晶文社、2016 年）、『老北京の胡同（フートン）――開発と喪失、ささやかな抵抗の記録』（晶文社、2015 年）、『乾隆帝の幻玉――老北京（ラオベイジン）骨董異聞』（訳著、中央公論新社、2010 年）ほか

中尾　徳仁（なかお　のりひと）［20］
天理大学附属天理参考館学芸員。
【主要著作】
『《伝道参考シリーズ・XXX》天理参考館の漢族資料』（天理大学おやさと研究所、2017 年）、『天理参考館第 64 回企画展図録　中華世界の民間版画 ―招福の祈り―』（㈻天理大学出版部、2011 年）、「満洲における郷土玩具収集――日本人コレクターの活動に焦点を当てて」（共著、芹澤知広・志賀市子編『日本人の中国民具収集――歴史的背景と今日的意義』風響社、2008 年）

野口　朋子（のぐち　ともこ）［29、コラム 6］
中国在住通算 24 年、中国文化を紹介するサイト「ぽんずのページ」がある。

＊**人見　豊**（ひとみ　みのる）［34、47、49］
編著者紹介参照。

福島　香織（ふくしま　かおり）［33、48］
ジャーナリスト。
【主要著作】
『本当は日本が大好きな中国人』（朝日新書、2015 年）、『現代中国悪女列伝』」（文春文庫、2013 年）、『中国複合汚染の正体――現場を歩いて見えてきたこと』（扶桑社、2013 年）

傅　薔（ふ　しょう）［27、28、コラム 9］
北京人。大学で日本語を専攻。国家機関での日本語教師、外資系企業勤務などを行いながら、多年、北京の文化について強い関心を持つ。

増田　隆充（ますだ　たかみつ）［9］
ローヤルフーズ株式会社代表取締役社長。

高　潤清（こう　じゅんせい）［27］
元北京農学院 園林学部教授。樹木学者。
【主要著作】
『園林樹木学』（中国建築出版社、1995 年）

河野　徹（こうの　とおる）［26、コラム 5］
ジャーナリスト。北京、上海などに日本メディアの特派員として駐在した後、中国語によるニュース発信に従事。
【主要著作】
『朱鎔基――死も厭わない指導者』（訳書、楊中美著、講談社、1998 年）など

小林　金二（こばやし　きんじ）［40］
日本で日本料理店に勤務ののち、1989 年北京の北京飯店日本料理店の「五人百姓」に料理長として出向。その後、割烹の「蔵善」を立ち上げ、経営。北京在住 28 年。農林水産大臣海外日本料理功労賞を受賞。世界中国割烹連合会理事。内閣府クールジャパン・アンバサダー。

櫻井　智美（さくらい　さとみ）［24］
明治大学文学部准教授。
【主要著作】
『歴史からみる中国』（吉澤誠一郎編著、放送大学教育振興会、2013 年）、「モンゴル時代の済瀆祭祀――唐代以来の岳瀆祭祀の位置づけの中で」（『明大アジア史論集』18、2014 年）

＊**櫻井　澄夫**（さくらい　すみお）［19、21、22、31、37、45、コラム 4、7］
編著者紹介参照。

重森　貝崙（しげもり　ばいろん）［36］
一般社団法人中日文化研究所専務理事、文化記録映画監督。映画「中国の食文化・五部作」、「北京の食文化・二部作」などを演出・製作。

杉山　清彦（すぎやま　きよひこ）［14］
東京大学大学院総合文化研究科准教授。
【主要著作】
『大清帝国の形成と八旗制』（名古屋大学出版会、2015 年）、『清朝とは何か』（共著、藤原書店、2009 年）

鈴木　さなえ（すずき　さなえ）［42］
中国留学（上海、ハルピン、北京）後、北京にてビジネスに携わり、20 数年間滞在。中国語通訳・翻訳。

【執筆者紹介】（〔　〕は担当章・コラム、50音順、＊は編著者）

新宮　学（あらみや　まなぶ）〔13〕
山形大学人文社会科学部教授。
【主要著作】
『明清都市商業史の研究』（汲古書院、2017年）、『近世東アジア比較都城史の諸相』（編著、白帝社、2014年）、『北京遷都の研究――近世中国の首都移転』（汲古書院、2004年）

石橋　崇雄（いしばし　たかお）〔4、16、38〕
公益財団法人東洋文庫研究員（研究班代表）。
【主要著作】
『大秦帝国への道』（講談社学術文庫、2011年）、『大清帝国161～1799』（韓国語版、韓国、2009年）、『中国・世界遺産の旅1（北京と河北・東北地方）』（編著、講談社、2005年）

石山　雄太（いしやま　ゆうた）〔39、43〕
京劇俳優。
【主要著作】
「石山雄太の京劇入門――「無底洞《むていどう》」舞台裏から　西遊記～無底洞の巻（DVD）』（楽戯舎、2009年）

泉　京鹿（いずみ　きょうか）〔44〕
翻訳家、大学非常勤講師。
【主要著作】
余華『兄弟』（翻訳、文藝春秋、2008年）、閻連科『炸裂志』（翻訳、河出書房新社、2016年）、王躍文『紫禁城の月』（共訳、メディア総合研究所、2016年）

上田　一俊（うえだ　かずとし）〔18〕
歴史、鉄道の愛好家、研究家。上智大学文学部史学科卒。北京、南京に留学。会社員として北京、台北に駐在歴あり。

内山　宏男（うちやま　ひろお）〔5〕
元日商岩井、スズキ北京事務所所長。

大上　智子（おおうえ　ともこ）〔6、32、52、コラム10〕
慶應義塾大学在学時に上海復旦大学に1年間交換留学。阪神大震災被災直後、北京へ。サービスアパートメント、ホテル等勤務の傍ら北京を題材にコラムなどを執筆。2000年の出産後も、シングルマザーとして仕事を続けてきた。
【主要著作】
「おおうえの北京便り」（『慶應カードニュース』2014～2016年連載）

勝又　あや子（かつまた　あやこ）〔35〕
北京在住フードコラムニスト。
【主要著作】
『北京で「満福」普通がおいしい。本場の中華！』（東洋書店、2008年）、『「食」の中国語』（東洋書店、2010年）、『新疆に生まれて』（訳書、新世界出版社、2016年）

【編著者紹介】（五十音順）

櫻井　澄夫（さくらい　すみお）

文化史評論家。寄稿家。
1948年生まれ。1970年慶應義塾大学文学部卒業。
多年、金融系民間企業に勤務、世界各国で国際業務に従事し東京、アメリカ、香港、北京（1990～2000年）などに駐在。北京駐在時は、中国全省自治区、モンゴル、北朝鮮に出張して業務に従事。日本、中国の各地などで雑誌、新聞での執筆、講演、大学での授業、ラジオ放送などの活動を行う。横浜地名研究会会長。

【主要著書・論文】

『中国･食と地名の雑学考』（田畑書店、2005年）、『東アジアにおける公共性の変容』（共著、慶應義塾大学出版会。2010年）、『地名管理研究文集』（共著、中国地名研究会〔北京〕、1992年）、『横浜の町名』（横浜市刊、1982年）、『古代地名語源辞典』（共編、東京堂出版、1981年）、『地名関係文献解題事典』（共編、同朋舎、1981年）、そのほか金融、文化、収蔵関係の著作物多数。

人見　豊（ひとみ　みのる）

日中音楽研究家、エッセイスト、ミュージシャン、元慶應義塾高校教員。「ザ･タイガース」のドラマー。（芸名、瞳みのる）
1946年生まれ。慶應義塾大学文学部修士課程修了。（中国文学専攻）

【主要著書・論文】

『ザ･タイガース「花の首飾り物語」』（小学館、2013年）、『老虎再来』（祥伝社、2012年）、『ロンググッバイのあとで』（集英社、2011年）、『中国のエリート高校生日本滞在記』（共編、日本僑報社、2011年）、各種中国語テキストなど。

森田　憲司（もりた　けんじ）

奈良大学名誉教授。
1950年大阪生まれ。1979年3月京都大学大学院文学研究科（博士課程・東洋史）を退学し、4月から奈良大学史学科教員。2016年定年退職。

【主要著書・論文】

『概説中国史』（共編・執筆、昭和堂、2016年）、『中国文化史大事典』（編集協力者・項目執筆、大修館書店、2013年）、『北京を見る読む集める（あじあブックス63）』（大修館書店、2008年）、『元代知識人と地域社会』（汲古書院、2004年）。北京で刊行の邦文誌『北京トコトコ』に1993年から最近まで「中国を見る読む集める」を約200回連載。

エリア・スタディーズ 160
北京を知るための52章

2017年12月25日　初版 第1刷発行

編著者　櫻井澄夫
人見豊
森田憲司
発行者　石井昭男
発行所　株式会社 明石書店
〒101-0021 東京都千代田区外神田 6-9-5
電話 03（5818）1171
FAX 03（5818）1174
振替　00100-7-24505
http://www.akashi.co.jp/
組版／装丁　明石書店デザイン室
印刷／製本　日経印刷株式会社

（定価はカバーに表示してあります）　ISBN978-4-7503-4601-4

エリア・スタディーズ

エリア・スタディーズ

34 現代台湾を知るための60章【第2版】
亜洲奈みづほ 著

35 ペルーを知るための66章【第2版】
細谷広美 編著

36 マラウィを知るための45章【第2版】
栗田和明 著

37 コスタリカを知るための60章【第2版】
国本伊代 編著

38 チベットを知るための50章
石濱裕美子 編著

39 現代ベトナムを知るための60章【第2版】
今井昭夫、岩井美佐紀 編著

40 インドネシアを知るための50章
村井吉敬、佐伯奈津子 編著

41 エルサルバドル、ホンジュラス、ニカラグアを知るための45章
田中高 編著

42 パナマを知るための55章
国本伊代、小林志郎、小澤卓也 著

43 イランを知るための65章
岡田恵美子、北原圭一、鈴木珠里 編著

44 アイルランドを知るための70章【第2版】
海老島均、山下理恵子 編著

45 メキシコを知るための60章
吉田栄人 編著

46 中国の暮らしと文化を知るための40章
東洋文化研究会 編

47 現代ブータンを知るための60章
平山修一 著

48 バルカンを知るための66章【第2版】
柴宜弘 編著

49 現代イタリアを知るための44章
村上義和 編著

50 アルゼンチンを知るための54章
アルベルト松本 著

51 ミクロネシアを知るための60章【第2版】
印東道子 編著

52 アメリカのヒスパニック＝ラティーノ社会を知るための55章
大泉光一、牛島万 編著

53 北朝鮮を知るための51章
石坂浩一 編著

54 ボリビアを知るための73章【第2版】
真鍋周三 編著

55 コーカサスを知るための60章
北川誠一、前田弘毅、廣瀬陽子、吉村貴之 編著

56 カンボジアを知るための62章【第2版】
上田広美、岡田知子 編著

57 エクアドルを知るための60章【第2版】
新木秀和 編著

58 タンザニアを知るための60章【第2版】
栗田和明、根本利通 編著

59 リビアを知るための60章
塩尻和子 著

60 東ティモールを知るための50章
山田満 編著

61 グアテマラを知るための65章
桜井三枝子 編著

62 オランダを知るための60章
長坂寿久 著

63 モロッコを知るための65章
私市正年、佐藤健太郎 編著

64 サウジアラビアを知るための63章【第2版】
中村覚 編著

65 韓国の歴史を知るための66章
金両基 編著

66 ルーマニアを知るための60章
六鹿茂夫 編著

エリア・スタディーズ

67 現代インドを知るための60章
広瀬崇子、近藤正規、井上恭子、南埜猛 編著

68 エチオピアを知るための50章
岡倉登志 編著

69 フィンランドを知るための44章
百瀬宏、石野裕子 編著

70 ニュージーランドを知るための63章
青柳まちこ 編著

71 ベルギーを知るための52章
小川秀樹 編著

72 ケベックを知るための54章
小畑精和、竹中豊 編著

73 アルジェリアを知るための62章
私市正年 編著

74 アルメニアを知るための65章
中島偉晴、メラニア・バグダサリヤン 編著

75 スウェーデンを知るための60章
村井誠人 編著

76 デンマークを知るための68章
村井誠人 編著

77 最新ドイツ事情を知るための50章
浜本隆志、柳原初樹 著

78 セネガルとカーボベルデを知るための60章
小川了 編著

79 南アフリカを知るための60章
峯陽一 編著

80 エルサルバドルを知るための55章
細野昭雄、田中高 編著

81 チュニジアを知るための60章
鷹木恵子 編著

82 南太平洋を知るための58章 メラネシア ポリネシア
吉岡政德、石森大知 編著

83 現代カナダを知るための57章
飯野正子、竹中豊 編著

84 現代フランス社会を知るための62章
三浦信孝、西山教行 編著

85 ラオスを知るための60章
菊池陽子、鈴木玲子、阿部健一 編著

86 パラグアイを知るための50章
田島久歳、武田和久 編著

87 中国の歴史を知るための60章
並木頼壽、杉山文彦 編著

88 スペインのガリシアを知るための50章
坂東省次、桑原真夫、浅香武和 編著

89 アラブ首長国連邦（UAE）を知るための60章
細井長 編著

90 コロンビアを知るための60章
二村久則 編著

91 現代メキシコを知るための60章
国本伊代 編著

92 ガーナを知るための47章
高根務、山田肖子 編著

93 ウガンダを知るための53章
吉田昌夫、白石壮一郎 編著

94 ケルトを旅する52章 イギリス・アイルランド
永田喜文 著

95 トルコを知るための53章
大村幸弘、永田雄三、内藤正典 編著

96 イタリアを旅する24章
内田俊秀 編著

97 大統領選からアメリカを知るための57章
越智道雄 著

98 現代バスクを知るための50章
萩尾生、吉田浩美 編著

99 ボツワナを知るための52章
池谷和信 編著

エリア・スタディーズ

100 ロンドンを旅する60章
川成洋、石原孝哉 編著

101 ケニアを知るための55章
松田素二、津田みわ 編著

102 ニューヨークからアメリカを知るための76章
越智道雄 著

103 カリフォルニアからアメリカを知るための54章
越智道雄 著

104 イスラエルを知るための60章
立山良司 編著

105 グアム・サイパン・マリアナ諸島を知るための54章
中山京子 編著

106 中国のムスリムを知るための60章
中国ムスリム研究会 編

107 現代エジプトを知るための60章
鈴木恵美 編著

108 カーストから現代インドを知るための30章
金基淑 編著

109 カナダを旅する37章
飯野正子、竹中豊 編著

110 アンダルシアを知るための53章
立石博高、塩見千加子 編著

111 エストニアを知るための59章
小森宏美 編著

112 韓国の暮らしと文化を知るための70章
舘野晳 編著

113 現代インドネシアを知るための60章
村井吉敬、佐伯奈津子、間瀬朋子 編著

114 ハワイを知るための60章
山本真鳥、山田亨 編著

115 現代イラクを知るための60章
酒井啓子、吉岡明子、山尾大 編著

116 現代スペインを知るための60章
坂東省次 編著

117 スリランカを知るための58章
杉本良男、高桑史子、鈴木晋介 編著

118 マダガスカルを知るための62章
飯田卓、深澤秀夫、森山工 編著

119 新時代アメリカ社会を知るための60章
明石紀雄 監修　大類久恵、落合明子、赤尾千波 編著

120 現代アラブを知るための56章
松本弘 編著

121 クロアチアを知るための60章
柴宜弘、石田信一 編著

122 ドミニカ共和国を知るための60章
国本伊代 編著

123 シリア・レバノンを知るための64章
黒木英充 編著

124 EU（欧州連合）を知るための63章
羽場久美子 編著

125 ミャンマーを知るための60章
田村克己、松田正彦 編著

126 カタルーニャを知るための50章
立石博高、奥野良知 編著

127 ホンジュラスを知るための60章
桜井三枝子、中原篤史 編著

128 スイスを知るための60章
スイス文学研究会 編

129 東南アジアを知るための50章
今井昭夫 編集代表　東京外国語大学東南アジア課程 編

130 メソアメリカを知るための58章
井上幸孝 編著

131 マドリードとカスティーリャを知るための60章
川成洋、下山静香 編著

132 ノルウェーを知るための60章
大島美穂、岡本健志 編著